远 见 成 就 未 来

建 投 书 店 投 资 有 限 公 司
More than books

Barbie and Ruth

Robin Gerber

The Story of the World's Most Famous Doll and the Woman Who Created Her

芭比

—— 一个娃娃风靡世界的秘密

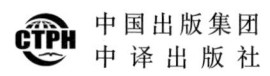

［美］罗宾·格博 ———— 著
程艳琴 ———— 译

中国出版集团
中译出版社

图书在版编目(CIP)数据

芭比：一个娃娃风靡世界的秘密 /（美）罗宾·格博著；程艳琴译. -- 北京：中译出版社，2019.1（2019.4重印）

ISBN 978-7-5001-5835-6

Ⅰ.①芭… Ⅱ.①罗… ②程… Ⅲ.①露丝·汉德勒（1916-2002）—传记 Ⅳ.①K837.125.38

中国版本图书馆CIP数据核字（2018）第249331号

BARBIE AND RUTH：THE STORY OF THE WORLD'S MOST FAMOUS DOLL AND THE WOMAN WHO CREATED HER By ROBIN GERBER
Copyright: © 2009 BY ROBIN GERBER
This edition arranged with THE STEPHANIE TADE AGENCY, LLC
Through BIG APPLE AGENCY, INC., LABUAN, MALAYSIA.
Simplified Chinese edition copyright:
2018 JIC Bookstore Investment Co., Ltd.
All rights reserved.

版权登记号：01-2018-5989

芭比——一个娃娃风靡世界的秘密

出版发行：	中译出版社
地　　址：	北京市西城区车公庄大街甲4号物华大厦六层
电　　话：	（010）68359101；68359303（发行部）；68357328；53601537（编辑部）
邮　　编：	100044
电子邮箱：	book@ctph.com.cn
网　　址：	http://www.ctph.com.cn
出 版 人：	张高里
特约编辑：	任月园　赵　芳
责任编辑：	郭宇佳　孔吕磊
封面设计：	肖晋兴
排　　版：	壹原视覺
印　　刷：	北京中科印刷有限公司
经　　销：	新华书店
规　　格：	787毫米×1092毫米　1/16
印　　张：	19
字　　数：	200千字
版　　次：	2019年1月第1版
印　　次：	2019年4月第2次

ISBN 978-7-5001-5835-6　　　　　　　定价：78.00元

版权所有　侵权必究
中译出版社

芭比

是对女性、对生命

对"可能无极限"(Be Anything)

的信念的宣言

前　言

1978年12月11日下午，一位六十多岁的妇女走在通往洛杉矶市中心联邦法院的台阶上，雪白的银发用头巾整整齐齐地裹着，她就是露丝·汉德勒。陪在她身旁的男人是她的丈夫艾略特·汉德勒。

矗立在他们面前的，是一幢17层的高楼，方形的花岗岩楼顶明亮可鉴，周边镶嵌着浅粉色光滑的陶瓦。这里是市政府办公楼，也是该市法院所在地，五个出入口各有两扇铜门，门上方约15米高处都装饰着象征美利坚合众国的雄鹰雕塑。

汉德勒夫妇穿过其中一个入口，与露丝的辩护律师会合后，一起上了二楼，走进一个很大的法庭。审理此案的法官罗伯特·塔卡苏吉已在席上落座，艾略特走到旁听席坐下，露丝则坐到了被告席上。此时，来自联邦政府特别诉讼处的控方辩护律师约翰·范德维尔德也已在原告席上入座，这个英俊的年轻人已经是美国联邦政府的一名助理检察官。接着法警宣布肃静，露丝的庭审听证会即将开始。

洛杉矶法院也不是头一遭受理名人被告案。早在露丝之前的20世纪40年代，克拉克·盖博与查理·卓别林曾因亲子血缘认定案站在这栋楼里的法庭上；贝蒂·戴维斯以毁约为由将华纳兄弟告上了法庭，当时庭审就在二楼的这个法庭里进行。更近的名人诉讼案发生在几年前，当时联邦政府以泄露五角大楼机密文件罪对兰德[1]公司的军事分析师丹尼尔·艾尔斯伯格提起诉讼。

被诉讼弄得焦头烂额的名人，在洛杉矶法院屡见不鲜，可像露丝这样冥顽不化、拒不认罪的重案犯，他们还是第一次见识。露丝创建了美泰玩具公司并把它发展壮大为全球最大的玩具生产企业；她设计的芭比娃娃举世闻名，无人不知；在她的推动下，出现了真正现代意义的玩具行业。在鲜有女性掌握企业经营权力的年代里，露丝却跻身美泰高层，担任公司最高职务。她没有经历激烈的职场打拼，也非出身豪门，全凭一己之力白手起家，自创公司，自主经营。联邦政府以授权篡改公司账簿及其他造假行为对她提起指控，她却坚称自己无罪，拒绝承担所谓的罪责。据此，联邦政府特别诉讼处决定对其处以重刑。

露丝的辩护律师已代表她在法庭上作了被告人陈述，表现非常出色，可她仍是一脸焦急地坐在被告席上，一言不发。担任露丝首席辩护律师的赫伯特·米勒来自华盛顿，有着"鬼才律师"的称号。他曾在美国司法部刑事司检察长罗伯特·肯尼迪手下做过4年的检察长助理，其间曾协助将美国卡车司机工会领袖吉米·霍华定罪，之后更是在"水门事件"[2]中出任总统理查德·尼克松的辩护律师。每次出庭辩护，米勒都会别上肯尼迪总统赠送的109克铂金领带夹。那天出庭为露丝辩护时，米勒佩戴的正是那枚领带夹。

---

[1] 兰德：英文为RAND，是Research and Development（研究与发展）的缩写。兰德公司是美国的一个非营利性研究组织，主要对国家安全和公共福利方面的各种问题进行系统性、跨学科的分析研究。——译者注
[2] 美国历史上最不光彩的政治丑闻之一，发生在1972年总统大选中，后用来指尼克松政府成员进行的一系列秘密、非法活动。——译者注

为了联邦政府指控美泰公司涉嫌造假一案，露丝前前后后进行了无数次辩护，可任她百般辩解开脱，仍无法击败对方的指控。两个月前，关于美泰的联邦欺诈罪她提出不抗辩请求。她清楚地知道，如果那些指控成立，自己将锒铛入狱。她希望通过提出不抗辩请求能使自己免受牢狱之苦。然而，司法部可不这样想。对他们而言，这个女人谎话连篇，欺骗了善良的民众，她就是个罪犯。就算她深受公司忠心耿耿的雇员的爱戴和拥护，就算她曾带给孩子们无数欢乐的时光，就算她在乳房切除术后研制生产了人造乳房，造福了无数乳腺癌幸存患者，为她们纾缓痛苦，消除尴尬，对起诉她的人而言，她的造假行为已经触犯了联邦法律，构成犯罪。给她定什么罪，这才是原告和那些损失了好几百万美元的股东们所关心的。

露丝焦虑地注视着这位不动声色的法官塔卡苏吉，暗暗祈祷他能从轻判决。坐在他面前的是一位妻子与祖母，因多年诉讼心力交瘁，疾病缠身，提到坐牢，则害怕万分。

事情怎么会发展到这种地步呢？那年夏天，露丝和艾略特还为他们结婚40周年举行了庆祝活动。多年来，她一直满怀希望，憧憬着美好的明天，此刻恐惧、绝望充斥在她心中。她为何沦落到这般境地？曾经，面对无数次的艰难困苦与挑战，她努力打拼，与命运博弈，最终都胜了，她把命运之神牢牢地掌控在了自己手中。可是，这一次，她要栽了。尽管她拥有满腹的才华、满脑的智谋、无人匹敌的勇气和魅力，这一次，无论她如何努力，看来都难逃法律的制裁了。

整个法庭一片肃静，厅内的人各怀希冀，就等着塔卡苏吉法官宣判露丝的命运了……

目 录

前　言　i

第1章　没人要的"娃娃"　1

芭比诞生的第一天，迎接她的并不是肯定和掌声，而是惨淡的销售和一片质疑。面对周围的反对声，身为领导者需要的是多一分坚定，露丝的坚定让世界上多了一个名为"芭比"的传奇。

第2章　莫什科家的小女儿　23

露丝是莫什科家最小的孩子，独特的家庭氛围和成长经历让她成为与众不同的女孩。别的孩子感兴趣的东西，在她看来大都很无聊。她盼望着快点长大能够做些什么，只有工作让她感到前所未有的充实与自信。

第3章　5美分一曲的恋情　33

"我望向他，他也望向我，我们的视线穿越人群相遇、纠结，再也无法分开，5美分的一支舞曲成就了我们的爱情。"突破重重阻碍，露丝终于找到了自己的幸福，这个穷小子将始终是她事业上的最佳搭档，生活中的最佳伴侣。

第4章　美泰成立　49

机会从来都不会从天而降，露丝主动出击搜索客户。就在一间破洗衣房改造的店里，露丝签订了她的第一笔订单。不久，美泰正式挂牌成立。

第 5 章　事必躬亲　69

白手起家的露丝必须在财务上精打细算,她不得不自己东奔西走寻找合适的原材料、制造商、代理商,甚至自己开车运送货物。功夫不负有心人,露丝为美泰签下了第一家专卖店,为其扩张奠定了基础。

第 6 章　玩具琴大战　79

为促进销售,露丝提前曝光了美泰的新产品,不料产品创意却被竞争对手剽窃。露丝非常愤怒,她意识到必须马上采取措施,让对手的产品没有机会出现在货架上……

第 7 章　家庭矛盾升级　89

繁忙的工作让露丝无暇顾及家庭,女儿的叛逆让她束手无策,家庭内部矛盾不断升级。但让露丝放弃工作是不可能的,尽管分身乏术,她仍然努力在做一个好管理者的同时,做一个好妻子、好妈妈。

第 8 章　与"米老鼠"结缘　105

与众不同的广告宣传模式,与"米老鼠"的强强联手,使美泰得到了一大批订单,拥有美泰广告里的玩具成为孩子们的梦想。基于美泰其他玩具的销售情况和迪士尼的品牌力量,采购商只能购买美泰做广告的产品,由此打破了由采购商决定市场的格局。

第 9 章　轰动的芭比　119

在一个男性主宰的世界里,露丝不断地努力拼搏,尽管公司同仁都对芭比投了反对票,甚至爱人也没像往常一样站在她这边,她仍旧坚持自己的信念,由此将芭比推上舞台,成功地创造了一个全世界女孩子们的偶像。

第 10 章　黄金时代　　135

露丝为美泰的持续发展作着规划与准备，她不断改善美泰的经营模式，网罗各类顶尖人才；更重要的是，她要让这些人服从她的管理并认可美泰的文化，只有这样员工才能和她一样保持旺盛的精力与创造力，才能在公司里拿出最好的表现。这是露丝的黄金时代，更是美泰的鼎盛期：美泰的股票涨到 3 年前发行价的近 5 倍。

第 11 章　玩具、金钱与权力　　151

露丝的冒险精神使美泰永远走在时代前沿。她从不在质量上放松，尽全力支持有才华的员工，同时为他们提供丰厚的待遇，她的身边集结了一支优秀高效的团队。露丝的事业达到巅峰，芭比的成功让她勇往直前。

第 12 章　再创神话　　165

随着美泰的发展，露丝越发感到自己的责任，她开始将目光转向别处，"多元化"发展就是美泰的出路。

第 13 章　遭遇病魔　　185

正当美泰蒸蒸日上之时，意外却突然袭来，病魔击溃了露丝的健康与自信，让她的生活和工作变得一团糟。问题接踵而至，露丝却失去了以往的斗志，在公司的权威性也不断下滑。她知道自己必须打起精神，想办法阻止美泰走下坡路。

第 14 章　大难临头　　205

各种指控纷至沓来，公司内部人心惶惶，暗处的阴谋渐渐浮出水面。露丝腹背受敌，这场突如其来的商业丑闻彻底打垮了她。一着不慎，满盘皆输，露丝失去了带给她无数辉煌的美泰。

第 15 章　"真我风采"　219

　　露丝一边疲于应付各种指控，一边又满怀激情地开始了全新的尝试，敏锐的市场触觉总是让她善于发现需求并锁定目标顾客。第二次创业给了露丝生活的勇气。

第 16 章　最终审判　237

　　一场商界丑闻终于要落下帷幕，露丝清楚，即便坚持自己无罪，法院依然会断定她有罪，这样的判决已经是最好的结果了，在判决面前，露丝只能选择妥协。

第 17 章　人生低谷　251

　　法院的判决让露丝备感尴尬与屈辱，在这段艰难的日子里，露丝仍然找到能发挥自己才华的地方，这不仅将她从人生的深渊中拯救出来，更让她重返自由世界。

第 18 章　老来丧子　261

　　被逐出美泰的阴影和病痛仍在折磨着露丝，儿子患病的消息又给了她沉重的一击。在苦难中，露丝发现了人生的意义，在她看来，那些最终成绩斐然的人，往往是在经历了无数挫折后仍努力拼搏、一往无前的人。

第 19 章　重整旗鼓　275

　　露丝重回美泰团队，作为芭比的发明者，重新出现在公众面前。芭比不仅仅是一个娃娃，她更像是露丝永不放弃的精神写照，她代表了无数的可能，露丝用芭比告诉全世界：只要去做就有可能！

后　记　287
致　谢　291

第 1 章

没人要的"娃娃"

小女孩总盼望着长成大姑娘。

什么东西到了露丝·汉德勒手里，准能卖出去。1959年，她带着自己设计制造出来的新娃娃，去纽约参加一个全国性的玩具博览会，那时的她对自己的新产品充满了信心。然而，在此之前的7年里，她面临的却是很多人的质疑。有人甚至说，她就不该生产那个娃娃。

1944年，露丝开始建厂，43岁的她已成为全美第三大玩具公司——美泰玩具公司的执行副总裁。美泰坐落于美国加利福尼亚州的霍桑小镇，紧邻洛杉矶，是个价值高达1400万美元的大型玩具设计和制造企业。从20世纪50年代初到现在，这位总是面带微笑、有着火暴脾气、身高不足1.60米的小女人竟将企业的规模扩大了2倍。她聘用了自己的丈夫艾略特担任公司的首席玩具设计师，并最终以高超的营销策略和管理水平使公司的收入很快赶超马克斯和肯纳两家主要竞争对手，跃居全美第一。

到达纽约后，露丝直奔纽约宾馆。那里，客房被改成了临时展厅。许多玩具公司带着各式各样的玩具涌入展览大厅附近的宾馆。为了给露丝和这些玩具公司的精美娃娃腾出空间，房间里的床、椅子和桌子都不得不搬走。

那天上午，露丝将自己打扮得干净利落，突显出苗条匀称的身材。她在展厅里焦躁不安地走来走去，一边审视和调整这些大约

30厘米的展品，一边思考着对自己来说性命攸关的问题。她从日本制造商那里订购了大批货物，光是小小的时装娃娃每周的订单就达到2万个，再加上专门为这些娃娃娇小而性感的身姿设计的4万套不同服装。不过，最令露丝担心的还不止搬运这些货物所需的成本，更重要的是她的信誉问题。

不错，她是公司的创建者，在那个大多由男性主宰的行业里，她作为企业家的才能也得到了男性同行的认可。但是她从未发明或设计过玩具，同时和其他领导者一样，有时也会盲目乐观，并且不能容忍失败。公司的玩具设计师们已经多次警告过这个娃娃不可能实现盈利，但她还是坚持推出了这一产品。

她一支接一支地吸着烟，大声地发号施令，不停地拍打着尘土，时不时地还冒出几句脏话。这种坚持背后还有一个私人原因，使得这个玩具对她来说尤为重要。在她心里，这个娃娃不只是个玩具，她要让采购商们知道：这个小小的塑料玩具将会是小女孩生活中不可或缺的成员。

博览会上热闹非凡，既有马戏团的喧闹，又有百老汇演出时的狂热，简直就是展示创新、设计、天才灵感的一次盛典，还有玩具公司为尽展文化时代精髓而展开的激烈竞争。为了吸引零售店主的注意力，玩具制造商们甚至将展品摆放到了第五大道200号玩具中心主展区之外。第五大道200号中心是玩具制造史上颇具传奇色彩的地方，它修建于20世纪初，商户们于第一次世界大战结束后开始入驻这里，世界玩具制造业的中心从此也由德国转移到了美国。

博览会入口悬挂着色彩鲜艳的巨大条幅，身着道具服的大人们穿行其间。华丽的玩具展品目视着过往行人，有眨眼睛的，有跳舞的，不一而足，严肃的玩具销售业被赋予了天真烂漫的童趣。在一个异常温暖的展销日，有近7000个零售店主在第五大道200号徜徉。1959年的博览会上新增了一个孩子般大小的冷饮柜、会走路的摇动木马和时速达22千米的汽车，以及一个苏斯博士动物园[1]。

从1903年起，众多的玩具公司带着新发明来到这里参加玩具博览会，目的就是抓住零售店主的心，为自己的产品争取货架空间。第一次博览会设在了码头附近，以便存储从欧洲进口的玩具。当年的展品中，由美国生产的玩具包括"胖胖蛋先生"马戏团、千色乐蜡笔、莱昂火车和泰迪熊[2]。

博览会之前，媒体并不看好露丝的娃娃。那时候，美国人满脑子都是"太空时代"，《纽约时报》关注的是美泰的二级塑料火箭，这种火箭长约30英尺[3]，能向空中射出200英尺高。火箭的设计者是美国海军"麻雀"导弹工程的前项目工程师杰克·瑞恩，他因受到玩具行业的吸引，辞去了雷声公司设计微型导弹的工作，受聘于美泰。美泰就像一个大型飞机制造公司，拥有自己的研发部门和20个具有大学学历的工程师，还有雄厚的财力，完全具备发明下一代热销玩具产品的实力。美泰的研发团队成员均有着非凡的创造力和竞争实力，

---

[1] 苏斯博士，美国家喻户晓的儿童文学作家，著有《如果我管动物园》，里面写了很多非常奇怪的想象中的动物，把孩童的想象力发挥到了极致。——译者注
[2] 泰迪熊，据说是以美国前总统西奥多·罗斯福的名字命名的，因这位总统拒绝杀害一只失去双亲的小熊而得名。——译者注
[3] 1英尺=0.30米。

被称为"蓝天组合",他们的任务就是要预测今后2—4年玩具行业的发展趋势。

像塑料火箭这样的玩具需要交给由10位工业工程师组成的团队来计划生产。"对于任何一款新玩具,我们通常要反复核算,最后敲定一种最佳设计方案。"露丝曾向一位记者透露。对于自己设计的管理和生产体系,她满怀信心。与对手比起来,美泰的工厂机械化程度较高,成本计算更精细。"有了这样的体系,就连真正的飞机和导弹,我们也能生产出来。"露丝以其惯常的夸张语气告诉《纽约时报》的记者。虽然没有生产飞机和导弹,露丝借助艾略特的发明天赋,将玩具产品推向"二战"后紧俏的玩具市场。

露丝和艾略特的玩具取材于流行文化,其构思巧妙,价格合理,在行业内树立了良好的威信。为了避免自己的创意被剽窃,露丝在博览会前从不公开产品,她还采用别人难以模仿又便于美泰申请专利的设计方案。到1959年,美泰的展室一直扩展到了露丝下榻的宾馆,他们在那里等待买家的光临。在门厅和走廊里,上百家的小企业总是想截住买家,劝诱他们去看自己的新型玩具。与之不同的是,美泰事先就作了安排,约好买家参加其产品推介会。会上的展品包含文字说明,且引人注目。面对小企业销售人员的推销阵势,大公司的采购人员有时得把自己的徽章倒过来以遮人耳目,但他们却会主动去寻找美泰的公司代表。等待中的露丝一边用手抚平梳到宽大前额上的深棕色卷发,一边仔细留意着会给自己惊喜的那个人。

在玩具博览会数以千计的注册买家中,最有影响力的非西尔斯百货的罗·基索莫属。他在玩具市场上可谓是能够呼风唤雨的角色。拿到他的订单就意味着得到了在全美的销售机会，产品还能进入西尔斯备受青睐的圣诞商品目录。基索过去与美泰交情不错，露丝决定此次一定要说服他，使自己的玩具进入其公司名下的商场。

1959年的西尔斯百货已经是一家遍布全美的企业，十多年间在郊区不断兴建新的大型商场。美国人从穿着到玩具，再到家电和相关服务都离不开西尔斯的信用卡，有些人住的房子还是1940年以前通过邮递方式从西尔斯购买的原材料建成的。

露丝等待买家的旅馆房间拉着厚重的窗帘，事先设计好的人工照明能突出每一款展品的特点。展品中，最引人注目的当属一节弯曲的白色楼梯。楼梯设计得精巧别致，只有玩具般大小，给人一种虚幻缥缈的感觉。一个约25厘米高的娃娃站立在从上往下数的第二级台阶上。她身着白色婚纱，宽宽的裙摆散落在台阶上，一个小巧而逼真的面纱罩住了她那金黄色的头发和光滑的面颊。娃娃的肩膀可以活动，臂弯里抱着一大捧鲜花，鲜花的大小刚好与她的身体比例相符。站立时，她似乎完全靠脚尖保持平衡，但事实上，她的每只小脚里都有隐形的小柱子，将其固定在支架上。环顾屋内，参展的还有其他21个娃娃，分别穿着不同服装——有种植园里少女穿的吊带衫和戴的帽子，还有带有斑马条纹的无带泳装和微型太阳镜，以及大金耳环和能露出脚趾的袖珍鞋。每一套服装都在娃娃身上突出不同的主题，但每个娃娃只是发色不同而已。其中，以金发娃娃居多，约占所有娃娃的2/3。

设计这些娃娃的最初想法，还是露丝在20世纪50年代初看着女儿芭芭拉和朋友们玩耍时产生的。她曾多次在洛杉矶比佛利伍兹区的家里看着小女孩们拿纸叠的娃娃玩"过家家"的游戏。为了让包括艾略特在内的设计师们相信批量生产的成人娃娃会有市场，露丝没少在上面花时间。

20世纪50年代初，市面上有许多批量制造的纸娃娃出售。较受欢迎的形象有小动物、婴儿、学步的小孩和民间传说中的人物，等等。然而露丝发现，在所有这些纸娃娃当中，唯有成熟的女性娃娃最能吸引小女孩儿的眼球。

女儿芭芭拉和小朋友们不玩《麦考尔》杂志上比较受欢迎的贝其·麦考尔之类的纸娃娃，却总是对那些被塞进漫画中的娃娃着迷。贝其是一种与孩子们年龄相仿的娃娃，在每个月的杂志上，她或是在弹钢琴，或是在做园艺，或是在烤蛋糕，又或是做着其他有益健康的活动。"二战"后，为了进一步吸引女孩子的注意力，漫画出版商们开始在书里夹入一些纸娃娃。他们甚至邀请读者为这些娃娃投寄时装设计方案，从中选出最好的并将其及设计者的姓名一同发表。很多这样的纸娃娃都是模特的样子，因而，女孩子们可以为她们设计各式各样的服装。

通常，孩子们会把那薄薄的纸板娃娃立起来，当作木偶人，然后与之进行她们想象中大人们的谈话。看着孩子们把自己当成故事中的角色模仿大人说话的样子，露丝觉得非常有趣。这种用硬纸板剪出的娃娃，优点在于它们有可以随意更换的纸质服装，但是衣服固定起来很麻烦，看上去也不自然。同时，娃娃本身都是平面的——不利于激发孩子的想象力。

露丝当时就想：如果有一种真正的成人娃娃能替代这些轻薄易损

的纸娃娃，那么女孩子们的游戏会变得多么丰富多彩！多年后，在答记者问时，她说："我明白，要是能利用这种游戏模式来设计出立体的娃娃，我们就会拥有与众不同的东西。"她设想着用塑料制作成熟的女性娃娃，让她们拥有和现实生活中一样的衣服，或许还可以化妆，甚至是拥有精美的指甲。

那时候，美国市场上也有一些时装娃娃，如多利康、小姜小姐、辛迪、露华农小姐[1]等。有些娃娃虽然标明是"青少年"，看上去年纪却小得多，同时却化着妆、留着时尚的发型，看起来不伦不类。它们虽然有可更换的成人服装，身材看上去却更像小女孩或青春期少女，这些娃娃的大小也不统一。露丝回忆说："那些娃娃又丑又笨，看上去明明是孩子却装扮成成人的样子，根本不像回事。"于是，她设想了相对复杂些的娃娃形象，看起来更像成熟的女性，也更加栩栩如生，就像国王影像的卡通少女蒂莉和《芝加哥论坛报》的卡通少年哈罗德。在电影中，蒂莉在服装大亨辛普金斯名下的一家专门生产时尚女装的公司任职，主要从事文案工作，有时也客串做一下模特，甚至在"二战"期间成了军人。但自始至终，她的穿着都无可挑剔。

当时生产时装娃娃的厂商们对细节的关注达不到露丝的要求，她设想能够生产出激发想象力的娃娃。他们生产的娃娃大都是娃娃脸、难受的脖子、圆圆的肚子、平平的胸、僵直的腿以及看起来很滑稽的新娘装饰、校园舞会服饰，等等。露丝不相信少女们会喜欢玩这种幼稚的娃娃。

---

[1] 英文名为 Dollikin、Little Miss Ginger、Sindy、Miss Revlon。

时装娃娃的出现,是20世纪50年代大众娃娃玩具的一次革新。新研发出来的塑料和后来的乙烯塑料,使得生产精致的小型娃娃成为可能。零售店的店主们发现,无论作为收藏还是作为玩具,这种娃娃都会有很大的市场。但此时,他们还固守着20世纪50年代的旧有观念。"二战"以后的一段时期,结婚生子被视为女孩子们的最高志向,因此娃娃玩具一如既往地占据着玩具市场,大都由男性担任设计师的玩具公司也乐于满足人们的这种需要。

露丝和艾略特也在考虑进军娃娃市场,但他们想要找到一个特别的切入口。"我们从不用与别人相同的方式去进入任何领域,也从不模仿别人。"露丝回忆道。但当露丝向艾略特提出她想做成年娃娃的设想时,他给她泼了盆冷水。艾略特平时很支持妻子的想法,但他告诉露丝:"没有哪个妈妈会给自己的女儿买一个有胸脯的娃娃。"

后来,据露丝的好友弗恩·费尔德透露,"她丈夫的反应给了露丝很大的打击"。团队里的其他男性设计师们也和艾略特持同样的观点。他们可以接受手枪、火箭、乐器等玩具,但露丝所描绘的娃娃形象,他们无法想象。他们说:这样性感的娃娃会把妈妈们吓着的!家长们怎么也不会接受。不论男孩还是女孩,他们并不只是在玩各种玩具,重要的是他们会长大,会成长为玩具制造者们那样的大人。况且,他们告诉露丝:更主要的是,她想要的那种精致、细节特征明显的小型塑料娃娃是不可能生产的。即使可以生产,也会因其昂贵的价格而影响销售。露丝想让娃娃穿上带有拉链、暗褶及裙摆的真正的衣服,她要在娃娃的小脸上画上眼线、口红等彩妆,在娃娃的手指涂上彩色的指甲油。先不说"二战"后的薪酬,单是模型制作和加工就足以使露丝的设想成为一个昂贵的实验了。设计师们嘀咕着:"她为什么不专注于她的管理和营销呢?"

别人越说不行的时候,露丝就越坚持己见。对于他人的反对,她竭力反驳。双方各执一词,互不让步。这种僵局一直持续到女儿芭芭拉10岁了还依然玩着纸娃娃。后来,1956年汉德勒一家去欧洲度假时,露丝终于想到了该如何改变那些设计师们的想法。

这一年的7月中旬到9月,汉德勒一家安排了为期6周的欧洲旅游。他们带着两个孩子,乘坐"玛丽皇后号"游轮,从纽约出发,前往英格兰,在伦敦逗留了一个星期后,转道巴黎。在巴黎期间,他们乘坐私家车来到阿尔卑斯山区,在瑞士的国家大酒店住下,从那里可以俯瞰美丽的卢塞恩湖。在那里的第一天,他们乘坐火车登上了皮拉图斯山的顶端,此后又进行了一次别开生面的阿尔卑斯之旅,目睹了莱茵河与罗纳河从冰川飞流而下的壮观景象。

按照行程,前往威尼斯之前,他们有一天的自由时间去卢塞恩购物并观赏风景如画的瑞士小城。在铺满鹅卵石的街道上漫步时,一家人看到了一间玩具店,可能是以著名玩具制造商弗朗茨·卡尔·韦伯[1]命名的。露丝12岁的儿子肯当即就想冲进去看看,露丝和15岁的女儿芭芭拉却被店外橱窗里陈设的一件玩具惊呆了:橱窗里,几个木头娃娃旁边摆放着一个十分可爱的硬塑料娃娃。那个娃娃就是著名的"莉莉"。

---

[1] Franz Carl Weber,玩具制造商。——译者注

莉莉身材修长，模样可爱，衣着华丽。有时身着滑雪服，有时又一身明显的欧式装扮。母女俩从未见过如此漂亮的娃娃。虽然芭芭拉已经过了玩娃娃的年龄，但露丝还是提议给她买一个。芭芭拉非常高兴，只是这些有着截然不同服饰的娃娃让她难以选择。于是，露丝要求店主单独卖给她们娃娃的衣服，却遭到了拒绝。店主说如果想要不同的服饰，就必须同时买下身着那些服饰的娃娃。

接下来，在维也纳的旅行中，露丝和芭芭拉又在当地店铺里看到了更多的莉莉。她们被装在干净的圆形塑料盒子里，身着芭芭拉钟爱的各式各样的服饰。露丝确信生产莉莉娃娃的人不单独出售娃娃服饰是个错误。不得已，露丝又买下了几个莉莉准备带回美泰，同时给芭芭拉又多买了一个。

这种用硬塑料制成的莉莉娃娃身高不过 30 厘米，有着与成年女性一样的脸庞，窄窄的眉头向上勾勒成一个明显的倒 V 字。她们双目斜视，脉脉含情，鲜红的嘴唇微微外翘，带有几分挑逗的意味。她们双腿修长，胸部丰满，腰身纤细，人称"莉莉美人"。她们最早出现于欧洲一部名为《画报》的低俗报纸的连环画中，开始时主要针对成年人，被作为"情趣玩具"出售。

莉莉的目标是那些有钱人，她衣着暴露，姿态迷人，带有暗示性的话语。在一幅漫画中，她用一张报纸包裹住自己裸露的身体，对一个朋友说："我们干了一架，他把送给我的所有礼物都要回去了。"同时，漫画里的她又天真烂漫，聪明伶俐，长长的头发拢在脑后，梳成一个马尾辫，前额还留着厚厚的刘海。

莉莉的首创者——漫画家莱因哈特·博伊庭联合设计师马克

思·魏斯布罗德共同开发了莉莉娃娃。四年前，他们看到了让莉莉从漫画中走出来并把她制作成性感的立体娃娃的可能。那时魏斯布罗德就职于汉堡的O&M候赛公司，该公司自1904年起因用塑胶制作模特而闻名遐迩，到了20世纪50年代，公司在塑料模具方面的改革再次使其名声大噪。双腿修长、脚蹬黑色鞋子的莉莉就差穿上高跟鞋，就可以成为一个应召女郎了。

烟草店、酒吧和成人用品店里都有莉莉娃娃出售。在单身派对上，男士们还把莉莉当作恶作剧的礼物互相赠送。他们要么把她摆在汽车仪表盘上，要么将其吊在后视镜上；还有的将其作为暗示性的礼物送给女友。对于《画报》来说，莉莉也是一种营销手段。渐渐地，这种拥有自己的衣橱和首饰的不寻常的娃娃也成了孩子们的玩具。

不过，露丝对于莉莉的过去一无所知，她也不关心。她终于找到了设计自己娃娃的模型，对自己的娃娃也充满了信心。回到加州后，她手里拿着娃娃，立即投入了工作。

杰克·瑞恩是美泰研究设计团队的带头人，他那时正要飞往日本做项目。临行前，露丝把莉莉塞进他的行李箱，对他说："到了那边，你找找看有谁能生产这种型号的娃娃。娃娃的脸和身体由我们来设计，还有整套的服装，但我们需要找个制造商。"

露丝极少公开谈论她内心的想法，仅有一次她曾坦承，这款玩偶完全可以在美国国内生产："只是没有人有这个意愿与动机……当时没有一个这样的人，就连我本人也没这个把握。"

那时，她只是想用软塑料替代德国人所用的硬而脆的塑料，但前者是刚面世的新型材料，鲜有供应。另外，如何用这种新材料做出露丝想要的那种娃娃的脸部和身体也是个问题，还得找人大批量生产娃娃和逼真的袖珍服装，并要保证价格能为普通大众接受，这确实是个令人望而生畏的挑战。日本素来以对细节设计的精益求精而闻名全球，露丝相信，瑞恩在日本能找到她想要的制造商。

但在日本，瑞恩也遇到了麻烦事儿。美泰的设计师们说得没错，生产露丝要的娃娃非常困难。事实上，当杰克·瑞恩携同一名年轻的产品设计师弗兰克·纳卡姆拉抵达日本，把"莉莉"展示给日方制造商时，对方并不认同这种品位。据懂日语的纳卡姆拉说，"他们认为莉莉的眉毛、眼影太夸张了，看起来有些低俗"。最终，瑞恩锁定了国斋博世[1]公司。

这是一家主要在日本国内销售玩具等产品的小公司。该公司有一套用以生产低成本娃娃的铸模设备，但十分简陋，工人们也习惯了铸制硬塑料。他们将用以制造塑料的硬颗粒状聚合材料熔解成液体，灌注于模子里，待所有空隙填满后加以冷却，使其恢复至固态，然后轻而易举地把成品从铸模中取出，但问题是硬度小些的乙烯基在浇灌铸模过程中有时无法填充所有的细小空隙。国斋博世的工作人员告诉瑞恩和纳卡姆拉：如果美泰希望他们生产这款奇特的莉莉玩具，首先需要找到一种更佳的材料与铸模方法。

露丝开始在美国国内搜寻这种塑料，很快了解到有一种可塑的聚氯乙烯（PVC）。早在1926年，百路驰的一名有机化学家沃尔多·西蒙就开始尝试熔合橡胶与金属。在用聚氯乙烯试验时，他发现可以将

---

[1] Kokusai Boeki。

这种东西转化为一种胶状塑料（即我们今天所说的乙烯基），并将这种新型材料应用于制作高尔夫球与鞋跟。之后，西蒙发现乙烯基造价低廉，不易变形，防火易铸。但直到20世纪30年代，这种PVC塑板才实现商业化，广泛用来生产管道、垫圈等。"二战"期间，美国军方出资修建PVC厂，生产一种表层包裹乙烯基的缆线，将其用于装备美军战舰，促进了PVC产业的迅猛发展。到"二战"结束时，百路驰已垄断了整个PVC市场。此时，聚氯乙烯已得到广泛应用，从管道到沙滩排球、易压缩玩具、注射器的橡胶球、软塑料瓶子、充气靠垫、软垫沙发，所有这一切都可以用聚氯乙烯制造。

这种新型乙烯基材料有着诸多优点，却需用"离心浇铸"这一特别的工艺技术，才能制造出露丝设想的那种精致玩具。这种工艺技术要求在明火浇铸的过程中近乎不间断地转动中空金属铸模，整个流程费时且不稳定。但到20世纪50年代，百路驰发现有一种粉末状的PVC特别适于离心浇铸工艺，加之此时已有一种新型热风炉问世，引发了一场浇铸工艺流程的革命：随着控热技术的完善，在加热及冷却过程中，特定级别的塑料粉末在离心运动中被导入铸模的所有细小铸槽内。

革新后的浇铸流程时间大大缩短，铸出的成品也更稳定，但不管是日本本土的玩偶制造商还是美泰派往日本的生产工程负责人塞莫·阿德勒，都没有试用过这种新的制造工艺。一位美泰的设计师解释道："他们首先得搞清楚，新工艺付诸使用之前，首先要有可行的制造流程，还要明白如何与日方完美配合。他们在浇铸时遇到了麻烦，从模子中取出玩具的手部时，手指会断裂开……娃娃的鼻子部位还残存气泡。"于是,阿德勒又带了一大堆最新的塑料行业的期刊抵达日本,和日方同事一道,边干边摸索可行的制造流程。

在驻日研铸团队完善铸造流程的同时,由电铸板浇铸的简易样品被送回美国美泰本部接受审核。按照公司的产品定位,这个莉莉简直就像个妓女!莉莉需要改头换面,给脸部化一下妆。美泰特聘请了巴德·韦斯特摩来设计莉莉的脸部。巴德的化妆设计职业生涯开始于20世纪30年代,他曾参与了几十部电影及电视剧《阿尔弗莱德·希区柯克悬念故事集》的化妆设计。新生后的莉莉不再是一副"克夫相",相反,整个脸部线条变得圆润生动:天生美人发际,有着柔和饱满的前额,双唇粉润而不失端庄,两弯秀眉斜飞鬓角,发际线也散发着更多传统韵味,头发根植固定在小巧的头上,可梳出各种发式。这些变化很细微,却得到了露丝的肯定。新旧两款莉莉一般无二,只有新款的设计者才能辨别出两者的细微差异。

对原有铸模的每一处更改,都需要6次以上的样品试铸,而研铸团队中美、日双方成员间又存在着语言与文化上的诸多障碍,免不了出错。一方面,日方工作人员无法认同美国人的审美品位与质量标准,日方的厂房也相当简陋。另一方面,对于首批航运回美国的莉莉,美泰认为她的眼睛斜得离谱,杰克·瑞恩曾再三强调莉莉的乳房应是光滑的,可现在的产品居然有凸起的乳头。瑞恩不再吱声,直接拿起一个莉莉,亲自动手示范。他说:"我掏出随身携带的小巧瑞士锉刀,利落地'咔嚓'掉了那两个疙瘩。"

对待自己的作品,露丝就像对待孩子一样,在设计之初就给她起名"芭芭拉",与自己女儿同名——也正是女儿给了她设计灵感。她原本还想用"芭布斯"——女儿的昵称，但这两个名字都被人注册了，刚好"芭比"没人用，她就选了这个名字。那段时间，露丝整日思量的除了芭比，还是芭比，有几次看到女儿，"芭比"就脱口而出，这让当时十多岁的芭芭拉对妈妈非常不满。

随着芭比娃娃的生产有了进展，艾略特去了一趟日本。此行的目的一是要了解芭比娃娃的生产进度，二是安排生产他设计的玩偶家具。这些家具都是纯木制造，充满时代气息，露丝甚是喜爱。她觉得也可以给自己的新娃娃配上这种家具，不过，家具的尺寸需要调整。然而，按照露丝后来的解释，当她试图与艾略特交流这一想法时，艾略特对芭比的偏见表露无遗。他坚持认为，自己的家具跟芭比娃娃格格不入，无法匹配，言及具体理由时，他又说不出个所以然来。夫妻二人最终没能达成共识。露丝坚信自己是对的，但也意识到一点：艾略特虽对自己的事业不吝支持，但并不认为芭比娃娃会成功。露丝不再梦想着能说服丈夫了，转而专注于解决芭比娃娃的生产与营销问题。

最终，露丝还是设计了芭比专属的衣橱。同年 11 月，她与德国玩具零售商欧庇利特[1]取得联系，订购了更多的莉莉娃娃。莉莉的服装不单独出售，露丝想办法说服了该公司，给她发售单套娃娃服饰。她共订购了 6 个娃娃，都身着不同服装，其中一个身着一条淡蓝色裙子，一个穿着一身狂欢服。她还选购了 9 套服装，包括一件蓝色晚礼服、一件衬衫和一件系带紧身连衫裙。接下来的一个月，露丝又从弗

---

[1] Obletter Spielwaren。

朗茨·卡尔·韦伯玩具店订购了12个莉莉娃娃。

有了一大堆的莉莉娃娃及服饰，露丝开始寻找自己的服装设计师。在艾略特的提议下，她给洛杉矶的乔伊纳德艺术学院打电话，联系到了时装设计师夏洛特·约翰逊。约翰逊从17岁起就在纽约的服装行业里打拼，离婚后只身来到加州，在这里设计和缝制儿童服装，同时也在乔伊纳德艺术学院担任时装设计课程的老师。露丝邀请约翰逊担任自己新娃娃的私人服装设计师，并对她说："我要芭比穿上美国式的服装，模拟少女们成长过程中要经历的各种场合，如班级舞会、婚礼、职场等，并为其设计相应的服饰。我要让她既可以随意穿着，也可以盛装打扮。"在露丝看来，提高芭比娃娃"游戏价值"的关键，就在于这些可更换的服饰，服饰生产将成为新项目中最能给公司带来利润的一项业务。

在芭比的设计过程中随处可见约翰逊的影子。有人甚至说最后的芭比娃娃连头型和头发都和这位标志可人的设计者如出一辙。开始时，露丝每周都有一两个晚上拿着娃娃去约翰逊的住所，和她共同商量娃娃的装扮。约翰逊则在自己的住处附近找了一个日本女人，专门负责缝制服装样品。但是，随着事态的发展，露丝手下负责生产的员工告诉她：娃娃的这些拉链、摁扣、纽扣、暗褶和裙摆过于烦琐，如果在美国生产，不利于节约成本。

为了帮助露丝实现愿望，约翰逊辞去了工作，到日本与当地供应商共同设计适合成熟女人或少女的服装，一干就是两年。她到处寻找轻巧的布料和理想的服装设计方案，摁扣、纽扣及精巧的拉链成为新设计方案中的共有元素——所用摁扣、纽扣小得甚至直径不足

3.2 毫米。

约翰逊比露丝小一岁，从小在奥马哈市长大。她性格坚韧，在服装和设计方面有着独到见地，这使她非常适合眼前的工作。在东京，她下榻在弗兰克·劳埃德·赖特设计的帝国饭店。每周，她都要和日本的那位设计师和两位裁缝师碰头6次，毫不留情地向他们提出一个又一个要求。她还说服了纺织厂，让它们按照自己指定的规格小批量地生产布料，当然，这样做的成本也很高。她还坚持要用浅色的螺纹针织物为娃娃制作内衣。她早期的设计中包含两个无带的文胸、一件短衬裙、一件花裙和一条腰带，任何细节都逃不过她的眼睛。

露丝也非常重视细节，她指出细节是芭比与众不同、保证销路的关键。她相信那些妈妈们和她们的女儿会看出并欣赏娃娃服制作过程中的良苦用心。多年以后，露丝总结说：竞争对手始终未能成功地抄袭芭比，原因就是他们的产品达不到自己一贯坚持的高品质。

芭比娃娃的组装工作由日本工人完成。他们有的在工厂里做工，有的在家工作。选择日本的部分原因是当地的劳动力成本低，并且日本工人一向以勤快和细心著称，很多娃娃服都是家庭作坊缝制的。和美国20世纪初的移民劳工一样，按件计酬使工人们干起活来都很卖力。就连美泰的效率研究专家乔·康尼查罗都不得不对这些裁缝师的耐心和清洁大为赞叹。他说："他们的家是如此干净，可在榻榻米地板上做工。送货时要用自行车或小货车，中间还要搬运很多次，我没见一件衣服被弄脏过，即使是白色的婚纱。"对于美泰来说，雇用这些干活勤快、成本低廉的劳动力，付35%的进口关税是完全值得的。

组装娃娃的工人都来自日本乡下，秋收之前，即使薪水很低，他们也愿意干点儿活。他们通常住在单位宿舍里，吃集体食堂。到了8月，进入水稻收割的季节，他们便纷纷辞去工作，回家收稻子。组装过程中，工人们先是用机器把金色或棕色的赛纶[1]头发一缕一缕地缝制到娃娃的脑壳上，然后将其梳理成高至头顶的马尾辫和带着大卷的刘海。为了给娃娃翘起的嘴唇和雪白的虹膜着色，同时画出娃娃目光斜视的效果，工人们通常要用模板将娃娃面部的其他部位遮盖起来。至于娃娃的四肢，工人们只需将杰克·瑞恩重新设计的胳膊和腿插进娃娃身上预留出的接合处即可。经过夏洛特·约翰逊的精心设计，给娃娃穿起衣服来也很方便。

组装好的芭比穿上她的第一套服装——带有斑马条纹的泳装，似乎还在向人们索要更多的服饰。为此，约翰逊与露丝一道设计了20世纪50年代美国女孩子们做梦都想得到的服饰：除了在博览会上展示的婚纱外，还有用于参加橄榄球赛、打网球和跳芭蕾的服装，以及带有灯笼袖的宽松睡衣和用于出席晚会的配以纯白色人造毛披肩的礼服——前一年的秋天，影星唐娜·里德首次穿着同款衣服在电视剧中亮相。露丝的新娃娃将大大激发女孩子们的想象力，她们想象自己像里德一样为人妻母，过上幸福快乐的生活。

为了把芭比娃娃推向市场，露丝用了3年的准备时间。准备工作完成，她立即全力投入营销工作中。一名参加了1959年玩具博览会的芭比娃娃的销售代表说："我们都为露丝的热情所鼓舞，连我们自

---

[1] 赛纶：一种合成树脂。——译者注

己也对芭比娃娃的成功充满了信心……不错，芭比的确与传统玩具大相径庭，但我们觉得露丝的观点有道理。我们相信，喜欢纸娃娃的孩子们同样也喜欢芭比。"为了淡化芭比的性感，让父母们相信很多女孩子也可以打扮得像模特一样靓丽，美泰将芭比称为"少女时装模特"。尽管如此，芭比的身材比例（大约39—21—33，与成年女子的身体比例相符）是任何广告词无法掩盖的事实。而且，当时的市面已经被一些露丝深恶痛绝的时尚玩偶充斥。满是这些玩偶及其服饰的商店既无力把现有的货物卖掉，也无心再添置新的此类商品。即便他们想采购，也不会买芭比这样的娃娃，因为认为芭比丰满的胸部和性感的外形会把妈妈们吓跑。

玩具博览会上，露丝站在芭比娃娃的展室里，浑身洋溢着她特有的自信。"我的一个长项就是能从自己的信念中获得勇气，并敢于坚持自己的立场，"她对一名记者说道，"我非常善于让别人接受我的观点。"但是，随着一个个买家在扫视了展室之后旋即离开、很少有人下订单，露丝渐渐失去了信心。美泰的一名销售代表回忆说："当时，娃娃基本上是受到排斥的……男性买家看到芭比的胸部后都以为我们疯了，那毕竟是个男人主宰的世界。"待到西尔斯百货的罗·基索走进露丝烟雾缭绕的展室时，露丝对结果没有一点儿把握。她向基索报以最灿烂的微笑，和他握手，并注意观察他的反应。她带着基索在展室里转了一圈，着重向他介绍了美泰对芭比娃娃所作的专业化市场调查和计划好的电视广告。然而，基索不为所动，他甚至拒绝将芭比样品带回芝加哥总部。和其他多数买家一样，基索也没有签订一份订单就离开了。

露丝意识到自己的生产计划将会带来致命的灾难。她此前已和日本的制造商签订了为期 6 个月的生产合同，要求对方每周发送 2 万个娃娃。考虑到路途问题，这种安排是合理的。她预计，平均每卖掉一个娃娃可同时卖掉三四套娃娃服。原本担心供不应求，现实却是满仓库的货物有可能卖不出去。惊恐之下，她发电报给日方，要求减产 40%。

当晚，在纽约的宾馆客房里，她再也承受不住落下泪来。"她非常沮丧，"艾略特回忆说，"我从未认为芭比会成功，但她不同。她对此始终深信不疑，那是她的梦想。为了推出这一产品，她付出了太多的努力。她不是个爱流泪的人，那一次却哭了，那里面有她的心啊。"他边说边用手指了指自己的心脏，"对她来说，那娃娃就像是件艺术品，她在上面倾注了自己的心血。"

只有艾略特能了解露丝在芭比娃娃身上投入了多少心血。尽管他认为芭比不会有销路，但知道露丝对此很有信心。她认为小女孩们总盼着长成大姑娘。凭借自己坚定的信念，她曾不厌其烦地一遍又一遍地把这话讲给那些对自己持怀疑态度的人听。她信心十足，满腹热情，不为外界所动摇。原因就在于，她不是在说任何一个小女孩，她说的是她自己，那个嫁给艾略特之前的名为露丝·莫什科的女孩。

第 2 章

莫什科家的小女儿

姐姐是我的偶像。

露丝的父亲雅各布·莫什科维茨，身高1.83米，体壮如牛，走起路来总是昂首阔步。1907年，他离开波兰首都华沙，坐船横渡大西洋，抵达美国。在爱丽丝岛移民局，他得知自己可以去科罗拉多州的丹佛市，那里的太平洋联合铁路公司方兴未艾，他的铁匠手艺正好能派上用场。正好，雅各布对眼前的纽约也没什么好感，于是一路西行而去。

雅各布离开的那个华沙犹太社区，面积与曼哈顿大小差不多。当年，华沙由俄国人监管，他们仇视闪米特人，视犹太人如妖魔鬼怪。可是，俄军士兵中，又以犹太人居多，远远超出了他们在总人口中的比例，雅各布也是俄军征募的对象。

俄军征募犹太士兵的传统由来已久。早在1827年，俄皇尼古拉斯一世就下令征召犹太人入伍，他大力推行同化政策，目的是最终同化犹太教。自那以后，近一个世纪以来，针对犹太居民区的恶意攻击愈演愈烈，俄国军队也有不少规章条款都是针对闪米特人的，这让犹太人的日子越发艰难。强征入伍后，犹太人更是一贫如洗。一次，雅各布所隶属的俄军小分队行军前往土耳其，途中他逃了出来，设法搭上了一艘开往美国的渡轮，就此奔向了大洋彼岸。

雅各布走后，留在华沙的是他的家庭和堆积如山、永远也还不起的赌债。在船上的日子里,看着茫茫一片大西洋,雅各布忧心忡忡,心中也一片迷茫:远在彼岸的美国会如何迎接他这个异乡人呢?此外,占据他思绪最多、最让他担忧的,就是留在华沙的妻子艾达和7个孩子。几个孩子中,莎拉最大,那年12岁,鲁本也11岁了。下面依次是莉莉安、路易斯、多丽丝及还在蹒跚学步的马克斯和约瑟夫!两个大点的孩子能当好母亲的帮手吗?能帮着妻子照顾好弟弟妹妹吗?还要过多久才能把他们都接到美国呢?

就这样,雅各布抵达美国后,直奔大西部去了。当时,他用了一个新姓氏"莫什科",这很可能是他在移民局得来的。不过,据他家人后来的说法,由于他不会说英语,为了让人记住自己,就把原来的姓氏"莫什科维茨"简化成了"莫什科"。后来,在丹佛市繁荣起来的犹太社区,人们都管他叫"雅各布·莫什科"。

雅各布是个吃苦耐劳、积极上进的男人。到丹佛的两年时间里,他先后钉过马掌,造过马车、货车车厢,终于攒了足够的钱,可以把妻儿都接过来。那时正值20世纪头十年间,许多东欧移民涌向美国。在一次浩荡的移民潮中,雅各布的妻子艾达和孩子们也坐着最廉价的舱位,来到了美国与他团聚。

不久,雅各布在丹佛市有了自己的公司,并为科恩家族供应火车车厢。科恩名下的丹佛芝加哥货运公司的业务不断拓展壮大,后来成了全美最大的搬运公司之一。作为科恩家族供应商的雅各布,生意也越做越大。

雅各布很受顾客的欢迎,人们都认为他非常有生意头脑。很快,雅各布有了自己的店铺,一家人也搬到了吉尔本大街21号。房子虽小，却有私人的卫浴设备，附近是一个大公园，莫什科一家人的身影经常出现在那里。1915年，莫什科夫妇又有了亚伦和莫里斯两个孩子，夫妻俩领着9个孩子逛公园，都成了丹佛市东端的一景了。

雅各布力大无穷，脾气也是出了名的大。儿子亚伦回忆父亲时说他是"我平生所见最强壮的人：我曾经看见他一手一人，抓着人家衣服将他们高举过头顶，还见过他单枪匹马地把深埋入雪堆里的小车拎了出来。搬运大货车车厢时，这边要我们所有人合力才能抬起来，那边他只要一个人就够了"。据说，雅各布曾驾车撞上了一辆电车，他一气之下把电车举得脱离了地面轨道。

对自己的事业，雅各布总是引以为豪。儿子们都在他的公司里上班，他对他们要求极为严格。事实上，从小到大，如果孩子们不守规矩，他就会狠狠地抽上几巴掌。做生意，雅各布很投入；玩起扑克来，他也同样投入，输掉的数额常常让全家陷入拮据境地。有时，别人来家里玩；有时，他到外面去，可能一连几天都见不着人影儿。他常去打扑克的地方是一家土耳其澡堂。周末，各路玩家在这里集聚一堂，拿出自带的烈酒、黑麦面包和鲱鱼，大家一起吃喝玩耍，一赌就是整整两天两夜。

雅各布嗜赌如命，几个孩子也受他影响，无一例外的好赌，只是有的自制力稍强点罢了。雅各布嗜赌造成的经济损失，使家人们不堪重负。露丝的哥哥、姐姐不得不辍学打工，以此来维持母亲和弟妹的生计。老大莎拉14岁就中断学业，到金鹰纺织品折扣商店上班，赚钱养家。他们的母亲艾达，性情温婉，负责打理家中事务：煮饭、炒菜、烘烤面点、擦窗、扫地、照看年幼的孩子们和他们的一大群玩伴。在丹佛的生活是艰辛的，艾达日夜操劳，加上多次怀孕，身体日渐虚弱，每况愈下。

1916年夏天，莎拉与路易斯·格林沃尔德结婚，婚礼在丹佛市马尔博大厅举行，母亲艾达也在场，肚子里正怀着露丝，这将是她第10个、也是最后一个孩子了。那年，她40岁。

后来，露丝出生了。6个月后，艾达去医院做胆囊切除手术。住院期间，刚出生的露丝便由大姐莎拉带在身边照看，新婚不久的莎拉当时年仅20岁。后来，艾达出院回家了，孩子却还留在莎拉的身边。先是几个星期，接着是几个月，然后是一年、两年，就这样，露丝就一直由大姐抚养长大。

到目前为止，还没有任何记录或只言片语能表明艾达想要将露丝接回家。比较合理的解释是，艾达认为将小女儿交给老大抚养，对大家都好。毕竟，他们是一家人。雅各布·莫什科这边的生活经常拮据，莎拉和路易（大家都这么叫他）的手头更宽裕些，生活舒适多了，小女儿与他们生活无疑会更好，这就是艾达的结论。对于这一点，她从未怀疑。当事人露丝尚在襁褓中，对这种安排，一个婴儿是没有任何发言权的，可她的生命轨迹却由此被完全改写了。

说到自己的身世时，露丝竭力否认自己有被母亲抛弃的感觉，或是成长过程中总有要证明自己的冲动。她认为，自己一直很清楚地知道父母亲是谁。艾略特也说："莎拉和路易就是她的母亲和父亲，是他们把她抚养成人。"对莎拉和路易，露丝亲昵地叫他们的名字，却管艾达和雅各布叫"妈""爸"，她仅把他们看作"宠溺"她的祖父母，即便是去登门探访，彼此也很少交流。艾达和雅各布习惯讲意第绪语，英语说得口音很重、很糟糕，露丝根本听不懂他们在说什么，加之艾达的耳朵也不好使了。与老两口同住的孩子会不少意第绪语，差不多都能与父母交流，露丝却是在讲英语的家庭环境中长大的，对意第绪语一窍不通。她试着把英语说得很慢、很清晰，可也承认：与父母亲沟通还是很难。

关于她与生身父母的关系，露丝的辩解说辞很有意思。她的母亲艾达一生孕有10个孩子，却只有一个孩子没有亲自抚养。她让那个孩子离开其他的哥哥、姐姐，跟着大姐住在离父母家近2000米外的地方，到另一个犹太人教堂祈祷。她不在父母家玩耍，上学也不与哥哥、姐姐同校。只有每个星期五晚上或节假日，露丝才会和大姐莎拉、姐夫路易一道，去莫什科夫妇家吃饭，犹如走亲戚似的，莎拉也很少在自己家里招待父母及其他兄弟姐妹。

所有人都说，莎拉·格林沃尔德十分疼爱自己的小妹露丝，露丝长得非常漂亮。关于这一点，还有一件趣事呢。那时，露丝已是个二十多岁的年轻姑娘了，有一天，一位妇女走过来问露丝："你不是露丝·莫什科吗？"得到确认后，对方居然说："你这小姑娘真是太可爱了！"每每讲起这桩趣事，露丝都会乐得笑出声来。

据露丝的哥哥亚伦回忆："莎拉也曾想将小妹交还给母亲抚养，但后来发现自己越来越离不开露丝了，也就不再想把她送回去了。"把露丝带回家抚养后不久，莎拉又得知自己一生将无法生育。

与莫什科那一大家子相比，格林沃尔德一家三口人的生活更摩登，经济上也更富足，因此童年的露丝可以说是衣食无忧、舒适自在，条件远胜其他兄弟姐妹。尽管如此，她却没有养成娇宠跋扈的性格。

后来，露丝自己坦言："我一生最讨厌依赖他人。我想，我一生都在强烈地渴望着证明自己的价值。"似乎，穷其一生，露丝一直在证明着自己，向那放弃她的双亲证明着什么。他们成了疼爱她的亲戚，却不愿意将她留在身边，承欢膝下。

格林沃尔德家住在丹佛市加菲尔德街855号，夫妻俩待露丝极好，用亚伦的话说，他们把露丝宠得"犹如女王"。露丝也说，自己什么都不缺，但是，"他们从不让我觉得自己可以不劳而获"。露丝从来就觉得，倚着别人的慷慨就大占便宜，这种念头绝不能有！孩提时代的露丝，小小年纪就在找机会工作，整天忙忙碌碌的，好像欠着某人巨款似的。

格林沃尔德家的房子只有一层，前面是个斜坡，上面有块小小的草坪。走过几个街区，就能看到他们家的杂货店，杂货店大约是在露丝8岁那年开的。此外，路易和莎拉还开了一家药店，算得上是丹佛市的第一批药店。药店坐落在市中心的繁华地带，与丹佛市总医院隔街相望。

格林沃尔德夫妇都是精明的生意人，莎拉与丈夫成天都忙着照看生意。10岁时，露丝就缠着大人，要求去店里干活。她非常仰慕莎拉，希望能离她更近一点。但她开始讨厌路易，认为他对莎拉不够好。路易和岳父一样，也是扑克牌桌上的好手，常常把生意扔给莎拉打理，自己却跑出去打牌赌博。不同的是，莎拉比她母亲强硬，没让他发展到像她父亲那个地步，才让她们"母女"不至于每日为生计发愁。

露丝上学的地方离药店不远，只要不上学，她一准儿就会到店里干活。她说:"我那时最爱去店里,帮着打理生意,我负责盯着收银机。店里有个小小的苏打喷泉,我也因此成了'苏打怪人'。"那时的露丝就喜欢工作,不愿与其他孩子一起玩耍。她也有自己的朋友,但都不是很亲密的那种。许多人都有那种一辈子的朋友,但在露丝的记忆中,自己从来没拥有过这种绵延一生的深厚友谊。别的孩子感兴趣的东西,她总是觉得无聊。在她看来,身边的许多女孩都是"娇滴滴的",她们聊的话题也都很蠢。露丝觉得,自己更像男孩子的性格,更喜欢玩男孩子的游戏。"男生喜欢我,我也喜欢男生。"露丝是这样说的。别的女生说悄悄话时,也总是背着她,偶尔拉她加入,她还觉得尴尬不已。

不管做什么,露丝总是强烈地希望获得莎拉的认可。在她的自传《爱做梦的娃娃》一书中,她有这样一番话等于间接承认莎拉是自己的"母亲":"(莎拉)有着自己的事业,在我看来,她因为有工作做而活得更带劲儿。所以,我从小就认为,一个女性,包括一位母亲,她出来工作没什么奇怪的,那是再自然不过的事情了。"对年幼的露丝而言,想着有份工作可做,这点很重要,也让她欣喜若狂。工作,让她可以靠莎拉更近;工作,让她觉得自己在偿还着他们的恩情,虽然谁也没要求她这么做。

1933年,格林沃尔德夫妇的生意做大了,他们关掉了原来的药店,转而在居家用品大卖场里开了家新店。那是个石头砌成的大厦,里面非常宽敞,视野也很开阔,顶上是拱形的天窗,四边是高大的橱窗,沿着丹佛市的加利福尼亚大街一直延伸,横贯整个市区。每天这里都人来人往。进去拿上柳条购物筐,买鲜肉就去公用肉食公司;买鱼就上费根家;买禽肉、蔬菜、罐头食品或当地的波丽安娜面包,就上露天的小摊儿挑去。莎拉在里面摆了个餐饮摊,专卖午餐,叫作"格林沃尔德苏打喷泉"。

1929年纽约股市崩盘,全美经济持续衰退,人们的信心却在逐渐恢复。不久后,富兰克林·德拉诺·罗斯福当选为美国总统,他上台后的第一个举措就是废除前任总统胡佛推行的禁酒令,让买酒、卖酒合法化。法令一出台,路易就瞅准了机会,立马开了家店专卖酒水。他进了大量的酒,摆放在大卖场的橱窗前,堆得高高的,都快堆到大街上去了。

对露丝而言,熙熙攘攘的大卖场充斥着崭新的刺激,更蕴藏着不期而至的机遇,让她可以担负起更多的责任。她期望着快快长大,而工作,如她所说,让她"长大,重塑了自我"。

路易的酒水生意做得很火,莎拉的格林沃尔德苏打喷泉餐吧也成了繁忙的大卖场里唯一能让人坐下来好好吃顿饭的地方。

1934年夏天,露丝终于有机会接手家里的餐吧了。那年,路易售卖某家大型酒厂的酒,因销售额最高获得了免费去欧洲旅游的机会。路易并不想去,但是莎拉想去。当年离开故土时,她正是开始记事儿的年纪,现在对波兰老家的亲人们还有印象。于是,莎拉去了欧洲,走前将生意交给露丝打理。那段日子,露丝忙着对账,去银行存款,订购食材,采办货物,还要给店里的雇员分配工作。露丝回忆说:"我那时真是忙得两脚不点地。"她热爱这份工作,领到薪水的那一刻,感受到了工作换取酬劳的尊严。

但是，对露丝而言，一份工作还不够。那时，她哥哥乔自己靠打工读完了法学院，毕业后开了家律师事务所，正愁没钱请秘书。露丝初中时就学会了打字和速记，这时主动请缨担任秘书，以助兄长一臂之力。每天放学后，她都去他的办公室帮忙，周六就处理餐吧的事务。一年夏天，她在弗兰克尔煤炭公司又谋到了一份办公室的工作。她的生活，用自己的话来说，就是"忙忙忙"。

给兄长帮忙期间，露丝开始考虑要成为律师。中学毕业后，她进了丹佛大学，还是上课、工作两不误。同时，她人生中另一件大事也发生了，她为此付出了大量的时间和感情：她有了意中人，高中时两人就开始约会。可是，对于与那个男生的交往，莎拉却表示不赞同。

第 3 章

5 美分一曲的恋情

恋爱的感觉无比美妙。

露丝整天忙着工作、学习，没有多少时间交男朋友，身边却不乏追求者。1932年，威尔顿大街上一次"伟大"的邂逅让她结识了此生的挚爱。那是一个异常温暖的11月，刚满16岁的露丝开着崭新的三窗福特跑车在丹佛闹市区兜风。那是莎拉和路易送给她的16岁生日礼物，是福特A型车的升级版，外观优雅气派，前车身装有竖直长条形散热护栅，嵌于两侧的圆形车灯犹如两只睁得大大的眼睛。开车时，露丝欣喜地发现车内后排空间宽敞，居然还配有可折叠座椅。这辆豪华型福特双门跑车注定成为大马力车史上的传奇。它点燃了露丝对轿车的狂热，也许是因为她在开着它的时候，遇见了日后生命中的挚爱。

那天，露丝开车途经居家用品大卖场时，瞥见了列奥纳多·菲利普斯跟他的朋友在格林阿姆大街散步。列奥纳多的妈妈和露丝的大姐莎拉是牌友，露丝也因此认识了列奥纳多，但她并不是很喜欢他。走在列奥纳多身旁的高个子男孩，露丝却没见过，他一头引人注目的浓密小卷发让露丝很想结识他。露丝使劲摁喇叭，希望能引起那两个人的注意。可她的小伎俩没奏效，后面的车又直催，她只好先往前开，绕了一圈再回到那儿。她使劲地朝列奥纳多打手势，就想着能正面瞅瞅他的那位朋友。露丝回忆说："我那时就想着，我要认识那个男孩，我一定要认识跟列奥纳多在一起的那个男孩！"她坚持着，最后终于如愿以偿。他们看见了她，她也看清楚了那个男孩的脸。然后，她就开车走了，一路上遗憾不已，心里想着自己以后恐怕再没机会见到那个可爱的小男生了。

一两个星期后，露丝的姐姐多丽丝邀请她参加在东科尔法大道举办的"契约之子"信徒聚会，这是当地犹太人组织的慈善募捐活动，有点类似嘉年华活动，在丹佛宾馆前几年买下的那栋大商厦举行。到了那里，姐妹俩在一层发现一些花个 1 美分、5 美分，或是 25 美分的硬币就能玩的小游戏。露丝和多丽丝玩了扔球击瓶、套圈的游戏。当她们四处溜达时，碰巧见着了查克·纽曼。他是个英俊的小伙子，露丝知道他的舞跳得很棒。查克邀请露丝上二楼去跳一曲，多丽丝同意了，露丝就随他上楼去跳舞了。一曲舞毕，查克护着露丝离开了舞池，领着她去见他的几个朋友。

回忆那时的情景，露丝还清楚地记得那一刻自己心头的那份震撼："我又看见了那个有着小黑卷发的大头男孩！我望向他，他也望向我，我们的视线穿越人群相遇、纠结，再也无法分开。当时的情形真是那样。我马上意识到他是谁了：那个我绕遍大街也要认识的男孩！"多年后，她还能忆起，那天他穿了件白色 T 恤衫，一边的肩线还裂开了口子。他看着她，微笑着，邀请她共舞一曲。舞池里，她与他翩然起舞，旖旎流转。露丝回忆说：自己当时心神摇曳，飘然"如履云端"。她很明确地感觉到，她和他都为对方怦然心动，那是种"触电"的感觉。"太神奇了。我也和其他男孩约会过，但从来没有过那种感觉。没有谁能像他那般，让我激情四溢，情不自禁。"

第 3 章　5 美分一曲的恋情

攫住露丝心神的年轻人，名叫伊萨多·艾略特·汉德勒，朋友们亲昵地称他为伊兹，家住丹佛市西边的犹太人聚集区，不如东区露丝家所在的犹太社区富足，配套设施各方面也都简陋多了。艾略特有一帮朋友，他们大多是犹太人，还有几个是印度人。虽然种族各异，性情却甚是相投，都是温文儒雅、重情重义之人。艾略特曾代表北方中学参加足球赛，当他成功拦截对方传球时，他的意大利朋友们都大声为他欢呼、喝彩，大喊："快跑，大鼻子！"艾略特还曾经踢入校队，只是父亲没钱给他买件像样的球衣。

艾略特的父母也都是犹太人，来自乌克兰的梅兹伍镇，和露丝的父母一样，大部分时间都是说意第绪语。刚来美国时，他们住在芝加哥，后来艾略特的父亲萨缪尔得了肺结核，便举家西迁，搬到了丹佛市的一家疗养所。当时，肺结核尚属不治之症，丹佛市空气稀薄、清新，最适于肺结核病患者居住。1904年，犹太肺结核病患者救助会（JCRS）成立，全美患病的犹太人也都被遣往该市。

艾略特的父亲所在的那家疗养所，是一群东欧移民过来的犹太人发起建立的。虽说不分宗教，但所里的病人多数是犹太教徒，疗养全部免费。丹佛市聚集了数量众多的肺结核病人，在20世纪20年代，该市禁止在大街上随地吐痰。艾略特记得，父亲总是随身揣着一条手帕，以备吐痰之用。38岁那年，萨缪尔进入犹太肺结核病患者救助会，登记时职业那栏填的是"油漆匠"。1926年5月19—29日，艾略特的父亲在疗养院总共待了10天。出院后，一家人就在丹佛市定居下来，再没离开过那里。

艾略特所属的汉德勒家族，是少数在远离丹佛市中心大街的一家教堂做礼拜的来自乌克兰梅兹伍镇的犹太人。教堂下面就是一条小溪，溪水潺潺流入普拉特河。艾略特远在乌克兰的祖父是犹太教士，他希望艾略特的父亲能子承父业，可萨缪尔·汉德勒并不信教，做礼拜从来都是百般地不情愿。每逢礼拜日，妻子总是求着他去做礼拜："你要是不去教堂做礼拜，邻居们都会替你感到羞愧的。"

艾略特接受过受戒仪式，但与父亲一样，他也不热衷宗教。他热爱艺术，梦想着当一名漫画家，中学时曾向多家报刊投稿，退回的稿子都有厚厚的好几摞了。他在一家照明设计公司找了份做设计的工作，这也是他能找到的唯一一个设计职位了。在那期间，他创作了一些画风繁密细腻的作品，开始了他人生的首次艺术创作。这些作品不是漫画，但很有创意。后来，他被丹佛艺术学院录取，并获得了一份艺术奖学金，便退出了校足球队、田径队，转而当起了学校的油漆工，为上艺术学院凑学费。

艾略特承认，早在见到露丝本人之前，他就被她那出众的容貌所吸引。露丝不知道的是，就在那次"契约之子"信徒聚会前几个星期，艾略特曾应邀前往她父母莫什科夫妇家，参加她哥哥莫里斯举办的一次掷双骰子游戏。莫里斯绰号为"迷糊"[1]，他是丹佛市的足球明星，被当地犹太人视若民族英雄，能和他一起玩，艾略特和朋友们都感到特别兴奋。一进屋，艾略特就瞥见了壁炉架上露丝的照片，当即跟身边的一个朋友说了句："哇，他妹妹真漂亮、真可爱！"那次聚会上，当查克·纽曼带露丝过来的时候，艾略特一眼就认出她就是照片上的

---

[1] 原文为 Muzzy，在英语里是"发呆的，无精打采的"之意。——译者注

那个女孩。

当时，和艾略特在一起的，还有另外3个人，他们围成一圈站在那儿，身上肥肥大大的T恤衫就那么松松垮垮地吊着。用他后来的话说，他们都是些"小混混"，他没给他们任何机会接近露丝。那次跳舞的舞池就是用绳子围出来的一块场子，任何人进去跳舞都要先付5美分。艾略特赶紧出了第一支舞的钱，带着露丝下了舞池。边上，小乐队在伴奏，是支狐步舞。他边跳，心里不由感叹："她真是个可爱的好姑娘！"恍惚间，一切都是那么完美。可是，第一支舞曲很快就结束了，艾略特这才意识到一个大问题：自己身上的5美分硬币已经用完！他让露丝在舞池等他一分钟，然后冲下去冲着朋友们狂借5美分的硬币。那晚剩下的时间里，艾略特成功地把露丝留在了自己身边。后来他说道："5美分的一支舞曲成就了我们的爱情。"

自那以后，艾略特常开着父亲那辆1934年产的雪佛兰轿车，穿过整个丹佛市去和露丝约会，他们还给那车取了个富有讽刺意味的名字——"蓝色闪电"。如果赶上下雪，看不清路况，艾略特就把车停了跳下去，把雨刷拽出来擦净挡风玻璃，然后继续前进。父亲的车不得闲时，艾略特就沿着高架桥，从西往东，一路搭便车赶过来，然后开着露丝的小轿车一起外出，照样约会。在开始恋爱的日子里，两人好得连一时一刻都无法分开。

偶尔，手头有点钱的时候，他们也会去布朗皇家酒店奢侈一把。据艾略特说，他们会点上"一大块肉"，美美地吃上一顿。那时，正值美国经济大萧条最悲惨的一年，莎拉和路易的生意尚属稳定，艾略特的父亲却经营惨淡，艰难度日。艾略特在舒克特照明设备公司上班，设计灯具，但他得帮着分摊家里的开销。令人高兴的是，他上班的地点离露丝家店铺所在的居家用品大卖场很近，拐个弯儿就到了。他常去那儿吃午饭，饭钱照付，露丝会体贴地给他盛上双份量的饭菜。

这对恋人最喜欢去的地方就是湖畔游乐场，他们可以在爱尔帕蒂欧舞厅待上好几个小时，一边听着多尔西兄弟或路易斯·阿姆斯特朗的音乐，一边尽情地跳舞。那里有很多有趣的项目，也不用花很多钱，他们可以坐碰碰车、摩天轮，还有呼啸汤姆微型蒸汽机车和维尔维特过山车。露丝不喜欢过山车，但艾略特喜欢。伊里奇公园是他们另一个最爱去的地方。那里有动物园、特罗卡的罗舞厅，还有艾略特喜爱的另一种叫"大野猫"的过山车。

20世纪30年代，美国人经济困难，却仍愿花钱看电影。艾略特和露丝经常光顾西区的一家小影院，那儿的门票25美分一张，爆米花5美分一份。1932年上映了加里·库柏担纲主演的由海明威的小说《永别了，武器》改编的同名电影，到1933年最受欢迎的电影却是丹妮·凯和本·特宾的大型情景喜剧《追逐那些抑郁的布鲁斯们》。

此时的艾略特和露丝每日沉浸在爱河中，快乐幸福得忘了忧愁为何物。露丝说，艾略特带给她的感受是独一无二的，再没有哪个男人能如他那般让她深深迷恋。他身上有种魔力，使她情不自禁地全身战栗。"就算是轻轻地触碰他，也是一种妙不可言的感觉，"她追忆道，"我想，他也肯定有着类似的感觉，因为我们都是那么渴望着对方，从不知餍足。"他们都被对方深深地吸引，但仍然按照他们认为正确的方式交往着。他们都认定了对方,却谨守传统,没有过早发展亲密关系。露丝说,约会了三年多之后,他们才"走完了恋人的全套程序"。那时,他们都确定,他们是要结婚的了。

但是,莎拉另有打算。她不顾露丝对艾略特的一往情深,总想要拆散他们。在她心里,艾略特根本不是个理想的丈夫人选,露丝跟着他必定会吃尽苦头。每次看见他的时候,他穿的都是他们初次相识时穿的那件破T恤衫,莎拉没少拿这点打趣露丝,总是问:"除了那件白T恤衫,难道他就没有其他衣服可穿了吗?"说笑归说笑,有一点她是认真的:她很替露丝担忧,艾略特可是个没钱的穷小子。他父亲做粉刷油漆的活挣不了几个钱。格林沃尔德家有的奢侈品,他们家一样也没有。莎拉可不希望露丝嫁个连老婆都养不活的穷小子。她希望自己的"女儿"能嫁个医生或律师什么的。当她得知艾略特的抱负是要当艺术家时,她的担忧就更甚了,脑子里都是露丝饥寒交迫饿死在一个脏乱昏暗的小破阁楼里的情景。

莎拉总说:"露丝,你是个特别的女孩。"露丝也认为自己很特别。虽然不确定未来会是什么样子,可她清楚地知道,自己绝不希望跟个穷艺术家过贫困潦倒的生活。莎拉对艾略特的无情抨击最终影响了露丝。在一起一年后,露丝告诉艾略特,他俩在一起不会有什么好结果的,应该尽早分手。莎拉把露丝送到了加利福尼亚州的长滩市,住在另一个姐姐莉莉安家,就这样上完了初中,还读了一段时间的高中。

但是,莎拉的这个办法也很快失效了。等露丝一放假回到家中,她和艾略特就又聚到一块。之后他们多次试着分手,还试着约会他人。这种关系持续了两年。很快,又到新年,这天傍晚,露丝在大街上遇见了艾略特,他手挽着另一个女孩。这一幕深深地刺痛着露丝的心,让她感到非常愤怒。多年后,露丝还清晰地记得那一刻心中的强烈嫉妒。不久,她和艾略特又重归于好了。这对恋人不在一起的时间,最多不会超过两三个星期,这让莎拉更加忧心忡忡。

1934 年,露丝中学毕业,考入丹佛大学,扬言要做一名女律师。这在当时的女孩子中很罕见。上大学期间,她还继续为莎拉和路易工作着。但到了 1935 年,总统富兰克林·罗斯福签署了国家青年管理法令,允诺由国家出钱来让年轻人就业,露丝就在校长办公室找了份速记员的工作。这段时间,艾略特继续在舒克特照明设备公司打工,同时在市立艺术学校读书。他很清楚这所学校名不见经传,远比不上芝加哥艺术学院或是洛杉矶的艺术中心设计院。但他梦想着有朝一日自己能攒够钱,进入那些著名的艺术院校读书。

大学二年级的那个夏天,露丝在西区的一次派对上偶然遇见了珍妮·科恩,珍妮算是露丝的旧识,但说不上亲密。两人闲聊时,得知珍妮打算下星期去洛杉矶度假,她一下子来了兴趣。那时,露丝和艾略特又在闹分手,她也很喜欢待在南加利福尼亚。露丝告诉珍妮,自己想和她结伴而行。珍妮提议两人一起到她亲戚家去住,莎拉当然举双手赞成这个计划。珍妮还跟露丝的姐姐多丽丝说:"这一次啊,没准她就能认识个医生或是律师什么的,把那个艾略特忘得一干二净,也说不定呢。"多丽丝二十多岁时曾在洛杉矶生活过一段时间,她把当初同住一套公寓的室友艾弗琳·李的名字告诉了露丝:"她长得胖乎乎的，你会喜欢她的。她在派拉蒙电影公司上班。"

　　1936年的洛杉矶，只有二百五十多万人口，还没有大规模发展起来。6年前，纽约中央公园著名设计师之子——弗雷德里克·罗·奥姆斯特德找到洛杉矶市政府提醒有关官员，说外来人口涌入该市，将使当地的自然景观不堪重负，并提出了修建面积达上千平方千米的公园规划。但是，没有人理睬他的呼吁。

　　在经济大萧条时代，工作机会不多，就业紧张，加上中西部干旱，人们转而西进，当地住房短缺问题日益凸显。面对这一连串的问题，洛杉矶市政府束手无策，作出了驱逐墨西哥人去南方的决定，其中包括一部分已获得美国国籍的墨西哥人；市政府还派警察前往加利福尼亚—内华达州边境，企图阻截搭便车涌入洛杉矶市的失业游民，却不见成效。与此同时，电影业日益繁荣；不少新工厂，如飞机场的飞机制造设备厂，正在施工建设中；大片的居民住房都选择建在僻远的郊区，可人们还得返回市区上班，于是又修建了不少高速公路。

　　对露丝而言，寂远的山间小市丹佛，仿佛一下子离她有十万八千里远。异乡情调的洛杉矶有着丹佛市所没有的快节奏与喧嚣，这一切都让露丝兴奋不已。一到那儿，她就迫不及待地联系上了艾弗琳·李，还与她在派拉蒙公司的餐厅共进午餐。米高梅公司拥有最庞大的影星阵容，但派拉蒙公司已经令露丝兴奋不已了。亲眼看见大圆鼻子喜剧演员W.C.菲尔斯从身边走过，她就惊喜地呆立在了那儿，挪不动脚步。艾弗琳告诉她，许多著名影星都在这里工作，包括玛莲·黛德丽、加里·库柏、加里·格兰特、卡洛尔·隆巴德、弗莱德瑞克·马奇、克劳蒂特·科尔伯特、梅·韦斯特、马克斯兄弟、鲍勃·霍普和宾·克罗斯比。想一睹明星风采太容易了！

出于纯粹的好奇，露丝问了句："怎样才能在派拉蒙找份工作？"对此，艾弗琳嗤之以鼻：谁都想在好莱坞工作，除非你认识那个圈子的顶级人物，否则根本不可能。她说："这里的工作机会太宝贵了，太难找了，没有哪个制作室会要你的。"露丝是那种你说不行，她偏就要试一试的人。刚到洛杉矶时，露丝没想过要进电影业，可现在，她坚持要艾弗琳带她到人事部门去应聘。

露丝说："我记不清那次应聘的详细过程了，可我记得当走出人事办公室时，我成功地得到了一份工作。"露丝当上了速记员，周薪25美元，还有丰厚的加班费。她这辈子还从没赚过那么多钱呢。

听到这个消息，莎拉比露丝本人还高兴。在莎拉看来，露丝考上大学或进法学院深造，都比不上她找到一个理想的丈夫来得重要。留在洛杉矶，她肯定会想念"女儿"的，但坚信这么远的距离足以斩断露丝对艾略特的迷恋，露丝也将在好莱坞遇到她的真命天子。可是，她小看了艾略特这个性情温润、羞怯的年轻人。他对露丝还是念念不忘，一直没有放弃。他曾试着在丹佛找画图设计的工作，但没能成功，之后就一直做照明设备方面的设计，为进艺术院校努力地攒学费。艾略特回忆说："没有了她，我的生活寂寥抑郁，没有任何乐趣可言。芝加哥有艺术学院，可我告诉自己：'加州的天气更好'，于是我动身去了洛杉矶。"

露丝去洛杉矶一个月后，艾略特花5美元与人合乘，也坐车来到了这座城市。他敲开她住处的门，告诉她：他不想去芝加哥了，洛杉矶天气不错，所以他来了。对艾略特的这番说辞，露丝会心一笑，没有揭穿他，只说见到他自己是多么惊喜。距露丝的公寓不远处有家科隆尼尔酒店，艾略特在那里要了个房间，长期租住下来。此后一年，露丝和艾略特在洛杉矶过着田园诗般的恬静生活。露丝的两个哥哥中有一位是做小汽车销售的，他曾给了她一辆二手的可折叠敞篷车。周末，这对年轻的恋人就开着车到海边流连，或是去欧菲姆剧院看电影，那家影院很大，共有2000个座位。每天下班后，艾略特都会赶到露丝与艾弗琳合住的公寓，两人踩着夜色漫步，走过6个街区，到威尔施尔·维斯特恩的物美杂货店买上29美分的特价蓝盘套餐。偶尔，也会咬咬牙，花上39美分，点上一份豪华套餐，美美地吃上一顿。

某个傍晚，艾略特又来露丝公寓了，神情沮丧低落。他刚被解雇，失去了照明设备的设计工作。像往常一样，他和露丝开始散步，朝着杂货店走去。路上气氛有点沉闷，他们都没了往日的勃勃兴致。走下第一条人行道时，艾略特踢到了某个东西，他弯下腰拾了起来，居然是一枚5美分的硬币！他俩都不是迷信的人，可这次两人都相信，这是个好预兆。露丝说："好运找上门来了！拿着它，你很快就会找到一份新的工作！"艾略特把那枚硬币放进自己的钱夹，好情绪似乎马上回来了。第二天，他就在另一家照明设备公司找到了一份新的、更好的工作。几十年后，艾略特钱夹里还揣着那枚硬币。

露丝和艾略特相处的模式很特别，多是在早期那段日子里形成的。露丝是个乐天派，不管碰到什么事儿，总能让艾略特高兴起来。她天性活泼嬉闹，富有冒险精神，总是拽着艾略特往前冲；艾略特则沉静寡言，稳重踏实，对爱情坚贞不渝。工作一整天后，他们还有说不尽道不完的话，相互分享着，一起憧憬美好的未来。

艾略特做照明设计，周薪只有18美元，比露丝少挣7美元。尽管如此，看见自己的设计图变成实物，艾略特还是很心满意足。他所在的公司承接了联合火车站的业务，终点站就建在洛杉矶。有生以来第一次，艾略特有机会彰显自己的设计。当时有一批大型火车站待建，联合火车站是最后一个了，艾略特设计的大型枝状吊灯到今天还悬吊在那个火车站的各个侧厅里。

露丝喜欢在派拉蒙工作，尤其是有机会看见那些明星。她会找机会偷偷地把艾略特藏进《难忘曾经的浪漫》剧组的演出道具里，这样他们就可以现场听到鲍勃·霍普与雪莱·罗斯一起吟唱浪漫的《两个瞌睡虫》。还有一次，她负责把吕西尔·博尔的电话留言传给导演亚历山大·霍尔，并由此成了霍尔的忠实粉丝。

这是露丝第一次在大公司工作。对其中暴露出来的弊端，她的批评很尖锐。露丝惊讶地发现，"浪费资金、管理不善"不仅存在于她所在的部门，整个公司都有这种状况。她由此得出一个结论：影片制作室的那些人都不是合格的雇员，他们的工作习惯太差劲了。

远在丹佛的莎拉一直操心着露丝的事，她了解到露丝还和艾略特在一起后，决定亲自去阻止他们。于是，她来到了洛杉矶，苦口婆心地劝说着21岁的露丝，认为她如果嫁了个连自己都养不活的艺术家，以后的生活肯定十分凄惨、悲凉。

在这场亲情、爱情的角斗中，爱情终将败下阵来。刚开始，露丝还奋起反驳莎拉，却终是拧不过，只好顺了莎拉的意思，承认自己错了。她艰难地告别了艾略特，卖了车，辞了职，跟着莎拉回到了丹佛市。绕了一圈，一切又回到了原点。露丝再次一边到居家用品大卖场工作，一边在哥哥乔的律师事务所帮忙，干着秘书的活儿，甚至没再回去上大学了。她开始深深地思念艾略特，经常给他打电话，渴望着能重新回到俩人在洛杉矶的美好时光。

春天，艾略特的生日快到了，露丝花35美元给他买了一块漂亮的腕表，在当时，那可是一笔不菲的数目。艾略特给她回了信，谢谢她的生日礼物，还怅惘地写道："但愿我能和你结婚！"露丝才不会把时间浪费在祈祷上，立马给他写道："要不，我们结婚吧！"他也积极地回应着她："那我们就结婚吧！"莎拉原盼着带露丝离开洛杉矶，就能把她和艾略特拆开，现在看来适得其反了。看来这二人怎么拆也拆不散，莎拉也就让步了。待到艾略特返回丹佛时，一场奢华的婚礼正在大张旗鼓地策划着。"女儿"要结婚了，莎拉、路易自是舍得花钱，毫不吝啬。

露丝和艾略特于1938年6月26日结了婚，婚礼在丹佛市中心最时尚豪华的柏宁酒店举行。站在宾馆顶层，华盛顿公园一览无余，这儿的舞厅四面都是玻璃，放眼望去，落基山脉的壮观美景尽收眼底。那次，共有140名宾朋前往祝贺，结婚仪式后是丰盛的婚宴，还有盛大的舞会。

婚礼上，露丝手捧白色《圣经》和栀子花，头披白色婚纱帽，一方长纱遮脸，身上一袭白色绸缎礼服，长袖圆领配曳地裙裾，设计简洁大方而不失端庄典雅，越发衬托出她的曼妙美好，好像好莱坞的明星。这是露丝的朋友夏洛特的礼服，前不久，夏洛特刚和查克·纽曼结了婚，就是在露丝遇见艾略特的那次"契约之子"信徒慈善活动中和她跳第一支曲子的那位年轻人。那天的艾略特呢，浓密的黑发按当时流行的式样笔直地梳向脑后，身上穿着租来的燕尾结婚礼服，说不上舒服，可神情绝对是幸福的。

婚礼上，露丝手上戴着的是哥哥马克斯与嫂子莉莉安送给她的锡戒。按照犹太习俗，新娘子不能戴镶宝石的戒指。婚后不久，艾略特给露丝买了只简单的黄金指环，他俩一致认为，这个指环比那枚锡戒好看多了。于是，艾略特把那枚锡戒收了起来，搁在钱夹里。

婚礼那天照的全家福相片洗出来，效果让新婚夫妇有点失望：雅各布与艾达——露丝的父亲母亲，笑得有点拘谨；艾略特的双亲——萨缪尔·汉德勒和芙蕾达·汉德勒，脸上也是一副不太高兴的表情。这对儿女亲家都是犹太人，相处却不是很融洽。只有坐在露丝父亲身旁的大姐莎拉脸上洋溢着满心的欢欣。她是露丝的伴娘，抛却所有的顾虑打造了这场完美的婚礼，没有任何人或事能破坏她那天的好心情。

婚礼过后，露丝和艾略特开着哥哥姐姐们买给他们的崭新的雪佛兰轿车离开了。他们觉得，丹佛这座城市与自己格格不入，洛杉矶才是他们幸福的乐园。回到洛杉矶后，他们开始了婚后的幸福生活。婚前，他们都已辞掉了在洛杉矶的工作，但艾略特对他们的人生规划充满了信心。他曾回忆说："我爱着那个小姑娘，我们所做的任何事都是对的。"

第 4 章

美泰成立

人生中看似冲动的决策,常常会改写人的一生。

终于，露丝与艾略特修成正果，成了合法夫妻。很快，露丝就开始了她人生中的首次尝试。开车横穿亚利桑那州的沙漠地带时，她提议艾略特将名字改一改。刚认识那会儿，别人管他叫伊兹·汉德勒，露丝以为那就是他的名字，后来才知道他的中间名是艾略特。外人不知道她有多讨厌伊兹（Izzy）这个名字。这得从很久以前说起了，那时，她还不认识艾略特。有一次，哥哥莫里斯来莎拉家接露丝，然后开车带她回父母那儿。快到家时，两个警察上前截住了他们，指控莫里斯违反了交通规则。莫里斯有个绰号，叫"迷糊"（Muzzy）。在露丝的记忆中，那两个警官盘问她哥哥时的态度"很恶劣"。当莫里斯报上他的绰号"迷糊"时，其中一个挖苦地又问了一遍："叫什么？'迷糊虫'（Izzy）？"

当时那种情况下，那个警察这么反应也不足为奇。20世纪二三十年代，反犹太情绪正日益高涨并席卷美国各地。犹太人在美国的社会地位有所提高，但他们要进大学、职业学校，或是核心上层社会，还是会受到诸多限制。亨利·福特就曾利用他买下的密歇根周刊《迪尔伯恩独立》传播反犹太言论，称德国犹太人利用他们在多家银行拥有的股份煽动了第一次世界大战的爆发。20世纪20年代晚期，三K党的势力正值巅峰。从1924—1928年，三K党的头头控制了科罗拉多州政府，进一步煽动、助长反犹太情绪。1924年当选的州长克拉伦斯·默里及许多当地官员都是三K党成员。1930年，露丝14岁生日没过多久，犹太人就被当作替罪羊，被指整垮了银行，从而引发了经济大衰退。当时，工作机会极少，招工广告中充斥着针对犹太人的各种限制条款，人们都见怪不怪了。丹佛市的犹太人内部很团结，露丝虽然能感受到反犹太暗潮的存在，但毕竟没有亲身经历过。当那个警察用威胁的口吻盘问她哥哥时，她震惊了，也吓坏了。

在他们开车前往洛杉矶途中，露丝看着眼前一片褐色的干涸景象，缓缓诉说着。她告诉艾略特，他的绰号让她想起了那次可怕的经历。她说，他的中间名"很好听"，不如就叫艾略特·汉德勒算了。他很惊讶，但顺从了她的建议。他回忆说："她坚持认为那个名字过于犹太化，她喜欢我的中间名，我也不太喜欢'伊兹'这个叫法。"作为第一代移民的子女，他们都还不太熟悉自己的国家，还在摸索中寻找着自己的位置。不知不觉中，他们脱离自己的犹太根，日益趋向同化，努力向着他们的美国梦迈进。

回到洛杉矶后，这对年轻夫妇在梅尔罗斯大街的威廉本酒店安顿了下来，一直到后来有了合适的公寓。露丝又回到派拉蒙电影公司，继续做她的速记员，艾略特也回到曾经工作过的白瑞纳克欧文照明设备公司，同时开始在艺术中心设计学院修读课程。终于，在梅尔罗斯大街，他们找到了一间小居室，里面很闷热，到处都是蟑螂，但还能负担得起。

数月后的一个星期天，他们开车外出时，露丝看上了一栋新建的房子,虽然价格有点儿高,但她还是让艾略特把车停了下来。这套公寓坐落在好莱坞的克林顿大街 5142 1/2 号,还有一个可容纳两辆车的车库,比他们当时住的地方宽敞多了。每月支付 37.50 美元的租金,拥有半个车库,虽然比原来要多付 30% 的租金,还得自己添家具,他们还是当场定下了那套公寓。

后来,当露丝回顾自己的一生,谈及她人生里程碑性的事件时,定下那套新公寓对他们来说似乎意义重大。她相信"人各有命",证据就是:很多次,她即兴作出一个决定,"冥冥中似乎是我们事先计划好了的"。不可否认,露丝从小就是个说干就干的人。她很少犹犹豫豫,总是很快作决定并付诸行动。即便犯了错,也能快速察觉、改正,然后继续前行。这种作风将在她企业创办初期一再出现。她总是迫不及待地行动,这使她后来登上了成功的巅峰,也成为毁灭她的致命缺陷。

他们搬进了新公寓,艾略特也有了新的梦想,艺术中心给了他从事工业设计的机会。那时,新型材料不断涌现,工业产品设计也蕴藏着无限机遇。1931 年前,只有酚醛塑料和铸塑酚醛塑料可用于生产人造塑料模具为钟表、收音机、电话机和各种珠宝等设计提供外壳、包装等。后来,两家不同行业的公司,杜邦与罗姆哈斯,同时发现了聚丙烯酸化物。这种材料晶莹剔透,防水防震,被杜邦称为路塞特(有机玻璃),其竞争对手罗姆哈斯则谓之树脂玻璃。

1936 年,美国空军陆战队一声令下,有机玻璃被批准成为生产军用飞机塑模的唯一材料。当时,这种材料 90% 卖给了飞机制造业取代玻璃，被广泛应用于挡风玻璃、炮塔及"二战"中军用飞机上的雷达天线罩等的生产。在艺术中心教授艾略特的老师见解颇为不同，他给全班学生布置作业，要求他们运用这种新材料设计消费品。

有机玻璃不仅可透视，且能打磨抛光，亮度极高，给了艾略特丰富的设计灵感。环顾他和露丝住的公寓，艾略特会浮想联翩，想象着从家具、灯，到烟灰缸、碗碟这类小物件，用这种新材料造出来是什么效果，然后，他会在稿纸上勾画出这些东西。露丝看见他这些设计，心里就盘算开了。她告诉艾略特，如果他能造出样品来，她就有办法卖出去。他也希望能这样，可问题是他没有设备。学校有他需要的设备，可同学们都在排队等着用，艾略特根本没时间完成作业和作品设计。露丝给他支招："没设备，我们自己掏钱买，不就行了吗？"

如果说世上真有企业家基因，那露丝就有，她还有更真实、具体的理解，那就是她对莎拉的记忆。多年后，露丝在一次采访中说："莎拉是我人生的楷模。家里的事都由她操持，她负责修理家具，负责理财，凡事都由她做主。婚姻生活中，女人唱主角，打理生意，我觉得理所当然，原因也许在此。"另一方面，她的犹太背景也是她做生意很自信的原因之一。美国的波兰裔犹太人，包括露丝一家，都曾受尽反犹太人运动的苦头，他们住在各地的贫民窟，不管男人还是女人，都得外出工作，挣扎求生。露丝认为，这就是为什么她和艾略特对女子做工管事习以为常了。

露丝负责给艾略特找齐所要的东西，艾略特则负责造出第一批产品，然后由露丝负责售卖。艾略特擅长发明创造，露丝则经商灵活有方，汉德勒夫妻二人合作的完美伙伴关系，自此起步。

他们以分期付款的方式，从西尔斯购得价值200美元的设备器材，然后就在那半间车库里开起了夫妻店。艾略特先将有机玻璃板材打磨、切割好造型，当膜面达到理想的光滑度时，就拿到厨房炉子上烘烤加热，再快速取出，冲到外面的车库去制模。车库里，钻床、打磨器、电锯轰隆隆地响，刨花、锯屑、塑膜碎角料撒落满地，到处都乱糟糟的。与他们共用车库的房客很生气，向房东投诉。房东向露丝和艾略特发出了最后通牒：要么把店搬走，要么走人。

买设备的钱还没付清，设备又快没地方搁了。那时，他俩还不到20岁，所有的财产除了一小笔存款和一辆小汽车，剩下的就是青年人抑制不住的乐观天性了。为了渡过难关，艾略特提出要退学，露丝想得更绝，她的宏伟计划是要艾略特辞掉工作，去领政府失业救济，然后继续设计；她则负责找家新店，装好新烤炉，把他设计制造的东西全卖出去！

露丝在自传中称，她对艾略特的设计才华有着绝对的信心。他有着层出不穷的设计创意，又能充分考虑消费者的需求，就是性情过于内向，甚至到餐馆吃饭都不愿点菜。据艾略特本人说，"我天生不喜言谈，适于隐在幕后"。艾略特那些才华横溢的作品，如果不是露丝坚信自己都能卖出去，恐怕会一直藏在店子里，吸灰纳尘，无人问津。露丝曾在小店待过，做过办公室助理，还想过要保住派拉蒙电影公司速记员一职，却从来没有做过销售。但是，她在营销方面的天赋，绝不逊色于艾略特的设计才华，销售点子满脑子飞。他们很快找到了一家店铺，约18平方米大，以前是个中国人开的洗衣店，他们以半年50美元的价格租下店铺，这时已身无分文。艾略特的朋友西摩·格林还记得，那天上午他赶到夫妻俩的店里，给他们送去了8美元，这样才让他们挨过了那一天。他还帮着艾略特粉刷了房子，用水冲洗上面的蓝色涂料，最后总算让那墙显出了点儿白色来。

要给新店安装烤炉了，艾略特把他在照明公司的同事哈罗德·马特森——"美泰"（Mattel）中的"美"（"Matt"）叫了过来。他是个瑞士人，高高的个子，长得很壮。新烤炉大约有180千克重，搁置在细细的钢脚架上。西摩与艾略特的弟弟艾尔租了辆大卡车，才把它运了过来。把它从卡车上搬下来时，它还滑了一下，一条腿撞到了西摩的脚踝，痛得他直叫。露丝不顾他的痛苦，冲着他大吼："你这家伙干的什么好事儿呀？你砸弯了它的一条腿！"过后，露丝也向他道了歉，可这只是开始，以后的日子里，尽管西摩没少抽空帮他们忙，还总是被她吼。

商店开张了，汉德勒夫妇变得忙碌起来。休息的间隙里，露丝都在思量着给哪些商场、店铺打电话推销艾略特设计的作品。摆在他们面前的是项前所未有的挑战，艾略特从没想过会去做的事，露丝正摩拳擦掌，跃跃欲试。她说："我很快就意识到，我一定要做销售。我丈夫是位才华横溢的艺术家、创造家，但生性寡言内向，我的性格正好相反。"性格迥异的他们似乎验证了"异性相吸"那句老话，但两人之间的关系有着更为独特的内涵：当时，社会要求女性温顺贤良，在家相夫教子，艾略特却愿意给予露丝绝对的自由，放手让她去践行内在的企业家的精神。"我们说干就干。我辞了职，她继续上班。不错，她是喜欢派拉蒙，但电影明星不再是她谈论的话题了，她已不满足于做个秘书了。"

露丝盯上了比弗利山威西尔大街上的萨科之家[1]，那里的装潢富丽奢华，购物环境静逸宜人，专卖丹麦产的摩登时尚礼品。她找了个破旧的箱子，把艾略特那些用木材和有机玻璃做的小玩意儿，如书档、托盘、香烟盒、烛台、小梳妆镜，一股脑儿装了进去，选了一个午餐时间，抽空去了趟萨科之家。那天，露丝把浓密的齐肩褐发高高盘起，打扮得干净利落，显露出苗条匀称的身材。站在萨科之家门口，露丝心里紧张得要命。她强迫自己挤出一个灿烂的笑脸，走过去和店里的女售货员搭上了话。那女人神情傲慢，坚持先查看了露丝带来的东西，才进去把店主萨科先生叫了出来。只看了一眼，萨科就操着丹麦口音很重的英语告诉露丝，他想见见艾略特，参观一下他们的工作室。露丝慌了，她不敢想象这位老先生见到他们那间破洗衣房改装成的店铺会是什么反应？！"要是让他看到那寒碜破旧的地方……就全完蛋了。"萨科注意到了她的反应，知道她在顾忌什么，就宽慰她说，自己来自欧洲，见过很多像他们那样名不见经传的小作坊。露丝还是很担心，认为萨科先生肯定会看不上他们的。她邀请他周六过来看看，这样，艾略特就不用独自面对他的拒绝了。

夫妻俩的小店名叫"艾略特·汉德勒塑料制品店"，位于诺曼底大道附近的奥林匹克林荫道旁的4000号街区。那个周六，萨科如约而至。他和艾略特握了握手，环顾了一下，说他要下份订单，露丝和艾略特当场惊呆了。随后，艾略特意识到，他手头连纸笔都没有！急中生智，他随手捡了张褐色包装纸，撕下一角来，就着一截铅笔头，

---

[1] Zacho's。

用颤抖的手快速写好了订单。500美元的订单对财大气粗的萨科来说不算什么，可在露丝和艾略特眼里，那是对他们梦想的最大肯定。萨科走后，他俩兴奋得大喊大叫，紧紧地相拥在一起。他们终于成功地卖出了第一批货。然后，露丝又开始操心收支问题。就这样，她边干边学，开始了经商生涯。

如果他们以零售价买入聚丙烯酸树脂板，就没多少利润可赚，所以希望能从供应商那里批发。他们给杜邦公司打电话，对方没有回应；联系罗姆哈斯的销售代理杰瑞·杨，可他认为他们要的数量太少，不能给批发价。但是，他并没有忘了他们。几个星期后，他打电话给露丝，把他们引介给了杜邦公司的一个大客户——道格拉斯飞机制造公司。对方曾请杨推荐一家公司，为他们的促销活动设计一款新颖礼品，用以答谢各方官员的关照及客户嘉宾的厚爱，同时也赠予全体员工。他们希望新的礼品设计能把漂亮的DC-3压铸飞机模型包括进去，适合摆放在办公室或家里的书房。

正式敲定之前，道格拉斯公司表示希望双方能见面明确他们的要求，共同商讨有关细节。本来，商讨设计的最佳人选应该是艾略特，可露丝知道，把这样一个重要的潜在客户交给木讷的丈夫，事情非搞砸了不可。既然不能指望艾略特应对这样一个大场面，她就亲自上阵了。她请了一下午的假，赶到道格拉斯公司，同三位男性负责人见了面。在一个大办公室的一角，她专注地倾听着他们对设计的要求，尽量少发表意见，以免暴露自己对设计的无知。走出那间办公室时，露丝欣喜若狂：她成功地拿到了这笔交易！她对自己在那次会谈上的表现非常满意；同时，她也相信艾略特肯定会有办法令这家新客户满意。

艾略特最终设计出一款简约、优雅的钟表，在那个毕加索和布拉克[1]风靡一时的年代尽显时尚：整个钟表由一片长约25厘米的有机玻璃板弯曲而成，前方板面较宽，折向后方时渐次变窄，两端置于背面，相望不相接，中间仅余几厘米。钟表正面，用造飞机用的铆钉围成一圈，用以显示钟点；钟表背面，DC-3飞机模型粘在边缘，起着平衡作用；机头冲着前方，机翼打开伸展着，呈御风翱翔状，俯瞰着整个钟表的正面。艾略特还为这款钟表设计了一个简洁的包装盒，与之搭配使用。这款设计在道格拉斯公司大获成功。

现在，露丝有了大额订单，可以从罗姆哈斯批发到有机玻璃板了。为了完成道格拉斯公司的订单，两方的家人都参与了进来。艾略特的弟弟艾尔正退役在家，就过来帮忙了。露丝还从莎拉那儿借了1500美元，用以购置生产材料，等第二笔大订单货款一到，她就把借款还给了莎拉。他们把利润拿出来，又在西南大街4916号租了一间更大的房子。此时，艾略特的礼品生产规模越来越大，哈罗德·马特森也加入了进来，和他一起研究制造工艺。艾略特的名片上印着"艾略特·汉德勒，人工树脂与有机玻璃设计师兼制造商"，他需要一个更宽敞的新地方进行创作和生产。

露丝疯狂地爱上了销售，常常扔下她在派拉蒙的工作，四处出击拉客户，招揽了一批像雷电华电影公司这样的买主，还有一家名为恩卡的公司。艾尔·汉德勒则回到了丹佛，不断提供产品改进建议，还

---

[1] 全名乔治·布拉克，为法国立体画派大师。——译者注

拿到了当地丹尼尔-费舍公司的订单。艾略特则充分显露了他精准把握时尚潮流的才能。20世纪30年代晚期正流行珠宝饰品，艾略特试着设计了几款。1940年，他制作了一款小巧别致的饰品——一支女性之手拈着的小瓶。瓶里面可以装些水、放朵玫瑰花苞，别在女士休闲衬衣或运动外衣上。这个饰品卖得很火，于是他开始用有机玻璃制作一些独具匠心的小物件，如带有布谷鸟钟、小佩剑、桃心、剪子造型的饰针。露丝的销售同步跟进，艾略特设计、制作的首饰很快出现在洛杉矶的各处商店的柜台上。

露丝竭尽全力争取银行贷款，用以采购生产材料。他们的产品更多样化了，有碗状水果盘、化妆盒、咖啡桌、早餐盘、大衣挂钩，还定做各种家具。经常是订的货交出去了，现金却不能及时回笼。他们不得不找莎拉和几位朋友借钱，特别是艾略特曾同住一屋的好朋友西摩·格林。1940年9月，路易·格林沃尔德借给他们100美元；同年10月，他们又借了300美元买车；11月，莎拉又借给他们500美元。2个月后，他们才用道格拉斯公司支付的1399.77美元将欠款还清。他们的经济状况时好时坏，从来没有稳定过。

此外，这对年轻夫妇还面临一个更棘手的问题：露丝怀头胎，出现了孕期综合征，伴有出血症状，必须休息静养，他们的生意也因此受到了影响。1941年2月，艾略特给加州税收委员会写了封信，解释自己无法按期缴纳销售税的原因并请求免除惩罚——显然，他还忘记付印花税了。他在信中写道："此前，账簿、案头工作由我妻子全权负责。可是，自12月下旬开始，她就一病不起，一直卧床静养至今。"而他自己呢，他继续解释道，直到上一个月，都在忙着生意搬迁、批发售卖,对报送营业税毫无经验。他请求免除支付利息和4.28美元的罚款。不管怎样,汉德勒夫妇的账簿始终达不到收支相抵,财政岌岌可危,几欲出现赤字。

扎卡里·赞比来自俄罗斯,是犹太裔移民企业家。他在好几家店里注意到了露丝和艾略特的产品,被它们深深地迷住了。他打听到了设计师的姓名,并于1941年初的某一天,悄悄地来到了艾略特的店内。后来证明,他的来访使得他们的生意峰回路转。

赞比到艾略特·汉德勒塑料制品店时,露丝已被迫卧床两个月,医生甚至不准她单独上浴室。此时,露丝已辞去了派拉蒙的工作,莎拉和路易也从丹佛搬到了洛杉矶,以助他们一臂之力。赞比做珠宝首饰很成功,有足够的资金来培植一个新的企业。一见到艾略特,他就说:"你需要合作伙伴吗?让我们联手吧。"就这样,赞比接管了原来露丝负责的工作,包括策划、营销和管理。

当时,美国正为"二战"积极备战,作为战时物资的金属供应很紧张。赞比和艾略特这对合伙人一致认为,可以将陶瓷、木材和人工树脂的碎屑应用到他们生产的首饰物品上。露丝还得继续卧床静养,无法插手生意,这两个男人就将生意以他们两个人的名字——艾尔扎克[1]命名了。

1941年5月21日,露丝顺利诞下一名健康女婴,取名芭芭拉·乔伊斯。为了支付保罗·斯坦伯格医生的接生费和露丝的住院费用,艾

---

[1] 艾尔扎克英文为Elzac。艾略特的英文为Elliot,赞比的英文全称为Zachary Zemby,故"艾尔扎克"以两人名字命名。——译者注

略特找人借了 65 美元。现在，汉德勒夫妇的银行账户仅剩 14.97 美元和一笔将到期的存款 84.75 美元。幸运的是，赞比加盟进来了，他们合伙的生意也开始赚钱了。艾尔扎克的规模扩大了，在斯劳森北边的西大街上又开了一家分店。赞比还介绍了三个合作伙伴进来，都是像他那样的移民，这样资金流动起来了，才得以满足珠宝饰品的高涨需求。艾尔扎克第一年的毛利就达到了 90 万美元。

珍珠港战争爆发前的那段日子，美国人都收紧了钱袋子，赞比撰写了俏皮的小广告，向人们兜售他们的产品："搞笑的企鹅爸爸与儿子、会飞的猪妈妈与女儿，你的藏品里一定不能少了充满奇思异想的艾尔扎克。"企鹅发卡零售价每只 2 美元，配套的耳环一对 1.25 美元，还有一款发簪是"竖着耳朵的翠绿人工树脂兔子"。所有这些小饰品都出自艾略特的设计。

1941 年 12 月 7 日，美国珍珠港遭到日军轰炸，美国随后对日宣战，加入"二战"。艾略特以女儿尚幼为由，拒绝响应政府的征兵，而专注于艾尔扎克的发展，在消费紧缩、军队扩募、军工厂需求激增的情况下，努力维持、提高他们的生产。他们开发了一条流水作业线，让技术不熟练的工人仅负责最终产品的某个单一零件，还允许工人干活时坐着，这样年老体残者也能受雇胜任了。由于军工厂要求工人提供公民身份证明，还没有获得合法身份的墨西哥籍工人不分男女都涌向了艾尔扎克。他们的生产厂房共有四层，还延伸到了临近两栋楼的地下室，支付给工人的周薪与军需品厂家水平相当。这对合伙人采用非临界性材料生产工具和颜料，以免有人指责他们扰乱战时市场。艾尔扎克地下室的车间里，机器轰隆隆地运转着，黏土混合搅拌后，被灌注到塑胶铸模里，然后被运往电窑和气窑。地上厂房里，一部分女工手工绘制出新奇的小人儿和陶瓷饰品，其他女工则黏着皮革、毛发、木边等。

到 1943 年，他们公司已拥有 300 名雇员。艾略特长时间工作，致力于新产品的开发设计，还得花时间处理公司内部日益升级的矛盾与纠纷。新加入的三位合伙人分别来自俄罗斯、匈牙利和罗马尼亚，他们总是争执不断，对如何经营艾尔扎克意见不一，这让艾略特深感头疼。

同时，家里的事情也让艾略特烦心不已：先是露丝初为人母，需要努力适应她的新角色；1942 年她再次怀孕，却不幸小产了。露丝非常渴望再生个孩子，并于 1943 年的夏天第三次怀孕。但是，整天待在家里看护两岁的芭芭拉，露丝又觉得烦闷无聊，总是莫名其妙地发火——她渴望重返商场。她不喜欢干家务，讨厌下厨房，做出来的饭菜惨不忍睹，令人难以下咽。奶油蘑菇罐头配法式土司，外加豌豆金枪鱼罐头，就是他们的晚饭。她最拿手的是"蛋炒馍"[1]，先把薄薄的硬面饼浸泡在事先打好的鸡蛋里，然后取出放到锅里，配上意大利香肠和洋葱煎烤而成。这是艾略特最喜欢的一道菜了。事实上，她做的饭菜能让他喜欢的不多，屈指可数。

露丝觉得无趣，精神紧张，可又不敢做运动，害怕再次引发出血。"似乎我就适合待在家里，哪儿也去不了。我讨厌这样！我无法忍受这样的自己！这种感觉糟透了。"露丝牢骚满腹，觉得自己魅力

---

[1] 馍的英文名为 matzo，是逾越节期间犹太人吃的一种不发酵的硬面饼。——译者注

全无。远离了她和艾略特共有的生意，她心里很别扭。有段时间，露丝发现艾略特似乎总和艾尔扎克的某位漂亮金发女员工在一起，她犹如怨妇一般抗议了一通——在艾略特的记忆里，这是他们结婚以来仅有的一次。晚上，还要听艾略特抱怨工作上的烦心事儿，露丝心里沮丧莫名。她渴望能管理艾尔扎克，可怀着孕的她到后来几乎无力起床。

1944年3月22日，临近生产的露丝挺着大肚子，带着芭芭拉外出。她们坐公交车途经皮卡林荫路、摩托大街、曼宁大街，然后再坐回来。露丝回忆说："我们一趟趟地坐着公交兜圈子，感觉路面崎岖不平，颠簸得厉害。一路上，我不停地说着：'大汽车，跳跳跳，弟弟快出来。'芭比[1]听了就咯咯地乐。那天，我们过得很开心。"同一天晚上，露丝的儿子，9斤多重的肯尼斯·罗伯特降生了。艾略特终于松了一口气，新添麟儿让他喜不自胜。当他抱起小儿子的时候，艾尔扎克及它200万美元的销售额、合伙人的烦扰纷争第一次被他抛在了脑后。

依照犹太教传统，男婴出生后应行割礼。肯被生下来时个子不小，却出现了脱水、轻度感染的症状，医生建议割礼延后。汉德勒夫妇原计划肯出生两天后就在医院举行仪式，以便让刚刚庆祝完他们50周年结婚纪念日就匆匆赶来的露丝父母能出席外孙的割礼。但急性子的雅各布等不及肯病好，就固执地坚持往回赶。那时露丝还没出院，艾略特只好开车把岳父、岳母送到了火车站，让他们坐火车返回

---

[1] 芭芭拉的昵称。——译者注

丹佛。一回到家，雅各布就径直奔赴牌桌，熬通宵玩扑克去了。那夜，正打着牌的雅各布心脏病突发，就此倒在了牌桌上。

家里成员都赶回去出席了葬礼，只有露丝因为身体太虚弱，不适于长途跋涉没能赶回去。第二天，她哥哥乔就给她写了封长信，转述父亲的葬礼事宜，告诉她葬礼那天去了很多人，"爸爸的遗容干净利落"。接着，全家人遵循犹太习俗，为雅各布服丧7日。服丧期间，一家人"坐在一块，说说话"，乔感觉很不错，只是祷文背得不太好。他告诉露丝，母亲收到了她发来的悼念电报，对她不能赶回来表示理解，又说"母亲很欣慰"，毕竟父亲临死前还见了外孙一面。最后，乔给露丝报告了个好消息：她又有一个侄儿出生了。

就在乔封笔、邮走这封信的时候，谁也想不到，另一个悲剧即将降临到他们头上。露丝接到信时，乔的电话就追了过来，告诉她：母亲也追着父亲去了！听到这个噩耗，露丝感到震惊，悲恸不已。

事情是这样的：雅各布的葬礼结束后的第二天，他们几个兄弟姐妹坐在一起讨论母亲艾达以后的安排问题。当时，艾达就在离他们不远处呆坐着，对谈话内容充耳不闻。他们正商量着母亲该跟谁住时，多丽丝过去看了看她，还跟她说："妈，您看起来很累的样子，要不您上楼歇会儿去？"乔曾在另一封给露丝的信中写道：妈在爸的葬礼上哭得撕心裂肺，悲痛异常，上去6个人才安抚住她。

那天，在母亲上楼之后，乔也跟了上去，陪她坐了一个小时。"她一直不停地说着你、小芭芭拉，还有你儿子。她说，她很高兴看到艾略特的事业干得这么有起色，你也不用吃苦受累了。她还跟我说，你们的家有多漂亮。"艾达还嘱咐乔，自己要是有个什么三长两短，她希望能把她名下的钱都给莫里斯，还说莫里斯是他们兄弟姊妹几个里最困难的。"当我告诉她，我们都会尊重她的心愿时，她露出了心满意足的神情。"随后，乔去隔壁房间躺了会儿，但一直没有睡着。艾达的屋里没有传出任何动静。一两个小时过去了，等到乔再去探望母亲时，她已经溘然长逝了。他写道："你不知道，我当时心里是多么震惊。到现在，我们都不敢相信母亲已经永远地离开了我们。一屋子人悲痛欲绝，伤心的泪水哗哗地流，哭到后来，再无一滴眼泪可流，空余满怀的伤痛了。"

乔这样宽慰露丝：雅各布和艾达形影相随50年；现在，他们将永远在一起了。他说，妈这一辈子共育10个孩子，只有你没有在她身边长大。"我们必须更加团结、齐心，不能让任何细微的分歧、争吵出现在我们之间。"乔说这番话，是在提醒露丝，她也是莫什科这个大家庭中不可缺少的一个成员，露丝也永世不会忘记自己的血管里流淌着莫什科家族的血。

曾经，露丝错失了与哥哥姐姐一起长大的机会，如今，她被剥夺了与他们一同悲悼双亲的机会。不管她对生而未养的父母怀有何种情感，他们的离世带走了她过去的一部分。但是，露丝不是那种沉迷过去或终日悔恨的人，她总是勇往直前，行动就是她对抗绝望的良药。肯出生后仅几个月，居家母亲当烦了的她重返工作岗位。50年后写自传时，她只字未提父母亲雅各布和艾达过世前后的相关细节。对她而言，他们好像仅仅是逝而不见了。

哈罗德·马特森为露丝的回归职场作好了准备。他在艾尔扎克干得不如艾略特开心。过去几年里，马特森一直管理着工厂，疲于应付几个合伙人相互矛盾的要求，觉得累了。一天，艾略特回到家告诉露丝马特森辞职不干了。事后，她回忆说：这消息对她"如当头一棒"。她对艾略特说："走，我们看看他去。"在马特森的车库前，露丝问他以后有什么打算。马特森说，他希望能生产礼品类的东西，如果艾略特能弄到许可证，他还想用艾略特的部分设计。艾略特表示同意，露丝则提出由她来负责销售，还建议他先试试生产相框。她早已观察到洛杉矶地区有几十家奥斯汀影像工作室，认为把相框出售给它们再好不过。露丝回忆道，"不知为什么，我就是知道我可以卖给他们。很自然地，当时我想都没想就脱口而出，告诉马特森可以生产相框。"露丝对市场营销一无所知，但她一直密切关注市场动向，思考市场有什么需求。她认为，正是这种"自觉的市场思维"让她在生意场上站稳了脚跟，有所作为。

艾略特进一步帮着马特森确定了他生产要用哪些相框款式，他们三人还商量着给新公司取个名字。尝试了无数种组合后，他们最后决定将"Matt"与"Elliot"拼合成"Mattel"（美泰），以此为新公司命名。露丝说：自己从没想过一定要把自己的名字写进去，还说她的名字放进去太难了，不提她也无所谓。

之后，艾略特返回艾尔扎克，马特森开始生产人工树脂相框样品，露丝也从奥斯汀影像那儿拿到了第一笔价值几千美元的大订单，一切都在她的预料中。战时，金属原材料供应有限，因此店家对艾略特的人工树脂设计很中意。美泰似乎要就此一飞冲天了。拿到那笔订单的露丝异常兴奋，急切地想让艾略特和马特森也看看那订单。坐车回去的路上，露丝开心地拧开收音机，想听点欢快的音乐，却意外地收听到一条新闻，说总统已下令冻结所有塑料原材料民用交易，只准用于生产战时军需用品，塑胶边角料也包括在内。

那晚在汉德勒夫妇家中，马特森和艾略特坐在一起商量对策，艾略特拿出了一个新设计，改用絮化木制作相框。第二天上午，露丝把孩子们交给莎拉照看后，就出门去奥斯汀影像店里了。她要让它们相信，木质相框比塑料相框更好、更受市场欢迎。她暗自下定了决心，坚决不要回到过去几年困于家中的憋屈日子。她渴望紧张快节奏的生活，她渴望竞争、渴望创业、渴望拥有、渴望放手一搏的豪迈。这一次，她不会中途退场，不会把辛苦打拼创建的公司交付他人。

露丝向买方奥斯汀展示了艾略特新开发的替代产品。待到离开时，她怀里揣着的是数量整整翻了一番的大订单。美泰开始正式运转了。公司搬离了马特森的车库，进驻了更宽阔的地方，开始扩大生产。露丝后来说："不错，公司卖的是艾略特的设计，公司的名字里有艾略特的名字，在我心中，他就是公司不可缺失的一部分。但是，真正让美泰启动起来的人是我。"

第 5 章

事必躬亲

我自认是最独立的人。

美泰公司大门上方悬挂着"美泰创意室"的小牌子。接了奥斯汀的相框订单后，马特森和露丝不得不把公司从马特森的车库里搬了出来，迁到西南大街6058号，那里有他们新租的一处房子，是一栋灰泥混砖的平房。房子一侧有个改建的车库，作为美泰的生产车间，另一端尽头是一间临街的小办公室，里面空无一物，四面墙上脏兮兮的，墙壁挖了几个洞就算是窗户了，白色的宽幅板条百叶窗帘似乎碰一下就会掉到地上。这间狭小店面的边边角角无不透着粗陋寒碜，站在里面的女销售兼总经理却格外干净利落。生完儿子肯之后，露丝就在奔波忙碌，同时注意控制饮食，没几个月身材就恢复如初了。露丝喜欢把自己打扮得干净利落，显露出曼妙迷人的身段。她总是梳着精致时尚的发式，喜欢在会客时抹上魅惑的红色唇膏。她有着灿烂明媚的笑容，与人谈话时视线专注，握手坚定有力，让人觉得她所代表的美泰是拥有上千名员工的大公司。

但是，奥斯汀的订单很快就让这家新公司感到吃紧了。凭着她在艾略特·汉德勒塑料制品店销售礼品时的丰富经验，露丝对单位成本作了一番细致的估算，原以为自己的报价会实现不少盈利，可事实上，算上租房、订购材料的费用，他们不但不会实现盈利，还几近负债。她并不认为马特森在资金财务方面能帮上什么忙，所以让他主管生产、如何节约开支的事儿，还得她自己想办法。

艾略特设计的木质相框要求做工精细，只有家具厂的特殊设备才能生产加工。露丝翻遍了电话簿，找到多家可能有这种设备的小公司。她找了个钟点工照看儿子肯，自己开车带上芭芭拉去搜寻她想要的机器和熟练工匠。这样，露丝拽着女儿不断地东奔西走，从一家公司赶到另一家公司，路上还得想方设法逗女儿开心。一次，她们走进一家公司的时候，原本躺在地上的大狗跳了起来袭击芭芭拉。虽然没有受伤，露丝和刚刚3岁的芭芭拉却被吓坏了。她的努力付出总算有了回报，马特森终于有了生产、组装相框的设备，可产品的数量庞大，运输成本又上去了，进一步造成资金吃紧，没有了任何盈利的空间。露丝再次决定自己出面解决。

美泰隔壁有一家卡车租赁公司，尽管从未开过卡车，露丝还是决定租一辆，自己开卡车去送货。她身高不到1.60米，体重仅为47公斤，踩刹车、换挡对她都非易事，而且卡车速度档的操作顺序异于小轿车，这对开惯了小轿车的露丝来说，无疑是个巨大的挑战。露丝倒车时，租赁处的工作人员目瞪口呆，她试了好几次才把大卡车倒出停车场。好不容易把货拉到了位于市中心的奥斯汀公司，她却发现货运通道十分狭窄，费了九牛二虎之力，她才把大卡车开进去，停靠在卸货处。那时正是中午12点，一群装运工正在吃午饭，看到露丝手忙脚乱的样子，他们在旁边不住地笑。露丝回忆道："我心里紧张极了，可又决心一定要干成。当时的情形别提有多难堪了。"最后，她总算把车停靠稳当了，还说动那伙看她笑话的人帮她卸了货。她说："我当时觉得自己简直是头蠢驴，可我最终搞定了那辆见鬼的卡车。我下定了决心，干不成誓不罢休。最后，我成功了。"露丝没有提到的是，在她穿着裙子、蹬着高跟鞋驾驶那辆大卡车时，与她同时代的许多女性甚至不知道如何开车呢。

露丝重返生意场后，兴致高昂地忙着创办企业，丈夫艾略特的境况却很糟糕。在艾尔扎克，他那几个合伙人没有一点儿创造力，他们满足于重复几个旧款式，拿不出任何有新创意的设计；艾略特却渴望着真正的创造，渴望着自己的设计能有新的突破。他认为：珠宝饰品市场是在不断变化更新的，女性们期盼惊喜，期盼新颖的设计、奇特的款式。

露丝看到一个产品就会思考，谁会需要它？市场在哪里？艾略特看到某种材料就会想，这种材料能制作什么呢？他开始成天摆弄从马特森那儿搜罗来的碎木屑、塑料。一般人看不出有什么用途的废弃物，艾略特却决定用来制作玩偶屋家具。他的第一件作品是把椅子，由一片有机玻璃板巧妙地翻折、扭曲而成，整个椅架、椅腿、椅背浑然一体，粘上一小块木片作为座板。露丝说："只要他能做得出来，我就能把它卖掉。"在露丝的建议下，艾略特开始设计成套的玩偶屋家具。

到了1944年7月，艾略特再也不能忍受他那些平庸、不求创新的合伙人了。他把露丝从工作中拽了出来，进行了一番谈话，露丝听得出他很紧张。"露丝，我必须得离开那个地方。我已经要求他们……"说到这儿，艾略特顿住了，可露丝立刻就明白发生什么事儿了。同样的话题，他们曾多次谈论过。她问艾略特："你是不是要他们给你一笔钱，然后你就退出？"艾略特迟疑了一下，说："是，我这样提了，他们说会给我1万美元。"

那时候，艾尔扎克的年销售额已高达300多万美元。据露丝估计，艾略特在公司的份额约值7.5万—10万美元。她还知道：他应得的，更是数倍于这个数字。但她问丈夫："他们答应现在就给你吗？""是的，他们答应现在就给我。可是，才1万美元，是不是太少了？""拿了那1万美元就赶紧走人吧！"露丝清楚丈夫的个性，他并不想去争取更多的钱，她也希望他们能再次携手商场，联袂闯荡。"接下来，我们要把钱投到美泰来。我们需要你，美泰需要你，你可以做我们的全职设计师，美泰也该推出自己的新产品设计了。"

1944年10月16日，艾略特签署了数份文件，据此从艾尔扎克拿到了9500美元的现金，从副业贝佛利工艺品公司拿到2500美元，卖掉债权获得3900美元，而他的原合伙人则拥有他在艾尔扎克期间的所有设计。或许，当时他们认为这次交易中最大的输家是艾略特，可一年后被淘汰出局的却是他们和艾尔扎克。

露丝成功地让艾略特加入了美泰。可9个月后，他躲避服军役的一切努力都化为乌有了。之前，艾略特不用参军是因为他曾宣称他在家为战争服务。早在1943年12月，他写信给征兵委员会，称他正在就职于一家"高端塑胶工程公司"，从事与战事相关的工程设计工作。部队接受了艾略特的说法，直到1945年6月11日，他才接到命令要前往麦克阿瑟将军的驻地服军役。那时，盟军已经在欧洲战场取得胜利，并将于那年夏末取得对日作战的胜利。就这样，艾略特被遣往加州海岸附近的罗伯茨军营，往北走大约几个小时的路程就到了。他不必担心自己会被送往海外作战，可还是很焦虑，开始给家里写信,用他自己的话说,作"哀怨呻吟"状。

艾略特在给露丝的信中写道:新兵即将开始为期17周的基础军事训练,要求头戴钢盔,手拿来福枪,背上还得背个大行军包。"噢!老天呀!"他在哀鸣。军营的生活很艰苦,他深深地思念着她。为了克服相思之苦,他只允许自己每周有两晚可以想着她。其间,这对汉德勒夫妇仍未中断他们生意上的合作,艾略特开始给露丝寄去新的玩偶屋家具设计图。基础训练结束后,他就可以周末返家探亲了,这给了他们相聚的机会,也让他们有时间讨论生意上的问题。他信中写道:"听着,亲爱的,下次我回家,发现你那红发堂姐还和你在一起的话,我就让她滚出去。"就连结婚纪念日那天,他们也没能在一起庆祝。艾略特写道:"亲爱的,明天就是我们结婚7周年纪念日了,我好想和你一起庆祝,渴望你的怀抱。"接下来那个周末,他们又相聚了,可转眼又是分别。艾略特变得很抑郁:"我们相聚的周末真是天堂啊!那无数个星期六夜晚啊,那般缠绵美好,恐怕我永生都不会忘记!退役后,我们还会有无数个这样的星期六吧。就让我沉迷在美梦里,好吗?"

艾略特的朋友西摩·格林比他早4年应征入伍,他还记得艾略特入伍后露丝在车站接他时的情景。"我去了4年,还是去那人间地狱似的鬼地方。可露丝却不停地说着艾略特,说他有多痛苦,他那儿的基础训练有多辛苦;可事实是,他离家才几千米远而已。我只能一笑置之。我要是死了,她不会怎么着;可艾略特要是死了,保不齐她会怎样呢。露西(露丝的昵称)真是非常爱她的丈夫。"

1945年年底,露丝希望艾略特能脱离军队,回到美泰公司做专职设计。1945年11月30日，美泰的会计欧文·菲戈向罗伯茨军营第87营B连的指挥官寄送了一封信，内容明显是经露丝授意的。信中说，艾略特非常有才华，这点不可辩驳；可美泰并非如信中所言是家强大的集团，这恐怕是露丝想出来的说法。

菲戈这样写道："早在士官艾略特·汉德勒应征入伍前，（美泰）正迅猛发展成为塑胶制造领域的顶尖公司。究其原因，我们认为，正是汉德勒士官的卓越创造力和想象力成就了这一切。现如今，由于汉德勒士官无法积极参与我们的管理与经营，无法为我们设计、创作新产品，致使企业面临严峻的挑战，势必影响到其日后的发展与成功。"此信刚寄走，艾略特就开始着手争取退伍听证会。

与此同时，他设计的玩偶屋家具产品增加了很多款式，已自成系列，但露丝对产品销售并不满意。他们的产品进驻了当地一位首饰商的几家女士服饰店，但销路不是很好。1946年1月，露丝决定向全国发售产品。她很清楚，要实现这个目标，她必须去趟纽约，那里是全美的玩具中心。那年，女儿芭芭拉3岁，儿子肯尚不足1岁，夫妻俩刚在切维厄特山[1]居住区房价较便宜的地段买了一套总价不到1万美元的房子。房子比较宽敞，露丝雇了管家帮忙打理，对方就住在他们家里。那时，姐姐莎拉和姐夫路易已经搬到市里，也能帮忙带带孩子们。艾略特仍在部队服役，露丝就扔下孩子赶赴纽约。整整一个星期，夫妻俩都没在家陪孩子，露丝也没感到一丁点儿愧疚。早些年打理羽翼未丰的美泰公司时，他们的家庭生活就是这样。接下来的十年

---

[1] Cheviot Hills。

间，露丝和艾略特还是把大部分时间都投在公司的生意上，在夫妻俩的奋力打拼下，美泰终于发展壮大了。

多年后，他们曾辩解说，自己已经尽力挤时间陪孩子了。露丝总说：孩子和丈夫是第一位的，其次才是事业。可事实是，她总是生意第一，家庭第二。有时，她也并不否认这一点。"作为母亲，我做得确实不够好。我不知道如何做饭、理家，也很少陪孩子。我要考虑的事情太多了，很难时时顾及一双儿女。"但是，周末与节假日，她和艾略特一定会陪着孩子们。在女儿芭芭拉的记忆里，周六母亲会和她一起逛街购物，还有就是"她总是在工作，总有忙不完的事儿"。露丝是那种对工作充满激情的人，有时出于工作需要，会到离家很远的地方去。芭芭拉越大越讨厌母亲这样，性情比弟弟肯更乖张，也更喜怒无常。

1946年2月，露丝动身前往纽约。一切都是新奇的，也是混乱的。此前，她仅往返于丹佛和洛杉矶之间，从未去过东部。战时有规定，她没能订上机票，火车票也非常少，露丝甚至还不知道如何买票。她来到卖票窗口，开口要买一张联合太平洋开往纽约的票，却被告知没有到纽约的直达车，中途需要转签好几次。最后可能是这样的：她先是搭乘联合太平洋公司的洛杉矶城际列车前往芝加哥，全程共40个小时，晚上就睡在双层卧铺车厢下铺。到了芝加哥，她再转车，坐的似乎是纽约市中心的21世纪有限公司的火车，一坐又是二十多个小时。抵达纽约的宾夕法尼亚火车站时，她连个接站的人都没有。下车后，露丝自己打车去了莱克星顿酒店，打车费让她觉得高得有点离谱。接下来的一两天，她就在第五大道200号闲逛，这里就是纽约市的玩具批发中心，买卖玩具的人员都集聚在此。整幢大厦里，来来往往清一色的男性，只有露丝一个女人，还是个年轻漂亮的女人。她后来告诉一位同事："他们许多人都上前与我搭讪，可就是没人问我要不要买玩具。"

这是一幢摩天"玩具商厦"，专门展销玩具，每个展厅在她眼中都无异于一个巨大的商品市场。露丝流连于各大展厅，不知道怎样才能找到合适的地方售卖美泰的玩偶屋家具。快走到某个展厅尽头时，她看见有个男人站在一个类似沿街铺面的展销处盯着她。他招手让她走近一点，大声问她在找谁。露丝走近一看，他们的展橱里摆着玩偶屋家具，那些金属制的家具看起来呆板无趣，没有一丁点儿想象力，她终于找到了适合她的产品销售的地方。维克·戈尔德伯格上前拉住露丝的胳膊，把她拽进了办公室。看了她带来的玩偶屋家具系列后，他说他还有个合伙人本·斯内科夫，晚上约好了要一起吃饭，不如露丝也过去，三个人见见面，互相认识一下。

露丝在一家"拉丁人"俱乐部见到了戈尔德伯格和他女友明雅。她还记得，当时自己一听明雅这名字就乐了：还从来没听说有谁叫这名字的。那女孩有个典型的犹太姓氏，戈尔德斯坦恩。戈尔德伯格与女友要了一品脱苏格兰酒。喝完酒，明雅就朝露丝倒苦水，抱怨男友待她如何如何不好：他居然没去接她，就让她自己来这儿等着。露丝也觉得戈尔德伯格的这种做法不像个绅士。这对恋人在一起有15年了，都深爱着对方，却没有生活在一起。露丝承认："我真弄不懂他们，这让我见识了一种全新的恋人关系。"

回到办公室，戈尔德伯格和斯内科夫告诉露丝：他们给西尔斯百货和火石轮胎厂供货，这两家也零售玩具，还拿出一摞发票来证明。后来，她才知道那是他们仅有的两家客户。但不管怎么说，她为美泰签下了第一家专有销售点。

这次纽约之行，露丝离开家不到两个星期，艾略特却给她写了好几封信。他写道："你不在家，整个屋子都显得空落落的。你走的第一天，芭比情绪低落……肯尼（肯的昵称）也吵着要妈妈……他眼巴巴望着门，期待你会从那儿进来。他很乖，就是怎么也不肯睡觉。"他说芭比得了一次感冒，后来又提了一些生意上的事儿。他在信的末尾写道，"亲爱的，不用操心家里这些事儿。"两天后，艾略特又去了封信，提醒露丝别感冒了，猜想着她又在思念孩子们了。艾略特想要她快点回到家中。

露丝胜利而归，心里想的都是美泰的扩张。她在自传中写道：她为自己"感到异常自豪"。自传记录了她的纽约之行，却丝毫未提及她不在家里时丈夫和孩子的境况。直到后来，露丝才明白，她联系的这两个经销商想得更多的是如何卖他们自己的玩偶屋家具系列，对美泰的产品并没有多大兴趣。不过，美泰的东西卖得还是不错。写给部队的那封信最终让艾略特于1946年3月解除了军需物资处的职务，退役回到了家中。

露丝与艾略特的事业如日中天。前一年，他们的玩偶屋家具卖了10万件，共计赚了3万美元。他们期待着1946年能卖得更好，赚得更多。美泰以后的发展非常好，但是，纵观他们的商场生涯，第一年创造的利润率是最高的。

第 6 章

玩具琴大战

我们研究产品,从而学会了如何经营企业。

1947年3月的一天,露丝接到远在东部纽约的艾略特打来的电话。时差原因,电话打过来时露丝还在家里,正准备去美泰上班。艾略特往日温和宁静的声音此刻透着恐慌,他说他们第一个大型玩具要被人偷走了!听了电话那头艾略特的叙述,露丝决定搁下其他一切事情来解决这个问题。

一直以来,露丝都是家庭、工作两不误,即便孩子年幼时,她也坚持全职工作。后来,她在接受一个记者采访时,谈到自己如何在当好妻子和母亲的同时谋求事业上的发展与成功。她说她需要走出家门去上班,工作让她心中充满感恩。"我非常渴望工作,经常一大早就起床,把要处理的事情处理完。我看护孩子,打理着一切。"那个时代,许多男人是不做家务的,艾略特却会帮着露丝做些家务。他从不煎鸡蛋,却会做吐司面包;孩子尿布脏了,他不愿去洗,但尿湿的时候还是会给孩子换的。即使这样,露丝也清楚地知道:打理家务的担子主要还是靠她挑着。"我常挂在嘴边的一句话就是:女人要想做个好母亲、好妻子,还要事业有成,就必须付出双倍甚至三倍的努力。我从没想过夫妻间什么事情能那么泾渭分明、绝对平均的。"她认为多数妇女都不适合去经商,也没有谁会愿意"全身心地投入"。可是,当艾略特在电话那头解释着他们面临的商业危机时,露丝相信自己对生意是"全身心地投入"了。

美泰公司刚刚聘请到卡莱尔兄弟代理销售一款独特的大型玩具乱弹尤克里里琴[1]，却又很快失去了这个合作伙伴。这款玩具原是艾略特发明设计的，他给它取了"乱弹尤克里里琴"这个有趣的名字。那时电视机还没问世，人们主要的娱乐就是收听广播。在众多"只闻其声、不见其人"的广播节目里，阿瑟·戈德弗雷的脱口秀最受欢迎，成千上万的美国人喜欢他的节目。艾略特和露丝平时忙于生意，几乎没时间收听戈德弗雷，两人却是他每周一次的晚间节目《阿瑟·戈德弗雷的天才童子军》的忠实听众。这个节目在当时备受追捧。每次节目秀都由"天才"星探引介一些艺人出场，其中不乏名人，例如歌唱家托尼·贝内特和帕茨·克琳、喜剧巨星列尼·布鲁斯。每次节目，戈德弗雷都会用一种"掌声记录器"来选出优胜者；半个多世纪之后，"美国偶像"才使用了这种记录法。戈德弗雷的主持平易近人、轻松幽默，不经意间穿插一些老掉牙的笑话，往往博得现场观众的热烈反应，节目自始至终笑声、掌声连绵不断。他拥有无数的忠实听众，他的节目收听率雄居榜首，他的名字也响彻这个国家的每一个角落。戈德弗雷说过的话广为流传，戈德弗雷做过的事，人们都竞相模仿。譬如，他会在节目中间出其不意地忘情弹奏尤克莱利琴[2]，于是尤克莱利琴旋即风靡一时。

艾略特敏锐地捕捉到了蕴藏其中的创意，他很快仿照戈德弗雷的尤克莱利琴设计出了一款新玩具：蓝色与珊瑚红相间的四弦琴，配以

---

[1] Uke-A-Doodle。
[2] 一种像吉他的四弦琴。——译者注

小巧的琴拨子，用缀满鲜花图案的彩色包装纸包裹着，置于特别设计的琴盒里。琴盒造价不菲，装饰得五彩缤纷，异常漂亮。这款玩具的建议零售价是1.49美元。塑料琴弦发出的声音说不上悦耳，可戈德弗雷的嗓音也不属天籁，他的粉丝们可以想象自己是电台明星，再不济，也可在家人面前拨弄下琴弦，自娱自乐一把。

美泰这款玩具投入生产前几个月里，露丝就在思考如何销售。公司成立不过两年半，从最初的玩偶屋家具系列到现在，所有的产品销售多是由她负责。1945年美泰大获成功，可紧接着就有一家玩具公司凭着更低廉的造价、更精细的制作赶超了美泰。美泰迅速转型，向市场推出了"群鸟系列"及几可乱真的"化妆品系列"。他们将雇员控制在5人，加班加点赶制，终于在1946年年底实现了盈利。

露丝由此认识到，公司要发展，就必须有覆盖全国的销售网点。"二战"后的美国出现了一次生育高峰期，新生人口激增，全民急需各种玩具。露丝细致地钻研玩具行业的各种杂志，开始在全国范围内招募美泰玩具销售代理，卡莱尔兄弟就是她那时选定的中西部地区的代理商，负责销售乱弹尤克里里琴。不过，露丝同时决定自己单枪匹马地售卖这款玩具。在距1947年3月的玩具博览会还有3个月的时候，露丝没和卡莱尔兄弟打招呼，就带着乱弹尤克里里琴的样品找到了巴特勒兄弟的洛杉矶销售处。对方是总部位于芝加哥的批发巨头，其下有授权的近3000家本·富兰克林零售杂货连锁店。他们同时还是中间商，大批量地收购玩具，然后发往全国各地的各类商家店铺。回到家中的露丝满腔喜悦，她的热情征服了洛杉矶销售处的工作人员，他们已经成功地获得了公司总部的批准，与美泰签订了一份大额订单。

可是，当她打电话把这个好消息告诉卡莱尔兄弟时，他们却大为光火：巴特勒公司的总部就在他们所在的城市芝加哥，露丝这样越过他们找上门去兜售，那他们以后还如何把东西卖给这家连锁巨头？她难道就不知道巴特勒公司既经营连锁店，又是中间供应商？她居然还同意承担所有的运输费用，还要以中介批发价卖给巴特勒连锁店铺？他们说，她这样做是极为愚蠢的，巴特勒应该承担运输任务，或者让露丝负责运输但运费由巴特勒承担。卡莱尔兄弟当场宣布辞去美泰销售代理一职。

露丝在自传中称，她当时主动提出依照她谈妥的进入卡莱尔兄弟经营区域的货物数量付给他们相应数额的佣金，这等于间接地承认她当时越权了。卡莱尔是她刚聘的销售代理，巴特勒则是他们瞄准的大客户，她当时的行为显然让卡莱尔兄弟无法再信任她了。虽然由卡莱尔出面与巴特勒交易，可能获利会更丰厚，但露丝坚持认为自己的做法是正确的。"我认为我们当时的选择是明智的，（巴特勒的订单）保障了公司的发展。"她从来就不承认：她去跑单实际是想自己赚那笔佣金。早期发生的这件事情表明，露丝总是拒绝承认错误，她坚持认为自己是正确的，她也很清楚自己的底线在哪儿。乱弹尤克里里琴系列为美泰日后许多了不起的玩具搭起了展示的舞台，从此，露丝绚丽登场，殚精竭虑地坚决捍卫着美泰公司的利益。

卡莱尔兄弟退出后，艾略特就计划着前往玩具博览会征召新的销售人员，主要负责美泰在纽约的销售。抵达纽约后，有人向他推荐了艾尔·弗兰克，两人见面后不久，他就决定聘请弗兰克及其率领的销售团队了。在弗兰克的引领下，艾略特参观了玩具博览会，他们边看边点评，讨论着参展产品的商业潜力。突然，一个展区闯入艾略特的视野，他当场惊呆了。他赶紧跑去打电话给露丝，告诉她这个情况：洛杉矶的竞争对手尼克博克塑胶制造商的列奥·怀特正在展区展示、售卖乱弹尤克里里琴，报价比美泰还要低。怀特把样品上美泰的标签撕掉了：那玩具很容易仿制，他们自己就能生产供货。许多正准备与美泰签单的客户告诉艾略特，怀特给他们的报价比美泰还低。于是，两家公司较着劲儿降价，都希冀凭此打败对方。一场价格战就此拉开了序幕。

与此同时，远在洛杉矶本部的露丝正忙着想办法降低生产成本。一件乱弹尤克里里琴的原零售定价是 1.39 美元，批发价为零售价的一半。美泰这款玩具的包装盒色彩斑斓，印刷精美，生产成本昂贵，可玩具价格持续下降，最后降至 0.98 美元。远在洛杉矶的露丝每小时都接到艾略特从纽约打来的电话，他说话的火气越来越大，声音一次比一次焦急。竞争变得更激烈了，他拿到的订单越堆越多，可签单价也一次比一次低。尼克博克塑胶公司比美泰规模大得多。怀特见乱弹尤克里里琴在本·富兰克林连锁店很畅销，就买了几个来展览，剩下的全都交给工程师去研究，准备配备设备生产。怀特自信尼克博克可以通过薄利多销来抵消降价带来的损失，美泰公司入行不久，也许还不知道产品创意被竞争对手窃走是业内常有的事情。

露丝非常愤怒，她意识到美泰必须马上增加生产，尽快缩减成本。美泰的生产设备是现成的，仅凭这点，她已占尽先机。她希望能马上投入大量产品冲击市场，要让尼克博克生产的尤克莱利琴没机会出现在货架上。

皮尔利斯塑胶公司的生产商阿尔特·苏格曼经营着一家灌注铸模店，此前生产第一批尤克莱利琴时，露丝曾在他店里赊购过一批铸模。现在，她先找到了苏格曼，他同意以更优惠的价格供给她更多铸模。尽管如此，玩具琴的造价削减幅度还不算大。

露丝又把目光投向了包装，打算将原本造价昂贵的两件式豪华包装盒改为一件可折叠简易包装。她恳求包装公司按要求转产，但对方不予理睬，还提醒她美泰公司还欠着货款呢。露丝抓过电话簿挨个给上面所有的包装盒公司打电话。几个小时的紧张等待过去了，只等来了一个名叫爱迪·梅尔斯的年轻人。他们在美泰公司见面了，露丝据实以告：美泰必须大幅降价，又面临资金短缺无处赊账的窘境，但公司有大额订单正源源不断地涌入。据露丝所言，"他（梅尔斯）听完后表现得非常兴奋和激动"，并表示愿意提供露丝要的包装盒。

多年之后，梅尔斯告诉露丝，当年他把美泰的要求告诉厂方，厂方表示先要了解美泰的信誉如何。他承诺，假如届时美泰无法付款，他本人将承担一切费用。梅尔斯对深陷困境的美泰如此信任，危难时刻慷慨相助的义举让露丝一生铭刻在心。她说："虽然我们的公司发展壮大了，我们对爱迪的忠诚永不褪色。公司越壮大，需要购买的包装盒越多，爱迪的收益也随之增加。到后来，整个包装盒业务都成了他的囊中之物。"

美泰的创建、发展过程中，露丝的经商天才显露无遗，正是她那种无师自通、灵活有力的销售模式深深地打动了年轻的梅尔斯，也无数次地把她从经济的、情感的危机中解救出来。对早年曾支持过自己的贵人，露丝终生铭记，必择机涌泉相报；对那些曾阻挠作梗的小人，露丝也一日未忘，绝不轻易放过。商场如战场，变幻莫测，胜败在瞬间，起起落落是常事，总有贵人相助，也有小人作祟。

待到艾略特从纽约返回洛杉矶时，露丝已理顺乱局，新款玩具琴的造价降下来了。为此，她发动了公司一切可调动的力量。

曾和汉德勒夫妇合力创建了洛杉矶"以赛亚"犹太教堂的山姆·祖克尔曼帮着打理财务账簿，制订发展计划。他还同意把成打的乱弹尤克里里玩具琴搬到他家车库，让自家孩子负责打包，然后运走。订单仍是源源不断，但公司能否实现盈利，露丝也没有把握。公司现在全靠借贷运转，她从家人那里借了一部分，剩下的就是她从"美利坚银行"贷的款。这是她新换的贷款银行。当初，她提着满箱子的订单找到联合银行请求商业贷款，却遭到了拒绝。她便找到了美利坚银行，狮子大开口，希望能贷给她 150 万美元。银行负责人愕然，说绝无可能把那么大一笔数额贷给她。最后，他总算同意贷给露丝原申请额度的 1/3。即便如此，露丝还是完成了她的预定指标，她成功了。第二次去申请贷款时，美利坚银行负责人的态度转变了，给她放宽了贷款额度。她四处疯狂地借债筹款。现金短缺，是美泰创建以来露丝面临的最大难题。

负责生产的马特森一边督促着公司的 5 名雇员，快马加鞭地赶制玩具，以保证货源不断，一边担心着自己那 1 万美元投资款的去向问题。他当初之所以离开艾尔扎克，就是因为无法承受那里的紧张和压力，可如今，在美泰的工作更紧张、压力更大。他一生都在辛苦劳作，攒的那点儿血汗钱都投进了美泰公司，若是闹个血本无归，叫他如何承受？况且，他并非完全信任露丝，露丝也从未尊敬过他。只要回想起当初她自告奋勇开卡车给奥斯汀影像公司送货时马特森的态度，露丝就耿耿于怀：他当时那么笃定她成功不了。

露丝认为马特森这人一点也不聪明，觉得他总是在测试她，从不相信她能成功。她对其他人也是这种心理。她总认为别人煽动她去干那些不可能成功之事，又看着她挣扎出丑而幸灾乐祸。露丝认为别人都盼着她失败，她却偏要证明给他们看，用自己的成功证明他们的想法是错误的。露丝觉得委屈、生气，但她对马特森的偏见也确实促使他更快地离开了美泰。他曾帮助她重返生意场，却无法在她的公司长久待下去。她总是在寻找最好、最聪明、最进取、最灵活的人，充实于公司的每一个岗位。当马特森说要撤资退出时，她只是看着他双手抱头坐在那儿，并没有坚持劝说他留下。

那时，莎拉和路易刚卖掉了他们在丹佛的产业，搬到洛杉矶的韦斯特伍德区。露丝提议马特森去找找莎拉和路易，说他们也许有意买下他在美泰公司的份额。据露丝说，马特森当场高兴得一跃而起。最后，路易用1.5万美元买下了马特森的份额，马特森拿着原来投入的1万美元及多出来的5000美元离开了。这笔交易在美泰公司没有留下任何记录。据露丝说，她和艾略特自此再没有马特森的任何音信。

接下来的十年间，美泰的乱弹尤克里里琴玩具琴售出了1100万件，第一年的利润就高达2.8万美元。这期间，美泰公司更收获了诸多深刻教训，还失去了几位早期的重要成员。哈罗德·马特森离开了公司，山姆·祖克尔曼感觉上当受骗了：他是公共会计员，曾帮着露丝打理账簿，早期还参与规划业务。露丝曾承诺让他入伙。作为交换，他多年来一直拿着低薪替美泰工作。1948年,露丝准备让他入伙,祖克尔曼也起草好有关文件并加上了自己的名字。这本是他们事先商定的。可露丝心念一转,又改了主意,把他的名字从文件里抹掉了。祖克尔曼的女儿回忆说:"我父亲是那种一旦决裂就不再回头的人。"自此,祖克尔曼再没有为美泰公司工作过。

在营销方面,露丝明白自己当初将乱弹尤克里里琴提前曝光的行为很愚蠢,将玩具琴先于玩具博览会卖给巴特勒兄弟,就让美泰的竞争对手有机会得到他们的产品,然后抄袭仿制,她明白这在要求无穷创意的玩具行业是常有的事情。她再也不会忽视玩具博览会的重要性了,相反,她开始思考如何征服玩具博览会。

第 7 章

家庭矛盾升级

玩具业需要不断地创造新产品。

"你为什么就不能像其他人的妈妈那样？"芭芭拉冲着露丝大吼，随即旋风般地离开了餐桌。这种情景已不是第一次出现。虽然汉德勒夫妇规定，就餐时间一家人必须聚在一起吃饭，可也不能命令大家吃饭时必须要有什么样的情绪。如今，他们搬到了贝弗利伍德的德克斯贝利圈，住的房子也非常现代，由艾略特亲自设计，可一家人却常常因为工作、家庭原因闹矛盾。

1951年，汉德勒一家搬进了独门独栋的小洋楼，没有贝弗利山的房子时尚，但比他们第一套粗陋的公寓好了千百倍。他们家每个房间的设计都彰显着艾略特的艺术特质：起居室的一侧醒目地摆放着儿子肯漂亮的大钢琴，不远处悬挂着一个手工制作的椎体瓦楞烟道，下方的红棕色圆形壁炉构成整个房间的视觉焦点。起居室有一面墙全部装着镀膜玻璃窗，站在窗前就能看见楼下的花园式露台和游泳池。楼下的儿童游戏室里还为孩子们配备了冷饮柜。弯曲的楼梯井里有株野生悬铃木，枝繁叶茂，伸展开来，足有两层楼高，其间但闻鸟儿啁啾，仔细望去却是几只机器鸟。顺着楼梯蜿蜒而上二楼，视野顿时开阔。多家杂志曾图文并茂地刊登了汉德勒家房子的大幅照片，观者无不啧啧称奇，惊叹其为活生生的艺术作品。

可对住在这房子里的芭芭拉而言，它不过是她少女生活不正常、被扭曲的又一种表述。她告诉露丝,她宁愿住在附近的一位亲戚家里。他们的房子很普通,是常见的普通美国中产家庭的居所。可是,少女芭芭拉并不知道,她所渴望的普通中产家庭,在某种意义上,就是她所谓问题的一部分。那些中产家庭里充斥着美泰生产的各种玩具,正是他们成就了她父母的富裕,也让芭芭拉觉得自己是如此不同于同龄伙伴。

20世纪40年代末至50年代初,美泰业务迅猛发展,公司规模日益壮大,先后5次迁址。自1948年开始,露丝担任美泰公司执行副总裁,一言一行都注意不去触犯男性的统治地位,毕竟那是个男性主宰的社会。艾略特则担任总裁,至少是名义上的总裁。正如后来露丝所说:"你知道,自创业以来,我一直都是总裁。"艾略特负责开发新产品,创造了不菲的成就与利润,露丝则负责处理其他所有事务。

露丝对生意投入的时间越来越多,芭芭拉的抗议声也越来越大。她回忆说:"噢,幼年的我对母亲做生意深恶痛绝,后来十几岁了,还是很讨厌这个事实。别忘了,那个时代的妇女只有迫不得已才会外出做工。我过去总觉得母亲说话时嗓门大得像个男人,特别丑。我朋友的妈妈大部分时间都会在家。我总是想我们为什么这么怪异呢?我不想我的妈妈跟别人的妈妈有什么不一样的地方。"芭芭拉的抱怨和指责常让露丝在夜间泪湿枕巾,伤心不已。女儿的排斥、疏离让她束手无策,无计可施。

较之那个时代的妇女,露丝与众不同。究其原因,很大程度上归结于她对家庭抱有一种异于常人的态度:她总把自己当成一个外人,常说自己是个独行客,是个没有太多朋友的人。"我喜欢我的特立独行。这是女儿深恶痛绝的，却是我最为自傲的。我不追求外在的奇异，也不刻意标榜我的独特，可我确实与众不同。别人都认识我，我不认识别人。"

露丝从不循规蹈矩，并以此自豪。她与许多男性共事，这使她成了其他女人茶余饭后的谈资。她知道这一点，但并不介意。如果他们憎恶她的权力与能力，那是他们的问题。她认为自己与那些只知道一个接一个地生孩子的家庭妇女没有任何共同之处。她们成天谈论的就是孩子、保姆、服饰、美容，诸如此类的话题在露丝看来，"那是世上最无聊的了，我也没法跟她们讨论生意方面的话题。我的世界里就只有生意，除了生意，还是生意。不聊生意，我都不知道该和她们说些什么。我从来就不太会跟别人聊我的孩子，也受不了听别人聊他们的孩子"。

露丝一生大部分时间都是孤独的，很少与人亲近。她承认自己偶尔也渴望有朋友，渴望有个人可以说说心里话。但她总是出于某种目的才与人交往，交往对象也都如她一般卓尔不群。孩子年幼时，露丝仅交了一个朋友，一位名叫特鲁迪的女子，周围人避之唯恐不及。露丝回忆说："别人怎么看特鲁迪都不对劲儿，可我就欣赏她那种离经叛道、不同凡响。虽然不完美，浑身上下都是缺点，可我就喜欢那样的人。我和她走得很近，关系非常密切。"

特鲁迪身上找不到一点所谓传统淑女的风范，她整日与男人调情，言语粗俗，说起话来百无禁忌。正是这样的特鲁迪深深地吸引着露丝。"她对什么事儿都是一副满不在乎的样子。"露丝觉得，与特鲁迪在一起，她才能活出真实的自我。

露丝一生追求真我，从不受任何传统的束缚，这种精神让她在创建美泰的那些岁月里干劲十足，勇于冒险尝试。既然选择做个异类，就听从内心的呼唤，活出自己。她努力工作着，推动美泰不断向前发展，这过程越来越让她激动、兴奋——这就是她所有的渴望。

当公司财务触礁，艾略特又拒不妥协、坚持自己的设计时，露丝想出了一个别出心裁的生产模式。艾略特设计的玩具要用到各种各样的材料，可公司资金不足，无法购买这么多不同的生产设备。露丝下定决心要把艾略特的创意推向市场，他总是知道什么样的玩具会吸引孩子，对此她很自信："毫无疑问，他是全世界最优秀的玩具设计师。"艾略特总是先把他的想法画在纸上，然后与工程师、工具制造商、生产人员一起揣摩研究，直到产品问世。

露丝找了一批生产金属、塑料、橡胶、纸、硬纸板和其他材料的承包商，以满足艾略特的设计要求。美泰历史上曾有许多次决策让该公司能在激烈的市场竞争中立于不败之地，露丝首倡的这种非传统的生产模式就是第一项。其他玩具公司拘泥于传统思路，斥巨资购买了昂贵的设备，却仅用于生产塑料玩具；美泰却将玩具生产交给了下面的承包商，自己根本不需要投入资金添置设备，他们认识到了灵活应对行业新产品需求带来的好处。

艾略特预料得不错，夏威夷四弦琴玩具乱弹尤克里里琴确实很受欢迎。他不失时机地推出了音乐玩具主题系列的第二个创意——一款漂亮的17音键的小型钢琴。红色琴身搭配黄色支架，隆起的黑色高音键和降半音键在当时绝无仅有，孩子们能用它弹奏出基本的一整个音阶的曲调。这款玩具琴价格不贵，仅售3美元，却显示了汉德勒夫妇在玩具设计与生产管理方面的日益成熟。

露丝非常自豪,美泰生产的第二款大玩具在 1948 年玩具博览会上引起了强烈的反响,用她的话说,整个玩具行业"都为之疯狂了",订单如潮水般涌入。西尔斯公司的前身罗巴克公司的采购商拉尔夫·列奥纳德逊走进了美泰的展室。露丝称列奥纳德逊是"上帝的化身",说他让她敬畏了许多年。西尔斯是当时最大的玩具买家,一句话可以成就某款玩具,也可以毁掉某款玩具。当列奥纳德逊检视美泰的玩具琴时,露丝原以为他会像其他买家那样热情,可是他却拒绝下订单。露丝追问理由时,他解释说他们犯了个错误,把不该组合在一起的材料组合在了一起,船运过程中肯定会有破损等诸多问题,他不想为此伤脑筋。他还说,"这款玩具的质量问题是没有办法解决的"。

露丝对美泰的产品测试非常有信心,生产时已对这款玩具琴的钢柱焊接部分作了加厚处理。她试着说服列奥纳德逊,却没有成功。很快,露丝发现姜还是老的辣,列奥纳德逊不愧是行家里手,他的判断非常正确。"我们船运的总量达到了五十多万件,这对于我们这种'小虾米'公司来说,数量相当可观。最后,破损造成的经济损失总计 7.5 万美元,相当于每件损失了 10 美分。这个事情给了我们一个很深刻的教训。"

露丝鲜少承认错误。对她而言,挫折、失败是经验教训,错误的判断也总是包含着内在的合理因素。她接受过的教育和培训并不多,也没有丰富的经验,但她非常自信,这是她经商成功的秘诀所在。但是,露丝处理个人生活时是不自信的。

芭芭拉现在上学了，完全是个被宠坏的孩子，变得越来越好斗。他们家从前的钟点工说她就是个难缠的"捣蛋鬼"，很难哄睡着。她母亲也总是冷冰冰的，态度很傲慢。"不管给哪家看孩子，我和主家的关系都处得很好，可我就是不喜欢去他们家。露丝很自以为是，总是一副自己天下第一的腔调，非常令人讨厌。艾略特正相反，唯唯诺诺，典型的惧内男。"有一次，汉德勒夫妇的朋友西摩·格林在他们家过夜，芭芭拉把一只猫藏在他的床单下。芭芭拉回忆说："他气得满大街地追我，我那时真是个讨人厌的小毛孩。可我并不认为有哪个孩子天生如此，我想当时自己只是想表达被父母忽视的气恼。"

露丝的文件里夹着一角碎纸片，上面工工整整地写着几行字，明显是个小女孩的笔迹："你要是个好妈妈，你就会补偿我，哄我入睡，给我掖被角，假如你是个好妈妈的话。"芭芭拉渴望的却是露丝给不了的。露丝努力地想扮演好芭芭拉心目中温柔、充满爱心的妈妈，可她的每一次努力都会引发一场母女间的口角大战。

1932年，美国发生了一宗耸人听闻的惨剧：著名飞行员查尔斯·林德博格的幼子被绑架并遭到杀害。虽事隔多年，普通美国家庭想起来还胆战心惊，那些富人更别提有多提心吊胆了。露丝坚持让家里的司机开车送芭芭拉上学，原因就在于此。可年轻的芭芭拉并不理解母亲的苦心，她心中的积怨、怒火就此爆发了：她想和朋友们一起走着去上学，她渴望一种正常的生活，渴望能像其他同龄孩子那样生活。露丝费劲地应付着芭芭拉的叛逆，根本不知该如何回应女儿的要求。但让她放弃工作，那是绝不可能的，于是她只能愧对女儿了。

母女关系紧张，这只是一方面；汉德勒家姐弟不和，也常搅得家里不得安宁。芭芭拉的弟弟肯性情平和,与姐姐非传统的品位有所不同。他与芭芭拉关系紧张,倒是与露丝更为亲近。肯很小的时候就显露出对戏剧和音乐的热爱,天生一副好嗓子,语言天赋也很高。6岁时,肯随家人旅行去往夏威夷途中,从未学过钢琴的他,居然坐在宾馆大厅的钢琴前弹奏了一曲《田纳西华尔兹》。芭芭拉喜欢一切时髦的东西,肯却似乎有点与世隔绝。他挚爱20世纪早期的歌剧、音乐,对20世纪40年代晚期涌现的现代摇滚乐退避三舍。还不到10岁,肯就自己写剧本,上电影院看带字幕的电影。他把洛杉矶一些已歇业的老剧院列了个单子,想象如果这些剧院现在还开业的话会上演些什么样的戏剧,然后创作并在《CUE电影生活》杂志上发表自己的剧本。他研究纽约市的各大剧院,看看那里上演些什么戏剧,然后在洛杉矶的剧院排上一系列相应的精彩剧目。

肯认为父母和姐姐都是生活在主流世界的人,而他自己呢,用他的话说,则"徜徉在湮没无闻的旁支杂流里"。芭芭拉对弟弟的评价更尖锐,语气中依稀透着憎恶:"我和弟弟肯从来就没亲近过。回顾我们的成长岁月,他讨厌我喜欢的音乐,我也不信他一个小屁孩儿听得懂歌剧。我弟弟是个怪人,把我妈看成上帝。别人喜欢的餐馆或某个地方,他绝不喜欢。他就喜欢些怪异的东西。"用世俗的眼光看肯,他就是这样一个怪人,可他遗传了父亲丰富的想象力和创造力。他天性桀骜不羁,视传统世俗为粪土,也深知世人对他是什么样的看法:"我是个没用的人,一个很没用的人。所有女孩都认为我是个笨蛋。"对姐姐的喜好,他不敢苟同,他曾对《永远的芭比》一书的作者说:"我姐姐是个传统的人,有点过于循规蹈矩。"

汉德勒一家人总是生活在剑拔弩张的压抑气氛里；另一方面，职场上的露丝却意气风发。最让她"亢奋激动"的就是生意了。她曾说："对我而言，每做成一笔大买卖都是一种全新的刺激、全新的体验，那种掌控一切、胜券在握的感觉是最令人兴奋的了。"

他们的生意做大了，露丝的权力也越来越大。美泰公司因玩具琴遭遇经济困难，却也意外地再次叩响了成功之门。1949年，一个名叫特德·邓肯的人登门拜访汉德勒夫妇，向他们展示自己蜗居在车库里3年才发明制造出的一款现代化的音乐盒。邓肯曾为几家好莱坞影片制作室创作、监制音乐，平时喜欢动手摆弄些小玩意儿。他收集了不少瑞士产的音乐盒，孩子们拿着玩的时候总是会弄坏里面的精巧装置，常让他沮丧抱憾，他想自己发明一款更牢固耐摔的音乐盒。于是，他用一条约5厘米长的橡胶带和一个针头大小的圆球组合设计了一个小装置。圆球的位置很特别，如果安装在钢琴里面，能保证橡胶带转动时其边缘能敲打固定在金属板上的12根硬丝，从而实现弹拨琴键发音的功能。这个"钟音条"用薄锌片制作，非常小巧，可以内置于各式玩具里。瑞士音乐盒起价5美元，属豪华玩具类；邓肯设计的小音乐盒造价低廉，抗磨耐摔，只要曲轴转动，就有音乐不停地传送出来。邓肯此前找过许多家玩具公司，但没有一家对他的创意设计感兴趣。

露丝和艾略特洞察到了邓肯这款音乐盒的商业潜力。艾略特于是特别设计了一批玩具，将邓肯设计的音乐盒内置其中。他们推出的第一款玩具是街头手风琴师演奏用的手摇风琴，然后是露丝设计的一个玩偶匣[1]——露丝一生也就那么几个玩具创意。他们把这个生产任务交给了一个信得过的工头保罗·布莱尔，还要求邓肯一起下工厂，两人共同负责玩具的工艺制作和批量生产。

保罗·布莱尔是个黑人，他发现美泰的工厂里没有肤色歧视。当时，美国的工厂都实行楼层种族隔离，可美泰的生产线上的工人不仅大多是妇女，而且来自各个种族。黑人、白人、亚洲人、墨西哥人，不同肤色、不同民族的人们聚在一起并肩工作。露丝称她从不去细想工人队伍的种族结构，反犹太浪潮的刺痛是她切身体验过的，这也许是她特此态度的部分原因。据艾略特回忆："不管你是黑人还是棕色人种，我们都雇用，我们不在乎什么肤色。我们全家人都没有种族歧视。我第一批经理中就有一个黑人，是个很能干的机械师。我们很开明，也很民主。"

有人注意到美泰工厂那种不合传统的做法。洛杉矶社区关系讨论会上有封信是这样写的："在你们的工厂转悠一圈，就如同穿过联合国：不同种族、不同宗教信仰的人们，年老体残的人们，都在一个单元工作。你们创立了一种典范，或许各地的商人都应效仿你们。" 1951年，女演员罗瑞塔·杨为汉德勒夫妇颁发了城市联盟年度奖，以表彰他们的无歧视行为。

露丝和艾略特赏识布莱尔在管理和工程设计方面的才华，让他拿出生产邓肯小音乐盒的最佳方案。他们确信这款产品会取得成功并注入大笔资金进行开发。这还不够。这款玩具要求投入特定的生产设备

---

[1] 英文名为jack-in-the-box，匣盖开启时即兴跳起的玩偶。——译者注

和工具,可露丝没法说服银行把这笔款子贷给美泰。她和艾略特便搭飞机前往丹佛,向她姐姐多丽丝、姐夫哈利·保罗借款筹钱。此前,他们已两次从莎拉和路易·格林沃尔德那里借了2万美元。保罗夫妇答应借给他们1.5万美元。露丝是这样对哈利说的:"这次如果出了什么事儿,失败了,我们会用余生做工偿还这笔债。"对此,哈利的回答是:他知道他们会这样做。

但问题从一开始就存在:邓肯与布莱尔对如何制造这款音乐盒意见相左,汉德勒夫妇不得不作出选择。当他们选择站在员工布莱尔这边时,邓肯愤怒了,一纸诉状将汉德勒夫妇告上了法庭。不仅如此,他还自己掏钱订购材料,意图证明布莱尔的生产计划是错误的。露丝称邓肯总计投入了上千美元,却没能成功,但她隐瞒了这件事。美泰的音乐盒确实要成功得多,但邓肯拥有专利,并进一步完善了他的音乐盒创意,并于1954年玩具博览会上推出了"邓肯音盒",这款装置后被应用于400万件玩具。与美泰打官司,邓肯胜诉了,每年可从美泰获得10万美元的版税收入。露丝称不是"吝啬"那笔钱,而是觉得邓肯背叛了她:他不仅在争夺产品的控制权,还没告诉他们实话——之前,除了汉德勒夫妇,他还把他的设计创意告诉过别人。

邓肯已将自己的音乐盒出售给了美泰的主要竞争对手尼克博克塑料公司。在美泰推出玩偶匣数月前,曾剽窃夏威夷四弦琴乱弹尤克里里琴创意的列奥·怀特就开始游说尼克博克投产邓肯的音乐盒。等美泰一推出玩偶匣,尼克博克故伎重施。但是这一次露丝决定战斗,美泰起诉了尼克博克,并获得胜诉。他们的对手被迫销毁所有存货,并停产,还要付给美泰5万美元的赔偿金。露丝打这场官司的费用同样高达 5 万美元，但她对外宣称自己不在乎这笔钱，还表示愿与邓肯重修旧好。她此番举动，一方面显示了她的宽宏大度、不咎既往，同时也向整个玩具行业昭示美泰将不遗余力地捍卫自己的产品。此后，她再没和特德·邓肯讲过一句话。

美泰推出的音乐盒获得了巨大成功。较之没有任何操控装置的瑞士音乐盒，美泰的音乐盒允许孩子们亲自动手，通过转动曲柄自由创作音乐，假如他们停止转动曲柄，音乐也会随之戛然停止。露丝和艾略特共同创造了"游戏价值"一词，用来说明孩子玩玩具时能参与进去，并宣称美泰音乐盒的游戏价值高于其他玩具。几年间，配有此种操控装置的玩具源源不断地充实着美泰的财务收入。露丝这样解释："我们从音乐盒的成功总结出一条重要原则：一个基本装置或概念开发出来后，在最初的产品推介阶段，只需围绕那个概念开发出几个衍生物，之后每年在最初的概念基础上增加一些新品种即可。这条原则一直贯穿于我们后来的玩具生涯，屡试不爽。"

艾略特又拿出了许多新的创意，将音乐盒发音装置进一步改良后装入 18 种不同类型的玩具内。不仅乱弹尤克里里琴改头换面了，其中一款农场流动炊事车一拉就会弹"噢，苏珊娜！"的曲调，还有一款音乐旋转木马一转就会弹奏"戴尔农夫"及其他常见曲调。美泰几乎一举成名，迅速成为美国最大的音乐盒玩具制造商。汉德勒夫妇在这场豪赌中已将他们所有的一切，包括从家人和公司员工那儿借贷筹措的资金，全都押在音乐盒上了。他们孤注一掷，最终赌赢了：音乐盒玩具仅第一年的零售额就高达 700 万美元，第二年在前一年的基础上又增加了 200 万美元。

1952年《星期天邮报》载文称美泰玩具为"百万美元音乐盒"；《吉卜林》理财杂志称露丝和艾略特为"玩具业新贵"，文章指出他们在洛杉矶机场附近新建了一栋面积约6万平方米的厂房，共拥有600名女性员工。自1949年起，汉德勒夫妇开始每年举办一次野餐活动，邀请全公司员工参加；自1952年7月始，每100万件玩具下生产线，美泰就请全公司700名员工吃免费冰淇淋。

露丝和艾略特拥有美泰，是公司大老板，却与员工上上下下都打成一片，从维修工人到设计师、工程师，大家相处轻松、自然、随意。对此，露丝常引以为豪。她和艾略特常下到生产车间，有时还亲自上生产线操作。大家都直呼其名，假如某个员工表现得过于拘谨了，露丝就觉得是哪个地方出了问题。"公司的每一个员工，我们都了如指掌。我们叫得出所有员工的姓名，他们也都认识我们。我们经常一起参加活动，相处很开心、融洽。"

美泰的外联公关都由露丝负责，她常邀请新闻界人士共进午餐，参观工厂车间，尽量从当地企业订购生产材料。每年除了给身患疾病或家境困难的孩子派送成千上万件玩具外，还会有大手笔的慈善捐赠。她出资请著名小丑演员布林柯前往圣莫妮卡医院为瘫痪在轮椅和病床上的孩子们表演。扮成小丑的布林柯戴着10厘米长的标志性眼睫毛，整张脸化得白惨惨的，用一款"催眠小摇篮"音乐盒为孩子们弹奏美泰音乐馆的歌曲。孩子们开心极了，脸上都洋溢着快乐的微笑。当地报纸对此事进行了报道，还刊登了一张孩子们在笑的照片。

汉德勒家中的情形却与此形成鲜明对比，任何新玩具都已无法唤起芭芭拉与肯的兴趣。他们对玩具已彻底免疫，艾略特也早已放弃要他们玩新玩具来测试市场欢迎度。艾略特曾在接受采访时说："我们每天 24 小时地工作，无时无刻不在担心市场反应。"这篇采访报道称艾略特是"美泰背后的创造天才，而他可爱的妻子，如所有的妻子那样，负责将培根熏肉拿进汉德勒家的冰箱"。露丝确实打理家中事务，不过是雇人代办。艾略特需要她来经营管理他们的公司；露丝也渴望逃离家务琐事，做她喜欢的经营管理工作。他还是那么沉默寡言，不善言谈。露丝说他常常"沉浸在他自己的世界里，做着发明创造的美梦"。据美泰一位助理说，"常常是我们一群人坐着聊天，他明明也在那儿，我们说些什么他却全没听见。然后，就见他猛地冲了出去——又有新创意了"。露丝与他正相反，她似乎总是奔走于人群中，兴奋地大声宣扬着公司的新计划、新举措。

在露丝和艾略特后来的叙述中，他们都认为自己在处理家庭和工作的关系时做得很好。他们说，自己从不把工作带回家，每个周末都会把时间留给孩子们。这种说辞多少有粉饰的痕迹。正如众多公司的创办人，汉德勒夫妇也把公司视为自己的孩子，还是那个要求他们投入时间和精力最多的孩子。背负亲人的债务经营公司给他们造成了压力，也让他们对亲人有更多的责任与爱。露丝和艾略特向保罗夫妇、格林沃尔德夫妇都借了钱，露丝还承诺一年内就把借的钱还给哈利·保罗。启动音乐盒项目时，即露丝向哈利借贷约一年后，露丝给他打了个电话，说音乐盒玩具发展势头很好，现在有两种选择供他考虑：一种选择是，她可以给他寄张支票，连本带息还清所欠款；还有一种选择是，他可以用那笔钱买下美泰 1/4 的股权。哈利问露丝如果让她选，她会如何抉择？露丝回答道："我会选择购买公司的股权。"

哈利最终买下了美泰 1/4 的股权。美泰仍是家族企业，保罗夫妇和格林沃尔德夫妇各拥有 25% 的股份。

哈利·保罗采纳妻妹露丝的建议是非常明智的举动。1949 年时，露丝还无力获取创办美泰所需的银行贷款，可 3 年后美泰的净销售额达到了 420 万美元，税前收益为 23.8 万美元，也算相当可观了。时年 34 岁的露丝已作好准备，迎接她一生中最大的一笔交易。

第 8 章

与"米老鼠"结缘

我们以自己的方式,经受住了考验。

正当露丝满怀希望要在全美建立最大的玩具公司时,华特·迪士尼为她提供了机会。

1955年,ABC电视台开始为新档电视节目《米奇俱乐部》征集电视广告。米奇是华特迪士尼公司的动画人物,1928年在《汽船威利》中首次亮相。很快,迪士尼就将那个骨瘦如柴、总是瞪着大眼睛的米老鼠发展成了一种特殊商品。到了20世纪50年代中期,米奇已经成了无人不知、无人不晓的电影明星,频频出现在漫画和动画电影里,甚至在很多商品上都可以看到它的影子。

1929年,加利福尼亚州海洋公园一家当地影院开始在每周六的上午为孩子们举办"米奇俱乐部"的活动,孩子们一起看米奇动画片,一起做游戏。很快,带有米奇名字的俱乐部开始在全美各地涌现。

1950年,迪士尼着手向电视方向发展。它的第一档热门节目就是《迪士尼乐园》,该节目于1954年10月由ABC电视台播出。这时,电视的时代已经到来,全国性的电视节目和彩色电视均已进入市场。

《迪士尼乐园》原本是为迪士尼主题公园打造的系列广告,却成为ABC最先登上全美收视排行前10名的电视节目,甚至超过了当时备受喜爱的《亚瑟·戈德弗雷的天才童子军》脱口秀。不出6个星期,迪士尼又推出了第二档节目,以大家耳熟能详的《米奇俱乐部》为亮点。

ABC的总裁罗伯特·金特纳是行业里出了名的强硬派，只要是他看好的节目，他就会全力以赴。他对于《米奇俱乐部》这个想法很感兴趣，便写信告诉迪士尼：他已经就新节目的定价和人物形象与广告商和广告公司谈妥，并且说他们对《米奇俱乐部》也抱有极大的热情，个个摩拳擦掌，跃跃欲试。他写道："他们相信这一节目将会是电视领域里开天辟地的新举措，将会使他们直接面向儿童观众，不再总收到充满'打打杀杀'的指责；有你在，它将成为白天里最与众不同的电视节目。"

金特纳说得没错，如今，媒体研究人员经常将《米奇俱乐部》作为现代儿童电视节目来临的标志。电视行业第一次承认了儿童市场的存在，儿童节目不再仅仅是吸引家庭购买电视的手段。

但是，金特纳也犯了一个大忌：制作他和迪士尼想要的节目开支会相当大，儿童节目的广告又难找，因此多数电视台宁愿重复播放动画片或《何帕龙·卡赛迪》这样的影片。ABC的财务状况也不乐观，要一周5次播放包括音乐、歌曲、动画、儿童新闻、冒险片的电视节目，还要邀请嘉宾，特别是节目中还有一群小老鼠，这简直是闻所未闻的事。节目播出的头一年，迪士尼就得找来20个广告商，一年的广告费用至少要50万美元。

于是，金特纳提出了一个全新的广告插播模式，即将1小时的电视节目截成四段，每段15分钟，在每个分段当中，每家赞助商都可以得到3分钟的广告时间，这样就可以带来每周5万美元的收入。但是，精明的金特纳不是谁的钱都肯接受，"广告必须是直接受儿童喜爱的,主要是谷物、糖果、软饮料、牙膏类的产品广告"。

无疑,金特纳没想到玩具,原因之一是还没有哪个玩具制造商整年地做广告。就连广告支出较大的谷物公司也不愿意做电视广告,它们更多靠的是电台。像美泰这样的玩具公司,此前只在圣诞节来临前的 10—12 周播放电视广告,主要针对西尔斯百货这类批发商和全国连锁商店,宣传也主要靠商业杂志。有时,为了增加圣诞节的销量,玩具公司也可能用宣传册来吸引孩子的家长,电视广告是为了把已经装上货架的玩具推销给父母。毕竟,电视广告费用太高,针对的是能买得起电视的家庭,因此大多数电视广告还都是香烟和洗涤用品。最开始上电视广告的玩具是"孩之宝"的"薯头先生"。那是在1952年,当时 2/3 的电视拥有者是有 12 岁以下孩子的美国家庭,该款玩具当年就给"孩之宝"带来了 400 万美元的毛利润。除此之外,大多数玩具公司用于电视广告的费用都很低。美泰的投入算是最高的,一年15 万美元的广告预算中有 1/3 以上用于电视广告。玩具公司的广告一般仅限于大城市,通常由儿童电视节目主持人热情洋溢地向孩子们展示一款新的玩具产品,激发他们的购买欲望。至于这种广告的效应如何,没人知道。

正当迪士尼致力于开发《米奇俱乐部》的时候,艾略特也在构思音乐盒之后的下一款重要玩具。他喜欢古老的西部,曾有几年,他带着全家到亚利桑那州土桑郊外的一个观光牧场去度假。他头戴牛仔帽,身穿格布夹克,脚蹬牛仔靴,到沙漠里追土狼。《罗伊·罗杰斯》是一部儿童西部片,由笑容可掬的"牛仔之王"罗伊·罗杰斯主演,艾略特喜欢得不得了。几年之后,成人西部片,如《荒野大镖客》《大淘金》《帐篷车队》和《超级王牌》等相继被搬上电视荧屏。

正当艾略特为新款玩具到处寻找灵感的时候，一个名叫肯·弗莱的发明家找上门来，带来了一个空降兵用的机关枪复制品。在此基础上，美泰研制出了新款玩具机关枪。孩子只要一扣动这款玩具枪的扳机，就可以打出50响，枪声由美泰自己生产的绿丸兴奋盖头[1]子弹爆破发出。枪击的声音让制造者们想到了拖长了的打嗝声，因此得名"打嗝枪"。

"打嗝枪"经过一年的研发，于1955年在玩具博览会上亮相。这款玩具枪体现了艾略特一贯坚持的"一切来源于生活"的原则。艾略特总能把成人世界里的东西做成玩具大小，供孩子们玩耍。恰恰是这种本领赋予了他研制玩具钢琴的灵感。他后期制造的风速50[2]手枪、小雄马45[3]和温彻斯特步枪也都是真枪的翻版。比如风速50，孩子们可以一手托枪，一手扣动扳机，模仿电影中牛仔的样子。风速50的枪把感觉是用骨头做的，枪套和腰带都是用真皮做的。据说，之所以选择真皮材料，是因为艾略特觉得当时的塑料看起来不够档次。露丝在去康涅狄格州的纽黑文市向温彻斯特连发轻武器公司申请使用"温彻斯特步枪"这一名字时，算是见识了艾略特这些玩具枪的乱真效果——当她拿起玩具手枪对着该公司的一名副总裁时，那个人吓得当场趴倒在地。之后，美泰成功地获得了授权。

与温彻斯特步枪相比，"打嗝枪"有过之而无不及。人们逐渐意

---

[1] Greenie Stik-M-Caps。
[2] Fanner 50。
[3] Colt.45。

识到暴力玩具可能会引发儿童暴力行为，因此开始反对包括玩具枪在内的暴力玩具的生产。对此，艾略特辩驳说："我们的枪都是孩子们在电视上见过的。即使他们买不到这样的枪，也会用木头、衣服挂钩等东西自己做一个。"露丝则采取了更加无所谓的态度。她说："发动战争的是别人，不是我们。"她生活在自己狭小的世界里，对事物的判断只取决于它对于美泰和自己家人的直接影响。如果艾略特想做枪，她就支持他，并想方设法地帮助他。她曾说过："我的丈夫是个很温和的人。他既不残忍也不刻薄。在他看来，即使没有玩具枪，孩子们也会使用棍棒。他看不出孩子们假装士兵、牛仔和印第安人有什么不妥。"

当"打嗝枪"的营销计划还在制订中，露丝的广告商拉尔夫·卡森找到了她，说自己的公司——卡森&罗伯茨公司——只有6名员工。尽管美泰的广告预算占比很低，但这笔钱对于一个正在起步的广告公司来说已经不少了。卡森知道自己要提议的广告计划美泰可能会承受不起，但他也知道露丝的魄力和胆识，他把这次会面的主要任务交给了ABC在西海岸的销售代表维斯·弗朗西斯。弗朗西斯向露丝介绍了ABC进军新档迪士尼儿童节目的打算，并说这对于ABC来讲，是一个破天荒的举措。节目的计划播出时间是原来为当地电视台预留出来的，他坚信：迪士尼这个品牌足以保证有90%的电视用户会收看这一节目。他还说，每个孩子差不多每周有5天都会看《米奇俱乐部》。接着，他提到了问题的关键：迪士尼要求广告商作出一项闻所未闻的承诺，即广告必须全年征订，中途不可撤销。

对于玩具生产商来说，打全年的广告无疑是一种浪费。这一行业具有周期性，销量主要依靠圣诞节，且 80% 的产品都是这一时间段售出的。为了避免停工，很多玩具公司将剩余生产能力都用于生产非玩具类产品，露丝则把手伸向了政府。

1951 年迁进占地 5500 多平方米的新厂后，露丝参与了为军用坦克组装复杂电气控制装置合同的竞标。她手下的工程师对原有设备进行了改装。尽管玩具博览会后，玩具订单少得可怜，但露丝还是能够支付上百万美元的工资。

但露丝并不满足于此，美泰拥有自己的品牌，也有着明确的使命，那就是生产玩具。任何有能力保证全年都有销量的玩具公司将会在竞争中脱颖而出，占据绝对优势，因此她认真地倾听着卡森和弗朗西斯的介绍。

在场的所有人，家里都有年幼的孩子——"二战"后的婴儿潮也波及了卡森和他的合伙人罗伯茨其退伍军人。他们和汉德勒夫妇都清楚：经济大萧条和"二战"之后，很多父母都渴望着让孩子拥有自己不曾拥有的东西，迪士尼是掌控儿童市场的行家这一事实也众所周知。弗朗西斯用近半小时的时间解释 ABC 的计划，艾略特和露丝始终聚精会神地听着。他刚一说完，两人就对视了一下，一致认为弗朗西斯说得很有道理。艾略特也建议问问美泰的审计官吉田康夫，看美泰公司是否有经济能力承受这笔交易。

他们当即叫来了吉田康夫。露丝迫不及待地问："如果我们拿出 50 万美元用于电视广告，若广告不是很成功，会有什么样的后果？"吉田康夫没有马上回答，他沉吟了半晌，说道："美泰的产品会卖得更多。"已经等得不耐烦的露丝接着又问:"万一,万一广告不能取得很大效果,又会怎么样?会破产吗?"吉田康夫答道:"破产倒不至于,只是受些打击罢了。"这样的答复对露丝来说已经足够了,她当即同意与 ABC 签约。

整个会谈时间不到一小时。露丝说:"那是 ABC 最轻而易举地拿下的一笔交易。"露丝拿出了 50 万美元,相当于当时美泰的全部资本净值。

吉田康夫同时也指出:如果电视广告失败的话,美泰的信誉会受到影响,但这丝毫没有动摇露丝的决心。她委托卡森立即着手起草一份合同,合同中包括美泰 3 款玩具产品的广告——一个是美泰的经典玩具玩偶盒;一个是当时市场认同度相当高的音乐玩具"牛仔吉他";最后一个是即将推出的玩具"打嗝枪"。

按计划,《米奇俱乐部》要到 10 月份才开播,"打嗝枪"在 3 月份的玩具博览会上就得亮相。玩具采购商们从没见过"打嗝枪"。它不仅外观跟真的机关枪很像,连发射起来都跟真枪类似。露丝还搭建了 16 平方米的投影仪来放映卡森&罗伯茨公司为此玩具设计的广告。她和销售代表们苦口婆心地向众人介绍迪士尼的新档电视节目《米奇俱乐部》和他们的广告计划,并向买主们保证:电视广告会使玩具枪不到圣诞节就销售一空,劝他们尽早签下全年的订单。结果,美泰的这一招还真奏效。基于本公司玩具的销售情况和迪士尼的品牌力量,美泰拿下了一大批订单。喜不自胜的露丝甚至曾经考虑:即使有人取消订单,美泰一年的生产也有了保证。但事实证明,事情并不像她想象得那样乐观。

由于订单很多，美泰不得不加班加点开展生产，大量的产品提前就被发出，商场里一时间堆满了"打嗝枪"。不过，它们更多只进不出。电视广告还未播出，人们不清楚这种新型玩具怎么玩。看着货架上卖不出去的玩具，购销商们开始担心起来，纷纷取消接下来的订单。各地的销售代理开始致电美泰，说他们手里的"打嗝枪"太多了，要求将商品退回，零售店也要求取消9—11月的订货。露丝一下子慌了神，立即要求停产。即便如此，美泰还是有一大堆的"打嗝枪"积压在库房。露丝后来回忆说："整个秋天，公司里一片冷冷清清。"然而，随着10月《米奇俱乐部》的开播，大家又重新燃起了希望，但一周下来，销售量依然低迷。

每周，一到了固定时间，露丝和艾略特就会端坐在电视机旁看《米奇俱乐部》。他们既为美泰销售状况不佳感到沮丧，也为卡森&罗伯茨广告公司为"打嗝枪"设计的广告感到骄傲。屏幕里，杰克的小儿子凯利·卡森手持冲锋枪，昂首阔步地在客厅里绕着家具走来走去，后墙上则是一群群野象的照片。只要孩子枪声一响，胶卷就向后倒，观众就可以看到大象不断撤退的景象。当孩子再次给枪上子弹时，解说员开始讲解玩具枪的操作步骤及"火药"的存放等问题。广告还邀请每个孩子都带上他们信得过的"打嗝枪"，一起去非洲的丛林猎象。广告的末尾，罗伯茨加上了新的产品标志：一个卡通男孩头顶王冠，在中心标有字母M的座椅上向观众挥手。随着解说员再次拿出这一标志，屏幕上开始出现一行字：美泰的产品就是好！

《米奇俱乐部》一经播出，立即取得了轰动性的效果，成为所在时段最受欢迎的节目。但遗憾的是，美泰的销售状况并没有因此好转。卡森&罗伯茨公司提议，美泰应在报纸上刊登广告，目的是提醒父母观看美泰的电视广告。后来，据该广告公司的塞·施耐德说："那其实也是无奈之举，我们开始怀疑这一次是不是赌输了。"

当年感恩节，露丝回家过节时情绪非常低落。令她没有想到的是，等她假期回来，按照她的说法，自己"一下子兴奋得近乎忘乎所以"——电视广告播出6个星期后，节日期间，商店里的"打嗝枪"突然被抢购一空！美泰总部的电话、电报、信件不断，纷纷要求增加或恢复订单，一时间订单如雪片般飞来。无奈之下，员工开始给那些曾经要求退货的商店打电话，一问才知道：他们手里的"打嗝枪"和其他商店一样，也销售一空。重新生产已来不及，美泰仓库里那些由于质量问题而被退回的玩具枪便被拿了出来，修理好后，重新发走。前总统艾森豪威尔的孙子戴维就在白宫收到了一个经过修理的"打嗝枪"。美泰还应一位记者的请求，将一把这样的枪寄给了在加利福尼亚一家医院住院的一个孩子。截至圣诞节，露丝以4美元一把的价格总共发出了100万把"打嗝枪"，赶上了她前一年全年所有玩具加在一起的销量。据露丝说，"到了那年圣诞节，找遍全美国也买不到一把'打嗝枪'了，都是《米奇俱乐部》的功劳。你可以想象：对于我们下一届玩具博览会的参展品，玩具采购商是何等期待！"

正当美泰因"打嗝枪"的热销而欢天喜地时，马克斯玩具公司的创立者兼总裁路易·马克斯却上了《时代》杂志的封面。据他说，该公司上一年度的广告总支出只有312美元。他指出：玩具是不能靠电视来销售的，永远都不能。该报道接着介绍了其他的一些大型玩具公司和它们的销售策略，相对于它们来说，当时的美泰只不过是只"小虾米"，根本不值得一提。但不久之后，人们将对美泰刮目相看。

露丝不仅以刺激需求来推动供给，还将广告的目标由父母转向了孩子。电视上的玩具广告也改变着美国家庭。父母不再只给孩子买他们认为适合孩子的玩具，逐渐地，电视广告让孩子们形成了自己的观点，从而决定父母该给他们买哪些玩具。多年后，当接受《时代》杂志采访时，艾略特说道："我们认为孩子要什么，还主要取决于父母。"恐怕那些整日吵着要电视上看到的玩具的孩子的父母们听了这话，绝对不敢苟同。

美泰的电视广告也招来了零售商们的极度不满。拉尔夫·卡森告诉记者，零售商的这种不满源自电视广告冲击了他们在行业内的影响力。广告使得他们只能购买美泰打广告的产品："过去，由采购商决定什么玩具好卖；现在，美泰把事情给颠倒过来了。"

看到电视巨大的销售潜力，露丝开始考虑扩大公司在电视上的影响力。1959年，她让卡森&罗伯茨广告公司设计了一档名为《马蒂的周日》的儿童节目，由动画人物马蒂·美泰和贝尔姐姐担任主持人。节目中播出的动画片《鬼马小精灵》《小奥德丽》《痒痒鼠与抓抓猫》《水獭小宝贝》和《烦人的乌鸦》立即受到观众的追捧。最令露丝高兴的还是她与ABC电视台签署的赞助协议。

通常的赞助合同一般为期13—26周，每年10月1日进行续签。然而，露丝却成功地拿到了星期天下午5点时段共52周的播出合同。她这么做的目的，是想让美泰的广告一直播出到圣诞节期间。由于星期天下午的广告时间一般没人要，签这笔合同时，ABC的董事会主席和副总裁们都很高兴。然而，其下属们却有些担心，是因为他们正在谈判一笔更大的交易，它很可能会和露丝争取的时段有冲突。

谈判中的节目是《体育世界》，这是一档新的大型电视节目，预计从10月起每周日下午播出，露丝的合同却要到年底才到期。考虑到她的合同金额远远低于《体育世界》，ABC的托卡森转告露丝：只要她同意更改广告播出时间，他们愿意给她提供"不菲"的补偿。

露丝回忆说："我也没客气，我知道他们现在掌握在了我的手里，我们得到了周五晚上的黄金时段。这对我们来说可非同小可。通常，周五的黄金时段，我们只有望洋兴叹的份儿，可当时，我们却没多出一分钱就拿到了。"结果，美泰的销售又有了一次大的飞跃。

看到美泰的成功，其他玩具公司也纷纷效仿，由此，电视广告带来了玩具行业新的变革。除了产品之外，玩具设计师开始考虑玩具在广告中的形象问题，以及如何突显产品的独特卖点。露丝的销售和生产模式也开始出现重大变革，在分析了"打嗝枪"的销售过程后，她成了销售预测和控制的真正行家，毫不谦虚地称自己的电视促销为"天才营销"。从很多方面来讲，她说得没错。拉尔夫·卡森回忆说："广告在电视台播出了6周，什么动静也没有。但美泰的人度完长假回来，等着他们的却是大量的订单。于是我们认识到：广告效应的间隔时间大约为6个星期。"

美泰为什么这么久之后才知道电视广告推动了销售的增长？露丝开始着手派人调查此事。他们得到的答案很简单：父母把玩具买走之后，销售信息要由卖玩具的商店传给其批发代理人，批发代理人再将信息反馈给工厂的销售代理,最后才能到达厂家。西尔斯百货和本·富兰克林这样的大型连锁店,沟通渠道则更加复杂。

露丝意识到:要想得到及时的信息,就不能指望他人。她开始雇用一批人作为美泰的零售调查员,任务就是到各家商店布置商品展示柜,了解美泰玩具的销售进展。如果发现商品不足或过量,就与当地的美泰销售代理联系,由销售代理直接致电厂家。这样露丝再也不用等上 6 个星期,而是在一天之内就能获得全部销售情况报告。

露丝的天分不仅体现在她发明的获取销售信息的快捷途径上,也体现在她分析这些信息进行销售预测和生产控制的能力上。第一个"打嗝枪"广告播出 3 年后,美泰的销售额由原来每年 400 万美元跃至 1400 万美元。尽管年销售额达到 5000 万美元的马克斯玩具公司仍然遥遥领先,但距离美泰赶超它的日子已经不远了。

第 9 章

轰动的芭比

对他们来说,我就是个领导者。

每天早上，露丝基本都在 8 点 15 分和艾略特一同开着她粉红色的雷鸟敞篷车从贝弗利伍德区的家中出发，去公司上班。对车，她一直情有独钟。1955 年，美泰通过电视广告取得的巨大成功使她有条件买任何一款自己喜欢的车。企业顾问、心理学家厄内斯特·迪希特的天才营销策略使得敞篷车也和许多其他产品一样成为性感的标志。

迪希特不研究人们的精神问题，反而专攻人们的购买动机。他有着汽车推销员般的热情微笑，戴着一副黑边眼镜，一块手帕叠得整整齐齐，严重谢顶显得额头格外突出，一看就是满脑子的学问。他是一个鲜活的例子，现身说法告诉美国零售商：怎样才能卖出更多的产品？十几年前，他孤身找到美国驻维也纳的领事馆，声称自己是政治难民，却有本事给美国的商业活动带来根本性变化。由此，他来到了美国，并开始着力证实他的说法。

为了借助迪希特天才的本领击败对手，生产商们纷纷把大笔的合同交给他做。露丝第一次接触迪希特是在 1959 年玩具博览会开幕之前，当时，芭比还处在设计和生产环节。除了芭比，露丝还想了解人们对美泰其他玩具的印象。她知道很多父母都对艾略特的玩具枪表示担心，美泰内部也有人对芭比持反对意见，他们认为芭比不应该以成熟女性的形象出现。露丝已经记不清有多少人曾对自己说妈妈们不会给孩子买芭比这样的娃娃了。当时,芭比的电视广告还在筹备中,露丝急于知道用什么办法才能消除父母们的反对。露丝看重迪希特独特的营销天分和他所作的承诺。如果其他玩具生产商像往常一样低估了她的本事,这对她来说反倒是件好事。她喜欢成功的感觉,也希望芭比这次能够旗开得胜。她成功的策略之一就是借助擅长新型营销手段的营销大师的帮助。

作为善于操纵市场的"恶魔天才",迪希特在当时引起了广泛关注。1957年,凡斯·帕克德的《隐形说客》出版后立即引起了轩然大波。这本书封面上的"试图控制人的潜意识"表明了帕克德的主要观点,也顺应了当时社会上盛行的"阴谋论"。帕克德利用了当时美国民众的担心心理,指责迪希特在实施人脑控制。这种说辞在当时的背景下很容易引起人们的共鸣。然而,出人意料的是,帕克德的书反而增加了迪希特的知名度,使他成为企业竞相角逐的对象。露丝觉得迪希特很像自己,是个具有叛逆精神的实干派,特立独行,敢于创新。她相信,与迪希特的合作将会给美泰和玩具行业带来新的转机。

迪希特是犹太人,他的心理诊所就开在弗洛伊德在维也纳的心理诊所的对面。1938年,随着法西斯活动日益猖獗,他离开维也纳,逃到美国。在康普顿广告公司工作期间,他对象牙牌香皂进行了市场调研,主要是与100个消费者就他们最近使用肥皂的经历进行长时间的自由访谈,他将这种访谈称为"纵深访谈"。除此之外,他还用一种叫作"心理剧"的方法让人们假装自己就是某种品牌的肥皂,由此形成了他关于商品也有个性和形象的理论。

迪希特还是现代品牌概念的创始人。在1939年的肥皂调研报告中，他指出:"象牙牌香皂比开士米美容香皂等其他相对华丽的香皂品牌更朴素、更实用，洗涤效果更明显。"他后来在帮助克莱斯勒进行汽车销售时也用到了类似的说法。他说:"人们会设想眼前的商品就是自己。在买一款车时，人们实际上买的是另外一个自己。"他还说：轿车就像老婆，"令人感到舒适而安全"；敞篷车就像"情人"，"年轻、有诱惑力"。听了他的话后，汽车经销商们立即将敞篷车移到了最显眼的地方。

受到弗洛伊德思想的影响，迪希特开创了对行为动机的研究，并称其为"揭示消费者购买行为的内部动机的定性研究"。无论在哪儿，他都是一副盛气凌人的样子，成为人们关注的焦点。他坚信自己能够看到别人看不到的东西。他告诉烟草行业，吸烟者通过吸烟可以让嘴得到与婴儿吸吮母乳时类似的满足感。他还说，具有看似阳具的包装盒的唇膏对女性消费者更具吸引力。他建议领带生产商将老人戴的松松垮垮的旧领带和年轻人戴的"平整、鲜艳、笔直且更加男性化的"领带作对比，看看有何区别。1946年，他在哈德逊河上一个颇似城堡的别墅里建立了自己的行为动机研究所。在此期间，他还无意中产生了将"性"的概念引入产品销售的想法。

在露丝看来，美泰无论做什么，都要与众不同，要比竞争者取得更大、更好、更具轰动性的效果——芭比也不例外。她希望迪希特能够为芭比设计一套独特的营销方案；同时，她还想对美泰玩具枪进行研究，以证实美泰没有促成儿童暴力。为了得到最好的专家指引，她甚至不惜代价，同意付给迪希特的顾问公司1.2万美元的巨资，让其对美泰的玩具枪、枪套、火箭和即将面世的芭比娃娃进行一次市场调研。

迪希特原本是个大忙人，无法顾及每一笔交易，却亲自承担起了对美泰的调研。在那之前，还没有人研究过儿童选择玩具背后的动机。据露丝后来说，迪希特对玩具枪的调研报告"很令人欣慰"：接受采访的357个儿童都将玩具枪视为游戏用的道具，他们对于美泰玩具枪的手感和响声也很满意。

对于露丝来说，"打嗝枪"也让她开始"对市场有了进一步的认识"，却漏掉了迪希特调研报告中比较有争议的一部分。在报告中，迪希特写道："玩具枪对于孩子来说就像是男性的阴茎，随着孩子知识的增长和身体的变化，他们越来越感受到成人世界的压力，由此也产生了心理上的压力，玩具枪正好可以帮助他们缓解这种压力。"想想她那全是由男性成员组成的研发队伍对于生产玩具枪的执着，如果露丝当时看到这句话，肯定会大笑一场。

在对芭比进行调研时，迪希特对191个女孩和45位母亲进行了采访。采访问题包括：芭比"是个友善、人见人爱的好孩子，还是个虚荣、自私甚至'下贱'的坏孩子？她的穿着很有品位，还是过于花哨？"结果，母亲们都表示讨厌芭比，她们的女儿却恰恰相反。据迪希特的妻子说："他（迪希特）问孩子们喜欢什么样的娃娃，孩子们都说喜欢性感类型的。她们说，自己长大了也要像娃娃那样魅力四射，有着细长的双腿和丰满的胸部。"

然而，并不是所有被采访的女孩都持同样的看法，有人认为芭比看上去"自以为是""尖酸刻薄""过于出风头"，但迪希特的任务是为美泰制订销售策略，不是讨论或为迎合少数人的口味而改变芭比。对于他的头脑，似乎所有人都表示佩服，但对于他的所作所为和他的说辞，并不是每个人都赞同。

1959年年底，马文·巴拉巴受雇于美泰，继续迪希特的工作。据他回忆："他（迪希特）确实是个营销天才，但算不上是个心理学家。他是个糟糕透顶的市场分析师，不相信有真正的定量研究，比如需要界定活动范围、确定偏爱权重等。尽管如此，大家还都是希望自己能有他的头脑、他的创新能力。他能够抓住被你忽略的细节，然后就夸夸其谈其对营销的重要性。"

迪希特给露丝的建议包括进一步突出芭比的胸部，宣传时强调一个简单信息——芭比和她的服装将成为妈妈们教育孩子的手段。她们会教给孩子如何成为淑女和如何穿着打扮，通过强调其示范作用以淡化芭比性感的一面。

基于迪希特的市场调研，卡森＆罗伯茨广告公司开始为芭比设计电视广告。设计团队的成员塞·施耐德曾写道："看着孩子们玩娃娃时的样子，我们确信她们确实是把芭比当作未来的自己。"对此，露丝表示赞同，她一向认为芭比的"游戏价值"就在于她能激发孩子们对自己未来的想象。可以说，卡森＆罗伯茨将这一点表现得淋漓尽致，广告中的芭比简直就是一个活生生的人。对于广告的每一次改动，美泰都找来很多女孩子，了解她们的反应，结果发现女孩们都被芭比深深地迷住了。

芭比的电视广告于1959年3月播出。广告中的她不像是玩具，更像是个少女时装模特。这对于玩具广告来说，简直前所未有。在60秒的广告中，观众看到的塑料玩具就像是个真人芭比，一个会游泳、唱歌、参加派对，有着不同服饰的女孩。整个过程中，芭比只有一次被称为"玩具"。卡森&罗伯茨广告公司就是将芭比当作模特来看待的，同时也为蜜丝佛陀化妆品公司代言。施耐德写道："没有哪个化妆品或者头发护理广告如此强调细节和拍摄时的效果。通常，即使为一个漂亮的女人拍特写镜头都会很难，何况是当模特的头只有鹌鹑蛋那么大的时候。为了让芭比在聚光灯下和镜头前都看起来光彩照人，卡森&罗伯茨广告公司动了不少脑筋。"比如：为了让娃娃的头不至于在灯光下熔化，他们前一晚就将其冷冻起来。拍摄过程中，发型师和时装设计师随时侍候两旁，以备给娃娃补妆。就连广告中用的音乐都是卡森&罗伯茨特意请人按照20世纪50年代流行的康尼·弗朗西斯风格的抒情音乐制作的，歌词恰如其分地体现了美泰的销售口号："有朝一日，我也会和你一样，知道自己要做什么……芭比，芭比，美丽的芭比，我要把自己当成你！"

1955年成功推出"打嗝枪"以后，美泰又借助电视广告成功打入之后各届玩具博览会，其在1956年的销售口号就是"记住打嗝枪"。1959年，美泰宣布其年度广告预算达到100万美元。就在当年玩具博览会之前的几个星期，露丝又宣布再拿出12.5万美元用于对芭比的产品宣传。即便如此，她仍未能打消玩具采购商们对芭比胸部和她过于性感的外形的顾虑，芭比的订单很少。尽管芭比的电视广告已在全国铺天盖地播出，露丝还是大幅削减了生产。毕竟，如果玩具娃娃无法在商场货架陈列，也就不太可能有更多需求。这次，美泰采用的新销售策略失败了，对手们看到芭比的出师不利都幸灾乐祸。据一个在芭比被推出之前加盟一家较小的玩具公司的美泰员工回忆，他曾听到公司总裁的妻子说："美泰的疯狂简直让人难以置信，他们竟然在电视上劝妈妈们给孩子买看上去像妓女的娃娃。"持类似观点的人，美泰内部也大有人在，只是他们闭口不谈。

对露丝来说，1959年的春天异常阴郁。芭比没有像她希望的那样火爆起来，女儿也意外地决定要出嫁。18岁的芭芭拉刚刚高中毕业，就宣布要嫁给艾伦·M·西格尔。两个人在哈密尔顿高中上学时就认识，后来西格尔加入了海军，从此音讯全无。一年前，两个人在芭芭拉工作的一家保险公司再次相遇，之后就开始交往。据芭芭拉说，西格尔"很强健，很有男子气概"。

露丝和艾略特不愿意看到女儿这么早就嫁人，但他们还是着手准备在8月为她举办一场盛大的婚礼。据露丝回忆，"他（西格尔）穿着海军服，看起来确实很帅，但她（芭芭拉）根本就不需要他"。无奈，芭芭拉决心已定，她后来回忆说："我觉得奇怪：他们为什么没尽力阻拦？不过，即使他们那样做了，我还是会嫁给他。"同时，玩具博览会后芭比的命运也使露丝分神。

然而，当学校开始放暑假的时候，美泰接到了玩具采购商们的电话，说是要订购芭比娃娃，露丝预感到"打嗝枪"的历史又要重演了。

玩具博览会后，露丝对给日本制造商的订单一直都很保守。她说："在玩具行业里，成败的关键在于所作的预测是否准确。由于产品交货期一般很长，先期的承诺将会关系到生产或发货的数量以及最后是否会把货砸在手里。"露丝当然想尽量避免压货。

然而，电视广告的开播、突然到来的暑假及芭比的与众不同，都促使着女孩们纷纷缠着妈妈去买芭比，"行业里对芭比的需求突然猛涨"。那些在玩具博览会上对芭比无动于衷的采购商们现在也争相订购——正如露丝所设想的那样，小女孩们都盼着长成大姑娘。很快，芭比将销遍全球，成为世界上卖得最好的玩具娃娃，跻身于有史以来最畅销的玩具行列。

2003年，《财富》杂志刊登的一篇文章指出："每当一款新型的芭比上市，每3秒就会卖出一个。"美国女孩儿们将拥有的芭比娃娃不是1个，而是2个、3个、10个，甚至更多，而且每个娃娃都有很多配套的服饰。芭比的销售额将以10亿美元为单位来计算，其知名度将和卓别林、肯尼迪不相上下。美泰也将凭借芭比小巧的塑料身躯而公开上市。芭比的服装如果是做成成人大小，那么她的服装生产也将使美泰成为全美第四大服装制造商。

据露丝的预测，芭比也会像罗沙哈测试一样挑战女孩子们的想象力，事实也的确如此。1963年，《纽约时报》写道："女孩子们越来越将手中的娃娃视为未来的自己，而不是自己的孩子，这是革命性的突破。"同时，芭比也引发了20世纪60年代妇女运动中又一次关于性别歧视、性别角色和女权主义的激烈争论。不管怎样，露丝实现了个人的梦想，既创造了一个颇具争议的偶像，也制造了一台赚钱机器。她最终战胜了对自己持怀疑态度的人，给了女孩子们她认为她们想要甚至需要的东西。她证明了自己是对的。3年之内，芭比都供不应求。

1959年9月《洛杉矶时报》一篇才华横溢的文章援引艾略特·汉

德勒夫人的话说:"作为家庭主妇,我感到有些迷茫——我干活很不利落。"作者似乎认为露丝因此感到愧疚,但那是不太可能的。不错,从 1944 年起,露丝就厌倦了只作为一个妻子、一位母亲的生活,主动提出给哈罗德·马特森卖在车库里制作出来的画框,从此不再做家务。

15 年之后,她成了美泰的执行副总裁,手下有 1200 名工人,销售额达到 2000 万美元,并在洛杉矶南部后来被称为霍桑的地方盖了一座大楼——占地面积两万多平方米,内设 5 个分厂。当《洛杉矶时报》记者追问她为何选择从商时,露丝说道:"如果待在家里,我会成为世界上最糟糕、最不快乐的女人,把什么事情都搞砸。"此前,露丝从未在媒体上如此坦白或自我反思,当时,她正处于事业的高峰期,对自己的选择也有了清醒的认识。

当年春天,芭比娃娃有了 22 个不同种类,她们的身份也不断增多,新的服装生产线也在规划中。应很多女孩子的来信请求,美泰也在考虑生产其他娃娃,比如男性娃娃。芭比的成功让露丝对芭比的设计有了进一步的发言权,她说:"女孩子们都梦想着自己有着美丽的身材,过上梦幻般、充满刺激的生活。她们希望有朝一日能够穿上华美、时尚的服装,看起来就跟电影明星一样。"在她看来,鼓励孩子们的这些遐想没有什么不好的。露丝自己就很喜欢漂亮的服饰,从在好莱坞派拉蒙公司工作时起,她对好莱坞的电影就产生了浓厚的兴趣。这时候,再也没人反驳她的观点了。

露丝坚持认为:美泰不需要制订自己的日程表——因为他们是在追随潮流,随潮流而动,而不是引导潮流。芭比也受到了当时以男性为主导的大众传媒的影响，但她基本上还是反映了20世纪50年代女性的理想。对于政治，露丝不感兴趣，她也不会考虑芭比娃娃的文化内涵。她只要告诉孩子们她们应该梦想着成为胸部丰满、金发碧眼的靓丽女郎，那美泰就可以大发特发了。

露丝反对工作中的性别歧视，但对于女性的传统角色，她的态度还是比较矛盾的。想当初，如果没有艾略特的同意，她当了妈妈后很可能停止工作，也就不可能取得今天的成就。然而，当有朋友问她"如果艾略特当时不同意，你会怎么办"时，她沉思了许久，然后大笑着说："我可能还会这样做。"然而后来，当再次谈到这个问题时，她又改变了说法："我也不确定，那时我已经被外部世界彻底洗了脑，如果他说'不行'，我可能也就不干了。不过，我可能会活得很痛苦，婚姻也可能走到尽头。"

对于艾略特来说，他的原则只有一个："只要她高兴，我就高兴。"作为一个商人，还是一个企业创始人，露丝感到非常幸福。她天生就是一块做商人的料——她知道如何将头脑里的想法变成可以带来利润的事业。工作中的困难和挑战让夫妇俩基本无暇顾及其他事情，如家庭、朋友，也没时间进行反思。露丝曾对记者说，她的事业实际上就是她的生活，她自愿放弃私人生活，所以二者不存在谁会影响谁的问题。

有关芭比娃娃或玩具枪有什么样的政治或社会影响的争论，露丝不感兴趣，也没时间和耐心参与其中。她让厄内斯特·迪希特告诉自己，怎样才能以最有效的方式将芭比推销出去，而不是怎样使芭比符合正在崛起的女权主义者眼中的女性形象。同时，她也无意借助芭比来影响女孩子们对未来的设想。如果迪希特、卡森&罗伯茨广告公司告诉她女孩子们想用娃娃假装去参加舞会、购物、结婚或者盛装打扮的话,那就足够了。她相信,只要女孩子们拥有芭比,她们幻想的世界就会变得更加丰富多彩。

随着成千上万的娃娃被卖出去,母亲们也开始妥协。一位母亲写道:"以前她就是个假小子,现在我却能让她洗脸和梳头了。"露丝颇具争议的创意、迪希特独特的视角和卡森&罗伯茨很有新意的广告最终都得到了应有的认可。

当下一个十年即将到来时,露丝很清楚自己面对的是一个庞大的企业,需要全力以赴地投入工作,同时还得努力提高个人的业务技能。就在1957年《米奇俱乐部》的广告使得美泰的销售额3年内从500万美元跃增至1400万美元之后不久,大卫·门肯给她提了一个建议。美泰的快速发展,让身为总经理的门肯多少有些担心,他觉得艾略特一味地扩大生产线已超过了美泰的实际能力。但当他向露丝提起此事时,露丝不以为然。他还向露丝提议:公司应该进一步进行部门协调,建立起行之有效的监管链条。对此,露丝似乎一头雾水。于是,他建议露丝去接受一些正规的商业培训,并指出:这样做对她个人和公司都会有很大助益。在他的推荐下,露丝报名参加了加州大学洛杉矶分校的企业经理人课程班。

第一天去上课,露丝就发现班上的其他50名学生全部是男性,他们都是著名企业的总裁、执行副总裁或董事会主席。坐在这群人当中,她感到很不自在。她相信其他人一定都受过正规的商业教育,她却没有。露丝后来说:"我感到很自卑,又不敢表现出来,起初实在很难。和那些人在一起,听着他们高谈阔论企业管理,我觉得自己太孤陋寡闻了。"

然而,这种状况没有持续多久。很快,露丝读了有关组织理论的书籍,了解了她过去一直凭直觉在做的事情背后的正规理论。按她的说法,她觉得自己"就像在沙漠里突然遇到了绿洲"。她还从学校图书馆借来书看,觉得这里有着无穷无尽的自己需要的思想。渐渐地,她的不安感开始消失,她意识到:尽管其他学生受过很多教育,但他们的商场经验不如自己多。他们大都不是企业家,只是受雇经营原有企业的经理人。露丝后来回忆说:"他们接受的是学校里的教育,并不真正了解外面的世界,我却知道,因为我在那里打拼过、体验过。"

有一次,在介绍员工管理过程中会面临的挑战时,教授讲了一个案例:一个女员工坐办公室坐了十几年,她对公司非常熟悉,对于客户和公司的历史也了如指掌,她知道要到哪里找什么。新来的员工总是找她帮忙,她却态度恶劣。她还经常拒绝执行上级的命令和要求,理由是以前从没这样做过。然后,教授总结说,她是个很难管理的人,同时又拒绝变化,最后问大家该怎样对待这样一名员工。

他在班里绕了一圈,让每位学生都发表见解。有人说"我会找她谈谈",有人说"我会劝告她",也有人说"我会让人事部门去做她的工作";一旁的露丝早已听得不耐烦。最后,当教授问到她时,她冒出了一句:"我不出一个小时就把那个混蛋开除了!"后来,这一案例和露丝的回答成了班里的一段佳话。多年以后,刚刚毕业的学生见到露丝时还告诉她,她的故事仍在学校里流传。

一天晚上，露丝拿了一本有关组织理论的书回家，一个人坐在客厅里研读。她将每个章节中自己认为有价值的内容单独记在一张纸上，这是她后来沿用了一生的学习和记忆方法——重点关注那些有助于美泰改进管理和经营模式的信息和理论。她惊讶地了解到：如果有人妨碍她执行监管，目标就不可能实现；如果有经理不听话，整个运营计划的实施就会受到影响。对露丝来说，门肯就是这样一个人：他坚持要人事部、财务部、生产部和工程部都向他汇报工作，露丝只能接受营销部和门肯的汇报。后来，露丝说："事事都由一个'总经理'汇报，我就没法亲自了解各部门的情况，也就没法正常工作。"

她想从门肯手里将一些部门接管过来，但越往下读，越觉得仅凭职权来削减门肯的权力有些不妥，他会反对，而且如果继续留在公司，他不仅不能恪尽职守，还会给公司带来不利。于是，露丝重新为美泰绘制了组织机构图。依照新的规定，人事/劳资部、财务部、生产部、营销部和其他一些部门直接向她汇报，研发部、设计部和工程部则向艾略特汇报。她还制定了一些下属机构要向各自所属部门汇报的制度。她通过点线，标记出这些部门和她之间的隶属关系。整个组织机构图中都没有门肯的位置，她认为到了该让他走人的时候了。

第二天，艾略特早上醒来，露丝就将他拉到桌旁，让他坐下，拿出自己刚刚绘制的组织机构图给他看，告诉他：门肯必须被解雇。艾略特没有马上同意，他先仔细看了看那张图纸。露丝后来说：这个决定很难，"门肯是个好人，很有头脑，也很忠心，工作做得也很好，我非常喜欢他，但我们只能这么做。也许有人会说我很强硬，但该强硬的时候我就得强硬。当时的我就是这样，后来证实我的决定是正确的"。从那以后，美泰都归露丝一个人管理。

1959年12月，在美泰准备乔迁新址之前，露丝一下子大方起来，她启动了一项慈善项目，每年给洛杉矶警察局提供玩具，让他们挨门挨户地送给当地的贫困家庭。《洛杉矶时报》同意进行跟踪采访并拍照。看到孩子们见到装扮成圣诞老人的警察时露出的笑脸，露丝由衷地感到高兴。让她高兴的事情还不止这一件。加强了对公司的管理后，她组建了一支由一群能干的副总裁组成的队伍，其中包括负责营销的克利福德·雅可布、负责运营的西摩·阿德勒、负责劳资关系的罗伯特·米歇尔，以及主管会计工作的泰德·霍洛维茨，还有行事草率却很有头脑的怪才杰克·瑞恩。艾略特还是名义上的总裁，露丝除了担任美泰的执行副总裁外，还获得了一个玩具协会董事的头衔。

当冈德玩具公司的阿贝·斯威德林宣布露丝成为玩具协会第一位女董事时，他脸上流露出的骄傲神情令她终生难忘；第二年，他又骄傲地宣布露丝当选该协会的第一任女副主席。令她没有想到的是，与此同时，该协会又宣布任命另一名副主席——一位男士，这在玩具协会的历史上也属史无前例。

按照传统，玩具协会副主席以后会继任主席之职。"他们不敢让我成为主席，"露丝后来说，"因为他们没有那个勇气。"对于这种怠慢，露丝承认自己很恼火，但也为自己作为第一个当选该职的女性而感到骄傲。她发现董事会会议很有趣，也很刺激。她感觉到了周围对女性的歧视，但还是慢慢习惯了周围都是男士的工作氛围。她说："那时候，对于女性来说，存在的不是玻璃天花板，而是混凝土天花板。

各种各样的阻挠无处不在，有无数个例子让我感觉自己只不过是个幸运儿，或者说是个例外。这让我对自己产生了怀疑，怀有各种复杂的情绪。然而奇怪的是，我同时又感受到自己的强大。"

俗话说：木秀于林，风必摧之。露丝在商界地位的不断攀升也引来了众多非议。人们在背后说她如何嗓门大、如何出口成"脏"；她浮夸的言辞也有人颇多微词，比如她曾宣称芭比是"有着最出色表现的玩具"。尽管露丝说得没错，但她不知谦逊，很难让人们原谅。

露丝喜欢将自己打扮得十分靓丽，魅力十足，成为男士们仰慕的对象，但同时又会毫不顾忌地口吐脏话。她大步流星走进办公室的样子，俨然是位新来的主管，这让很多和她一起工作的人大跌眼镜。经营美泰已经 15 年，野心仍然让人一目了然。她相信自己具有天生的推销能力、创造力和超越常规的勇气，和别人在一起时，她总是以领导者自居。她说："我能够以超越常人的方式激励他人，我们有积极上进的员工、艾略特的头脑和他的随和，以及我个人坚定的信念、抱负，还有善良。"她相信：自己、艾略特以及管理团队都对迎接公司未来的发展作好了准备。

有时，她也会将美泰从一个车库迅速发展到今天的地位说成是纯属偶然。她说："我们根本不知道自己在做什么。"然而，1960 年以后，美泰的每一个决定都有着明确的目的，都是露丝经过深思熟虑、仔细检查和周密计划的。

第 10 章

黄金时代

我们的命运因上市而改变。

1964年玩具博览会之前的一天，美泰的经理们挤进公司一间狭小的会议室里，想要亲眼看看一家对手公司推出的一款新玩具。据说，这款玩具就是冲着芭比来的。

这家公司名叫哈森费尔德兄弟，即后来的"孩之宝"。它靠着一个约30厘米高、肌肉发达、体格强壮的娃娃成为美泰强有力的竞争对手，直逼美泰在行业内的霸主地位。

这种可动人偶被称为G.I.乔（美国特种部队），身上有21个可动器官。按照广告的说法，其脸部综合了20个荣誉勋章获得者的五官特征。它可以投掷手榴弹，挥舞火焰喷射器。考虑到面向男孩子的娃娃从未成功过，哈森费尔德兄弟为其配上了美国陆军军歌《陆军勇往直前》的音乐，将其称为"军人""蛙人"或者"战士"，而不用"娃娃"一词。同时，吸取了芭比的成功经验，G.I.乔也配备了可更换的服饰和战斗武器。这被艾略特称为"剃须刀理论"，原因是人们买了剃须刀后就得不断地更换刀片。

几个星期前，美泰的经理们就听说了这个据说会引起极大轰动的玩具。他们围着放玩具的桌子仔细打量，在场只有露丝一位女性。为了让大家看得更清楚，主管研发的杰克·瑞恩将人偶的衣服一层一层地扒去。

G. I. 乔有些像人体模型，肩膀、上臂、肘部的关节都可以旋转，腕部也有一个球形的联结。其上身显露出发达的肌肉，腰部有一个球形的结合点作为腹部，下面连着臀部，臀部与腿结合处分别装有关节，就连脚踝都是活动的。娃娃的头也可以在脖子上转来转去。虽然他面无表情，看上去却不吓人。

瑞恩煞有介事地摘掉了娃娃的帽子、标签，然后脱掉他的迷彩夹克、战靴。会议室里，大伙都被眼前的景象惊呆了。娃娃的做工实在令人佩服，衣服的精细程度跟美泰日本的裁缝对芭比衣服上纽扣和针脚的改进不相上下。大家心里都很明白，一个以军事为主题的人偶肯定会受到男孩子的欢迎。

最后，瑞恩扯去了娃娃的裤子，显露出人偶的臀部，娃娃正面在腹部下方与两腿相连的地方有个奇怪的U形凹陷，后面有个竖着的凹槽，表明这里是屁股。看着眼前这个怪怪的赤裸裸的娃娃，大家一言不发。

突然，露丝"扑哧"一声笑了出来，她将戴着大大的祖母绿钻石戒指的手一挥，大声说道："奇怪，他没'小弟弟'！"会议室里先是一片安静，接着大伙都放声大笑。乔·惠特克后来回忆说："那是很开心、很实在，也很自信的笑。等笑声停止，我注意到几双透着微笑的眼睛，也有一两个人在点头。"

当时，惠特克刚到美泰不久，但对美泰独特的企业文化早有耳闻。露丝正致力于在这个发展迅速但很松散的行业里建立专业化的运营体系，惠特克受雇专门进行产品策划。和时装与电影一样，玩具行业也需要不断创新。很多东西经常"昙花一现"，设计师们总是作出错误的判断。人们可能年复一年地使用同一品牌的香皂，但每个圣诞节他们都希望有更好的、新颖的玩具出现。

看过哈森费尔德兄弟的玩具后，露丝立即让近乎超负荷工作的团队队员就 G. I. 乔的市场前景展开激烈讨论。此刻，乔·惠特克注意到露丝刚刚对 G. I. 乔近乎粗野的评论给这支团队带来的变化。多年后，他在颁奖会上致辞时说道："那是一个非同寻常的时刻，那也许是我——一个刚刚走出商学院的毛头小子的想象，但我开始认识到一个他们早就知道的事实，那就是我们美泰人有胆量、有决心，也有能力以我们的方式重塑整个行业……这就是整个 20 世纪 60 年代我们都在做的事情。我们都是金子做成的，也有能力点石成金。"

那十年以美泰的公开上市开始，股票以每股 10 美元的价格售出了 35 万股。露丝将这笔钱用于扩大在美国和日本的经营。她和艾略特花了几个月的时间举行各方会议，为股票发行作准备。会上，基本是艾略特先作简单介绍，然后由露丝作为代言人代表美泰讲话。其中的一次会议是在芝加哥举行的，将有股市分析师参加，但就在会前一两天，突然改变了会场。露丝被告知：改变会场的原因是原定地点不允许女性出席。还有一次，华尔街的一家公司派了两个人接露丝和艾略特去他们在纽约的俱乐部，大家一起进了电梯。然而出来时，其中一个人拉着艾略特朝着与露丝不同的方向走去。露丝则被带到厨房，再经由车库，再走过几道走廊，最后才到达会场，那里已经有约 20 个人等候她了。当天会议的主角是露丝，但俱乐部规定不允许女性进入，他们只好把她偷偷带进来。

尽管有些损伤尊严，露丝还是觉得在一个都是男性的世界里闯荡很刺激，她觉得这是一种权力。她在公司和行业里的地位也越来越高，这是她做梦都没有想到的。她说，一想到自己是他们当中唯一的女性，就令她兴奋，让她感到十分满足。"这让我觉得自己很强大，强烈地感觉到了自我的存在，我不知道这是否就是'尊严'，我觉得是。"

露丝没有因性别关系受到的特殊对待而感到气馁，反而有时会欣然接受这种"待遇"，有时又表现得满不在乎。她曾对美泰的一名女经理说，歧视"是你超越自己所在的群体而付出的代价"。

露丝对待生活中的许多事情，总能设法变不利为有利，在遭遇性别歧视方面也是如此。据说，她有时还会利用自己的女性身份，亲切地称那些男同胞为"宝贝"。事实上，想打压她的人非但没能如愿以偿，反而让她更加强大。她发现自己不比那些男性逊色，反而更胜他们一筹，而且是在社会环境给女性设置了重重障碍的情况下。

对于其他女人，露丝也愿意给她们公平竞争的机会。1968年，桑迪·丹侬成了美泰的服装成本核算师，跻身美泰的管理层行列。据她回忆，"对于女性，她（露丝）不会给予特殊的对待，她会像对待男性一样毫不留情。但是，一旦你成为美泰的一员，你就有机会和男性一较高下。她希望你有进取心，敢为人先，有超前意识，思维至少要超出常人两三年。我们的字典里没有'办不到'这个词"。

但美泰也存在着性别歧视。有一次，丹侬发现自己和其他男员工的薪水不同，自己拿的钱要比他们低得多，便提出抗议。之后，她的薪水一下子提高了25%—30%。在露丝看来，多数女性不像男性那样追求事业，男人回到家有人伺候，女人回到家去还得伺候别人——按露丝的说法，"就好像她没有为家里作很大的贡献"。如果有女性想要机会，露丝也不会阻挠。到20世纪60年代末，美泰管理层中的女性比例远远超过了其他任何一家玩具公司。

露丝很清楚自己在职场里的独特身份，她将自己的一生总结为"一个女人的故事"，但对于自己的成功会给其他女性带来什么启发，她不感兴趣。如果她的话里表现出任何女权主义倾向，也会因她"一贯有丈夫的支持"的说法而大打折扣。她说话时经常无视艾略特的存在，但还是将公司的成功归因于艾略特对她的支持和鼓励。她说：自己和艾略特都没想过要"铲除这个世界上邪恶的东西"，只是在凭着直觉做事。曾经跟露丝交往密切的经理乔什·德汉回忆道："露丝如果是个律师的话，她会成为一名非常出色的辩护律师。她问的问题很尖锐，她有女性的直觉，知道你什么时候言过其实，她无法容忍别人说谎。在我认识的人中，她对于事物有着最强烈的直觉。"说到自己的成功时，露丝曾非常幽默地说："我走到今天全靠跟老板睡觉。"当然，熟悉她的人没人相信。

在经营模式上，美泰将宝洁视为学习榜样。宝洁在产品开发和市场开拓方面都取得了令人刮目相看的成绩。露丝希望能够培养出来既懂管理又擅长产品经营的全才，这些人要对美泰的市场和消费者了如指掌，能够在有新产品推出时迅速作出反应。

为了得到顶尖人才，露丝可谓用心良苦。她总是到著名大学商学院去招兵买马，如加州大学伯克利分校、斯坦福大学、加州大学洛杉矶分校、哈佛大学、哥伦比亚大学等。在招聘问题上，没有哪家玩具公司会像美泰这样，有着严格的招聘程序。新雇员一般都要经过笔试，通过筛选后的30位应聘者还可能要经历长达一个星期的面试。在此过程中，他们要和其他候选人一起相互比拼。招聘工作在美泰位于霍桑的工业大楼内举行。灰色的大楼庄严肃穆，楼外是公司为了扩大空间而搭建的活动板房，一条小河从生产区域潺潺流出。总部空间很小，多数办公室只是拥挤的小隔间，新的总部是20世纪60年代中期才建起来的。无论哪个部门，应聘者感受到的都是紧张的工作气氛。在外人眼里，美泰就像是个老师不在的课堂。销售部的派特·邵尔回忆说："那里简直乱成一团，人们经常使用黄色双关语，开玩笑，甚至隔着隔板扔东西、做游戏等。"

根据不同兴趣，应聘者会被分配以不同的设计或销售任务，他们还要参加活动矢量分析测试——按露丝的说法，目的是看他们是否有"足够的创造力和爆发力"。这种测试后来被称为"美泰V型测试"，它共分为三个部分，着重考察应聘者的"业绩""能力"和"关系"三项指标，其中"关系"指的是情感和合作方式。成功应聘者的"业绩""能力"两项指标都很高，它们分别以字母"V"上面的两点表示，而"关系"得分相对低得多，构成字母"V"底部的那个点。后来成为首席工具工程师的弗兰克·塞斯托回忆说："该测试的目的是要看应聘者的进取心，他们需要的是那些积极上进的人。"

确实，露丝想要下属和她一样——为人坦率、争强好胜、不屈不挠、永不言弃。按照乔什·德汉的说法："你的任务不是仅仅穿越一堵墙，而是要将其捣毁。"露丝喜欢她的手下不断尝试。1959年，博伊德·布朗成为美泰的保安部经理，他为美泰工作的16年中，做过

10种不同的工作。据他说:"来美泰之前,我曾在美国无线电公司工作。在那里,一切都得照章办事。开始时,你只有一张桌子、一支笔;往上一级,你就可以和别人共用一间办公室;再往上就是带有半截隔断的独立办公室;到了最高级,你才可以享有一间单独的办公室。在美泰,情况则完全相反,在这里,一切都根据需要来安排。"

据布朗回忆,在一次安全检查中,他到码头将四箱子玩具装进自己的车,然后就驾车离开了。看到货物如此容易被盗,他想到给每个人佩戴标志,然后把大门上锁。"我胆战心惊地去找露丝,跟她汇报了情况。她随口问道:'那么,你的意思是?你觉得该怎么办,就怎么办吧。'"那一刻,布朗意识到露丝实际上在告诉他,你的工作是你的责任:如果你要做的事对公司有利,那就去做吧,但是你得承担责任。如果事情做得不好,你就得走人。你可能承担着风险,但能力也得到了发挥。在露丝手下做事,花钱少反而比花钱多更容易被炒鱿鱼就是这个原因。

据桑迪·丹侬回忆说,"大家都很怕她。如果谁没有达到她的预期,她就会破口大骂:'我绝对饶不了你!'"但露丝也给过丹侬鼓励,告诉她要像自己一样学会不理睬别人的轻慢。

那些最后在美泰干得不错的人都感觉自己就像生活在军营里,丹侬就是其中一位。她说:"我们都是美泰的人,我们把一生都交给了它。"高强度的工作也使人觉得在美泰压力很大。当后来成为美泰首席执行官的汤姆·卡林斯克要结婚的时候,大家都颇感意外。营销部很少有人结婚,按丹侬的说法,"与这里充满刺激的生活相比,结婚生子显得那么无聊,何况现在的离婚率还那么高"。公司里绯闻很多，聚会也很多，就连放松的时候大家都在较着劲儿。在露丝的阴影下工作，没人能真正地放松。营销部的娄·密劳拉后来说："我们老是想着怎么才能得到她的赞许。"他还记得露丝曾给他提过一条建议："娄，看到别的销售人员在工作，你应该仔细观察，想想自己怎样能做得更好。"

20世纪60年代中期，有一次，密劳拉拿着美泰的大客户克瑞斯哲公司的一个大订单去见露丝。他本以为露丝会表扬他，没想到她却指着单子上的玩具品种说："他们没订这个，他们没订那个。"她不喜欢买家在美泰的产品里挑来挑去，只选择最畅销的玩具；她要的是货架空间。在每次销售会上，统领销售部的克里夫·雅可布都会提醒手下露丝的期望。露丝希望每笔订单都包含各种产品，她想让销售人员将美泰的每款产品都销售出去。"她总是给我们这样的压力。"密劳拉说。他还补充说自己很畏惧露丝的权力，觉得她不关心员工。其他员工却意见完全相左，有些人甚至将露丝和艾略特说成是"像父母一样"。乔·惠特克回忆道："他们就像我在商界里的父母，是我学习的榜样，露丝还老是很关切地询问我的个人生活。"

露丝要求员工在公司里都能拿出最好的表现，但她也支持他们在外创业。运营战略部的弗雷德·黑尔德就开了家房地产公司，还得到了露丝的鼓励。马文·巴拉巴在加盟美泰之前也有一家公司，专门出版家庭露营指南。来美泰面试前，他的公司才刚刚起步。当他将此事告知露丝时，露丝问："会影响到我们的玩具吗？"马文说："不会。"露丝便告诉他：这不是问题。过了一段时间，一次二人共进午餐，露丝问马文他的出版业务怎么样，马文回答说："非常好。只是我的钱现在还都是应收账款，眼下急需一笔钱用于接下来的印刷。"他接着告诉露丝：西尔斯和蒙哥马利·沃德公司欠着他5万美元，但接下来如果他拿不出2.5万美元，兰德-麦克奈利印刷厂将拒绝再替他印刷。露丝当场让马文随后到办公室找她。在办公室，露丝给"美利坚银行"恩格尔伍德分行的联系人打电话说："儒勒，我们这儿的一个经理的自有公司缺少现金，我希望你能帮帮忙。"马文的公司保住了。在美泰工作6年后，他离开了美泰，专心运营自己的公司。

前来美泰应聘的人中如果不具备露丝所说的"创业人格"，则被她称为"NMM"，意即他们不是美泰这块料，只有那些最后通过了层层关卡而幸存下来的人才会被聘用。最终，露丝的周围聚集了一大群聪明绝顶、英勇善战的斗士。弗雷德·黑尔德就是1962年经过这样层层筛选进入美泰的，他回忆说："她（露丝）的用人原则就是他们得有'没有不可能的事'的精神，她希望年轻人在5年之内就能够接管一个掌控着1亿美元的部门。美泰的原则就是凡事皆有可能，创造力就是一切。"将近50年以后再接受采访时，美泰这些员工的创造力和旺盛精力依然如旧。很多人还在不断地发现和创立新的企业，他们对生活充满了好奇，对创业充满了冲动，这就是他们年轻时成为美泰"上好材料"的原因。

在美泰当经理也不是一件容易的事，露丝总是让大家发表意见或对大家的假设提出质疑，她喜欢使用科学的手段、明确的指标来说明问题。由她发明的测量方法已成为业内通用的标准。据乔·惠特克说，美泰发明的"A价、EBD、Magics、W报表和TLP很快就成了行业内的通用术语。其他玩具公司不仅采用了美泰的做法，还几乎是完全照搬"。

TLP 是 "Toy Line Projection" 的缩写，即玩具产品预测表，上面列出了每一种产品的 SKU（产品序列号）及销售收入、产品体验、毛利润、加工和广告等信息。据汤姆·卡林斯克说，"露丝是 TLP 方面的行家"。随着美泰的经理跳槽到其他企业，制定 TLP 的做法也因此传开了。

露丝还和高管们共同设计了 W 报表，即每周销售、发货情况统计表，用以反映供求关系。这种报表一般有 5—7 厘米厚，全部手写，然后再在老式的复印机上进行复印，上面列出了每种产品详细的生产和销售情况。

露丝通常用拇指将厚厚的报表匆匆翻过，然后将里面非常微小的错误指出来。乔·惠特克回忆说："她的眼睛很毒，总能在材料中找出个错误来，她似乎对此有着强烈的第六感。如果一个数字可疑，那么谁能保证其他数字没有问题呢？她总是能够找到很小却很致命的错误，她的大脑就是这样工作的。"

弗雷德·黑尔德负责帮助露丝制定报表。他说："就连去棕泉市度假的时候，她也会随身携带报表。她甚至用唇膏在上面作标记。如果发现错误，她回来后见到的第一个人就有得受了，她会问得你无言以对。她对数字真是太敏感了。"博伊德·布朗也说："如果有个数据是伪造的，她马上就能发现。"有意思的是，露丝对于数字如此在行，而在她离开公司以后，一个会说话的芭比竟然被设置说："数学课太难了。"

要想在业内站住脚，美泰每年都得拿出新的设计方案，而每一款设计从开发到生产一般都要经历3年时间。为了能在旺季推出产品，生产日程需要排得很紧。由于多数产品的生产周期为1年，因此如何保证产品最初定价的合理性就变得至关重要。为了加强产品规划和管理，露丝建立了严格的控制体系。随着产品进入销售环节，她还要与各部门的经理保持密切联系。按她自己的说法，"我很善于把握产品和利润之间的关系"。

当然，露丝还有一样本事，那就是从经验中学习。

20世纪60年代，露丝在与弗兰克·塞斯托洽谈美泰为其提供的优先认股权时，她告诉他："我们公司是个典型的'男性杀手'……这是公司欠你的，我希望它能给你带来应有的回报。"最后，事实比露丝希望的还要好，这一点从《洛杉矶时报》在20世纪60年代初的很多报道就可以看出，如1960年12月的《南方玩具制造业发展迅速，目前销售持续走高》、1961年8月的《玩具公司计划追加90万美元——18个月前迁址霍桑后的第二次扩大规模》、1962年2月的《美泰大幅提高股息率》和1962年10月的《美泰被评为"美国最佳成长型公司"》。

1962年，露丝的广告预算为570万美元，6000万个玩具上都安装了10年前就在玩具盒上安装的小型曲柄音乐盒。企业发展势头良好，公司计划4月再次发售股票，为此，露丝和艾略特准备亲自去趟纽约，同行的还有他们的合伙人哈里·保罗夫妇。

两对夫妇下榻在纽约的华尔道夫饭店。汉德勒夫妇突然接到股票经纪人打来的电话，说要马上见面。会谈中，汉德勒夫妇等人得知：股市突然出现大跌，美泰的这次发行根本不可能成功，而且这种下跌短时不会结束,这就是后来被称为"蓝色星期一"的华尔街大劫。对方还告诉他们:"如果你们坚持发行,后果不堪设想。"4个人在纽约本来过得很愉快,对即将举行的再次发售活动充满了期待,突如其来的噩耗给了他们重重一棒。

从华尔道夫去一家餐厅吃晚餐的路上,大家沉默无言。哈里刚刚给妻子多莉丝买了块价格不菲的手表,多莉丝此时也犯起了嘀咕:要不要把表拿回去退了?

吃完晚饭,一行人一起返回饭店。这时,迎面走来了一个乞丐。他向艾略特伸手,要25美分。出乎大家意料的是,一贯文质彬彬、温文尔雅的艾略特突然来了句:"我已经够烦的了!"听了这话,露丝、哈里和多莉丝都忍不住"扑哧"笑了起来。露丝后来回忆道:"我们就那么在人行道上漫无目的地走着,感觉就像是迷途了的羔羊。"

然而,露丝和艾略特根本没必要发愁。到1964年,他们的全部个人资产已超过4000万美元,其中3700万是股票。1962—1967年期间,他们将手中的股票慷慨地馈赠了亲属,还有一部分作为善款捐给了美国希望之城国家医学中心、犹太联合福利基金会、"以赛亚"犹太教堂、加州大学洛杉矶分校和其他慈善机构。

露丝将公共服务视为一种生活方式,她说:"我们从小就接受了这方面的教育,那是犹太人的一个传统。"

1963年8月,艾略特在纽约证券交易所举办股票上市启动仪式,美泰正式在纽约证交所和太平洋股票交易所同时上市。在启动仪式中,艾略特以每股48.5美元的价格分别在两家交易所购买了100股的美泰股票。而3年前股票首次公开发行时,美泰的股票价格仅为

10美元。后来,露丝笑着对记者说:"我们就坐在那儿,不敢相信有人愿意出那么高的价格买我们的股票。"

总的说来,生活还是很美好的。同年,芭芭拉为他们生下了第一个外孙女——绮丽儿·西格尔。儿子肯也于前一年像姐姐一样,高中毕业后不久就结了婚。现在想起来,肯匆忙结婚的可能预示了他后来的人生悲剧。然而在当时,两个孩子似乎都安顿下来了,生活得很幸福,露丝也可以自由地追寻自己事业的成功了。

1963年年底,一次汉德勒夫妇与股票经纪人共进午餐,席间,一个年轻的推销员频繁闯进餐厅,和其中的一位经纪人嘀嘀咕咕。最后,露丝忍不住了,她问出了什么事。这时,他们才知道,原来美泰的股价不断上涨。就在他们吃饭的当口,汉德勒夫妇的股票已经涨了2000万美元。当时,艾略特和露丝的年薪分别为6.75万美元和5.2万美元,他们还掌握着美泰54.5%的股票,这在当时相当于4400万美元。

芭比的特许经营权也给美泰带来了不菲的业绩。20世纪60年代,芭比无论在"游戏价值"还是品牌建立方面都取得了一系列突破,她多了很多伙伴,首先是男朋友肯,接着是朋友米楚和肯的好朋友艾伦,然后是小妹思奇帕与双胞胎姐弟多蒂和陶德。芭比的表姐弗朗西是个成人娃娃,体态瘦小,不像其他娃娃那样有着姣好的身段,同时也缺乏性感,她的出现在美泰内部引起了很大争议。由于弗朗西个头相对较小,原来芭比的衣服她穿不了,得给她单独制作服装。露丝担心商店里没那么多空间存放和摆设弗朗西的服饰,还担心消费者看到弗朗西穿不了芭比的服装会心生不满。不过,事实证明,她的这一切担心都是多余的。弗朗西大获全胜，这也让美泰了解了扩大芭比经营权和娃娃设计方面的新途径与新思路。其间，杰克·瑞恩又发明了可弯曲的娃娃腿和可旋转的娃娃臀部并申请了专利。可弯曲的娃娃腿于1965年投入生产，娃娃的胳膊却始终无法实现弯曲。

露丝觉得娃娃的性格不应该是单一的，她说："芭比应该符合每个小女孩的性格特点。在她身上，每个孩子都应该能够看到自己的影子。"她还指出：美泰生产的不是简单的漂亮娃娃，那样会影响娃娃的"游戏价值"，从而影响其吸引力。然而，随着新的芭比娃娃不断地被生产出来，她的这些想法越来越没人在意，新推出的芭比也越来越像模特般光彩照人。

同期，露丝和艾略特的生活也日渐富庶。1965年，他们搬进了由自己设计的世纪城复式豪华公寓；第二年，艾略特购买了他的第一辆银灰色劳斯莱斯轿车。从自家的阳台上，露丝和艾略特就能俯视整个洛杉矶市和远处的好莱坞山。那时的露丝想象着：每一户有孩子的家庭，桌上都摆着美泰生产的玩具。

第 11 章

玩具、金钱与权力

成功让我们勇往直前。

在美泰，艾略特仍旧创意不断，他手下近200名研发人员也个个都是精兵强将，他们不仅懂加工，还擅长化学、雕塑、音乐及美术。在公司雄厚的财力支持下——由初始的150万美元到后来不断增加的预算投入，他们经受了一次又一次的考验。有这样一支高素质的研发队伍，不能不说是露丝用人得当，但同时也离不开艾略特独特的个人魅力。

研发部主管杰克·瑞恩毕业于耶鲁大学，专业是电气工程，他在复杂的电信系统、发电站和导弹方面都受过专门训练。汉德勒夫妇认识他的时候，他刚过而立之年，艾略特和露丝劝他说：他可以将他的数学和物理知识用于玩具生产。于是，当同行们都在致力于发明集成电路时，瑞恩却在进行着芭比的加工工艺研究。当然，为了得到瑞恩，汉德勒夫妇也是费尽了周章。

瑞恩天性好动，脾气古怪，个性张扬，关于他行事怪异的事例不胜枚举。他在洛杉矶贝莱尔有个占地两万多平方米的豪宅。据说，修建这所豪宅时，为了挖壕沟以便搭建吊桥，他特地让工人们将地面垫高。他还根据电影《亚瑟王》里的场景将自己的卧室设计成城堡的样子，连马桶都似国王的宝座，冲水只靠一根绳子控制。在这所豪宅里，瑞恩不知举行了多少次聚会，他还喜欢向人炫耀豪宅里满是水晶烛台的树屋、13个卫生间、人工洞室、瀑布和多个人工湖。有员工猜测，客人在的时候，男主人会将他的前妻用镣铐锁住并关在一间类似牢房的房间里。但事实上，瑞恩的前妻住在豪宅相对独立的一端。对于自己喜欢拈花惹草的一面，瑞恩从不试图隐瞒，他甚至不讳言他的情人和他从加州大学洛杉矶分校聘来的女助理们。

瑞恩个头不高，却目光如炬，被员工戏谑地称呼为"土地公"。同时，他又好大喜功，为人刻薄，他管理下的美泰研发部也被人说成是"受虐的地方"。据说，瑞恩会不失时机地贬低每一个下属。受雇于他的亲兄弟常常首当其中成为受害者——瑞恩会当着其他人的面命令亲弟弟给自己倒咖啡，或者当众呵斥他。

马文·巴拉巴也受过瑞恩无数次的侮辱，最令他难忘的那次发生于瑞恩在自家豪宅举办的一次聚会上："当时，我和妻子都在，我穿着西装。瑞恩突然对我说：'到池子里来，咱俩比试比试。'我问他：'你开玩笑吧？'他回答道：'我不是开玩笑，快下来。'我只得把钱包交给妻子，纵身跳进水里。他穿着泳装，最后，当然是他赢了。"后来，马文又被羞辱了一次，他第二天便辞了职。尽管他与露丝和艾略特的关系不错，但两人都没挽留他。

对于瑞恩的行为，艾略特和露丝都装作视而不见。在人事问题上，他们一般都会尊重手下经理的意见，只要瑞恩不使公司蒙羞，即使惹事，他们似乎也不在意。

为了争得露丝和艾略特的赞许，瑞恩还和工程部主管西摩·阿德勒产生了激烈的冲突。有时，露丝会指责瑞恩的部门没有履行好职责，会对他的行为大肆批评。

瑞恩有个习惯，总是雇用时尚女郎担任办公室助理或秘书。有一次，露丝训斥他说："如果你把雇用漂亮女孩装点部门的精力都用在工作上，我们可能会做得更好。"瑞恩也不甘示弱，反驳说："你管好你的营销，我也会做好我的工作。"在旁边一直沉默的艾略特一听此话，立即从椅子上站起来，冲着瑞恩厉声说道："你怎么能这么跟她说话！"

但事实是，露丝根本不需要有人撑腰，大部分员工都很敬畏她。弗雷德·黑尔德回忆说："虽然我没亲眼见过，但听说她生气的时候会扔东西，也会提高嗓门。她会盯着对方的眼睛质问，直到问出个所以然来。我和她关系密切，但也不能犯错。"瑞恩之所以敢和露丝公开对抗，完全是他恃才放旷，再加上有艾略特撑腰。

瑞恩的作风有问题，但他并没有因此挨"裁"。据巴拉巴回忆，他被调到瑞恩手下工作后不久，曾进过公司的玩具档案室。当时，他见到一个盒子，里面装的娃娃跟芭比很像。他好奇地看了看上面的标签，才知道那个娃娃是德国制造的，比芭比生产得要早。当时，美泰正在和格蕾纳＆豪瑟[1]打官司，并且公开否认了芭比剽窃莉莉娃娃一事。

原来，1960年，G＆H公司就莉莉娃娃身上用的"娃娃髋关节"向美国申请了专利；之后，G＆H公司将该专利的使用权独家出售给了马克斯玩具公司，期限为10年。次年，马克斯向美国加利福尼亚州地方法院提起上诉，声称美泰在芭比娃娃身上用的髋关节侵犯了其

---

[1] G＆H，其前身是O＆M Hausser——莉莉的制造商。——译者注

版权。两家公司唇枪舌剑，针锋相对，持续了很长时间。美泰拒不承认芭比娃娃是莉莉的翻版。就在此时，巴拉巴发现了装着莉莉娃娃的盒子。他回忆说："我立即拿着那个娃娃去找瑞恩，对他说：'这个娃娃跟芭比真的很像。'他问道：'那又怎样？'其实，那就是几年前露丝让瑞恩带到日本去的那个莉莉娃娃。接着，瑞恩就像背儿歌一样，振振有词道：'抄袭，抄袭，这就是上帝让我们拥有双眼的目的。现在，马上把它放回去。'"

瑞恩的话没被用到法庭上，马克斯的上诉也被各方驳回。第二年，美泰以相当于原总价3倍（约21600美元）的价格买下了G&H公司莉莉娃娃的版权及其在德国和美国的专利权。根据协议，1970年马克斯对莉莉娃娃的使用权到期时，其营销领地也以3800美元的价格转让给了美泰。截至20世纪80年代初，当芭比继续给美泰带来以百万美元计的巨额利润时，G&H与马克斯相继破产。

1962年，瑞恩又想出了17种新的加工方法用于玩具生产。他把自己关在只有一把特殊钥匙才能打开的美泰研发部里，一门心思搞研究。这种自己主动寻找创意而不等发明者上门的做法，最初还是艾略特的主意。

美泰研发部戒备森严，由专人把守，门口还立着一块牌子，上面写道："来客请登记。没有研发部员工陪同，不得进入模型车间。入门时，请佩戴标志。"

在研发部里，瑞恩进行初步设计的地方更是绝对保密，只有艾略特和其他两名高级经理准许进入。任何纸张，即使上面的字迹再模糊，被废弃时，也要送到室内文件粉碎服务处进行粉碎。

研发部的工作特点就是节奏快、竞争压力大。研发人员相互较劲，互不相让，谁都想成为下一款重要玩具的发明人。尽管如此，他们还是非常喜欢这里的工作。偶尔，这里也会出现一些恶作剧。记得有一次大家一起过圣诞节，瑞恩给大家分火鸡，结果拿到手的火鸡都是冷冰冰、硬邦邦的，比石头还硬。几杯掺了烈酒的蛋酒下肚后，大家开始拿火鸡当武器，相互击打，屋内之人无一幸免，现场一片狼藉。据一位工程师说："第二年的圣诞节，我们在超市买了芽菜，代替火鸡。这样，对他们、对我们，都安全多了。"

瑞恩行事古怪，却是个设计天才，算是艾略特手下的得力干将。当时的生产经理汤姆·卡林斯克说："有一次，我去找杰克，请他设计一种女孩子用的编织机。不到半分钟，他就完成了魔术针织机和魔术缝纫机的设计。"另外一位年轻经理弗雷德·黑尔德说："瑞恩手下还有一群发明家，他的成绩多半是大伙的功劳，但即使他将所有功劳都据为己有，那帮人也不会介意。他们几乎唯他马首是瞻。"《纽约时报》则称瑞恩为"美泰的秘密武器"。

曾与瑞恩一起做过初步设计的德雷克·盖博认为，玩具制造业"既发展迅速又充满了吸引力，令人欲罢不能。每年都要有创新，每年都要有成千上万个新的创意出现，露丝和艾略特也允许员工出错。这样的工作真的很有意思。"

员工乐于为美泰工作，一方面是由于这里到处都有新点子，工作很刺激；另一方面也是因为公司为员工提供了丰厚的待遇，包括优先购股权、利润分红、养老保险等。

当然，这也离不开露丝根据兴趣和才能利用人才的策略。她将自己在 20 世纪 60 年代组建的团队称为"小虎队"。公司的不断成长为"小虎们"的成长提供了探索空间,像瑞恩这种怪才加入更使小虎队如虎添翼。玩具是美泰公司一切业务的核心,小虎们与其他员工一道都投入进玩具的设计与生产中。

一天,盖博产生了将日益受到喜爱的娱乐形式——直线竞速赛——应用于玩具行业的想法,随即设计了一款直线赛车玩具车。另一位设计师也产生了同样的想法,却用了飞轮。艾略特提议:"咱们来场比赛吧。"当周赛车比赛就开始了,公司各个部门的员工都跑来为各自看好的赛车助威。

对于这样的竞争,瑞恩也极力鼓励,他还邀请孩子和研发人员一起来作新产品测试,当然,是在承诺严格保密的情况下。对于大家的反馈,他也会认真记录。比如,他曾邀请很多五六岁的孩子来测试"婴儿第一步"[1]——一个能走路、会跳舞的 45 厘米长的机器娃娃。娃娃的裤子总是往下掉,一个小女孩对身边的朋友说:"他们为什么不把裤子缝到衣服上呢?"她的提议最后成为现实。

"我们最好的玩具离不开我们的工程师!"瑞恩告诉记者。他很会利用媒体来提高自己的知名度。1962 年,在接受《时代》杂志采访时,他吹嘘说:"我们总是走在科技的最前沿。"最后连芭比娃娃他都说成是自己的发明,这一点令露丝很是不满,但他将功劳据为己有的还不止涉及芭比娃娃一项。

1960 年,美泰推出了"爱说话的凯茜"——一款会说话的娃娃,

---

[1] Baby First Step。

马上受到了市场的推崇。这一次,又是艾略特首先想到可以利用发声装置让娃娃开口说话,他建议工程人员尝试使用拉绳来生产一种不用电池也无须上发条的装置,他还要让人们无法预测娃娃将说出的话语,从而提高娃娃的"游戏价值"。生产出来的娃娃有50厘米高,长着圆圆的脸蛋,就像刚学步的婴孩,其腹内装有一个七八厘米长的用乙烯基制成的类似转盘的磁带,声音由娃娃脖子后面的一根拉绳控制。娃娃能说11句不同的话,由配音演员琼恩·弗雷配音,这11个句子可以随意变换,轮流播放,包括"给我讲故事""跟我玩,好吗?",以及"我爱你"。出售娃娃时,美泰还会配送一本故事书,总价10美元,这在当时算便宜的。和芭比一样,凯茜也有服饰单独出售。同时,美泰又仿照夏威夷四弦琴乱弹尤克里里琴的模式,在其他备受青睐的玩具上也安装了同样的发声装置,包括用于学前教育的响声玩具"边看边学"。

对于露丝来说,一个重要的商业原则就是严把质量关。据弗兰克·塞斯托说:"说到产品质量,她(露丝)会毫不留情,她知道要了解产品的真实情况就得去找质检人员。她会直接找到我,对我说:'带我去看看产品,给我介绍一下情况!'"

不幸的是,对于"爱说话的凯茜",塞斯托汇报的却是坏消息:尽管凯茜设计得很成功,其中一个质量瑕疵却要使公司被迫停产一个月。对此,露丝毫不犹豫地同意了,她不让任何一件达不到公司标准的产品走向市场。

质检部的工程师塞德里克·岩崎回忆起这样一件事:为了不让带

有瑕疵或水印的零部件装到娃娃身上,他制定了严格的质量标准。一天,他带领着质检员们观看芭比娃娃的腿部浇铸过程,塑料溶胶被灌注到模子中,浇铸好的娃娃腿从流水线的另一端被生产出来。突然,露丝出现在现场,给了岩崎一个猝不及防——他还从未见过这位大老板。在翻查了一盒子已成型的娃娃腿之后,露丝说:"这些娃娃腿不合格,停止生产。"生产过程中最怕的就是突然停产,岩崎赶紧问:"出了什么事?"露丝回答说:"看看这上面的污点。"岩崎辩解说,这些腿都是符合规格的。"那么就更改生产规格。"露丝回应道。

美泰的质量控制不仅在车间里进行。露丝告诉记者:"我们花了大笔的钱用于质量保证,每一件玩具都经过严格把关。因质量问题而被退回的产品比例不到0.5%,退回来的东西,我们修好后会如数返还给消费者。"在美泰,所有玩具都要经过从76厘米高的地方坠落到水泥地面的检验,每个玩具都要从不同角度坠落6—10次,还要在一个"行刑室"里待上48小时,模拟货运火车的运动和途中的温度变化。

芭比娃娃推出后,美泰开始收到大量来信,要求给芭比找个男朋友,于是有了肯的出现。肯是以露丝儿子的名字命名的。1961年,他刚刚面世,就遭遇了嘘声一片,很多玩具经销商都认为男性娃娃是不会有销路的。但露丝记得,女儿芭芭拉玩的纸娃娃中不仅有女孩,也有男孩。她想,也许芭比能改写男性娃娃卖不出去的历史,总要有人敢于越过第一道雷池。

露丝还真很有些超前意识。当她发现设计人员没有胆量让肯表现出一丁点儿男性特征时,她对他们说:你们至少得让娃娃像真人一样胯部有个突起吧?芭比的时装设计师夏洛特·约翰逊也支持露丝的观点。最后,肯的胯部是多少有了点儿突起,但也仅此而已。最后,设计师在他生殖器部位近乎平坦处和臀部涂上了颜色,作为内裤。不出露丝所料,肯穿上他的第一套行头——带有斑马条纹的泳装——看上去很假。当时,露丝的儿子已经15岁了,他看着与自己同名的肯胯部平平,不禁心生反感。露丝知道,儿子是因为感到尴尬才会如此,因此没有责怪他。然而,露丝不知道,儿子的感受绝不仅仅是出于男孩的自我意识。实际上,正处于青春期的他对于性的矛盾心理使他对这个男不男、女不女的怪物既感到羞辱,又感到气愤。这种矛盾心理虽在他以后的生活中有所减轻,但也无怪乎他当时的那种反应。然而,对于研发部来说,他们在乎的并不是肯的生理特征问题,而是他的外形对于公司的影响。对于这一点,露丝也愿意接受。马文·巴拉巴后来回忆说:"当时,研发部认为肯还是中性化一些比较好,结果就成这样了。"

  芭比娃娃的生产线不断扩大,先是有了肯的加入,接着芭比又有了更多的亲人和朋友,包括米楚和思奇帕。美泰娃娃的销量急剧攀升。《华尔街日报》将芭比娃娃称为一种"时尚"、一个"产业",露丝也将人们对芭比的喜爱称为"芭比情结"。很多公司纷纷与美泰签订合同,为芭比系列娃娃生产服饰,出版杂志,或使用芭比这个品牌生产童装。露丝也通过更大规模的电视广告为芭比创立品牌,到20世纪60年代初,美泰电视广告的费用已高达100万美元,但她觉得"这钱花得值!"全美93%的5—12岁女孩都知道芭比,这种品牌知名度是任何一家竞争对手都无法企及的。1963年，美泰的收入达到2600万美元，它作为世界上最大玩具生产商的地位进一步得到了巩固。两年后，美泰年收入超过了1亿美元；三年后，这一数字又增长到了1.8亿美元。

露丝坚信自己没辜负自己所处的地位和得到的薪水。她说："经营热销玩具并不难，关键是要懂得产品的发展规律。"她非常重视产品的销售预测和库存管理，还用事实证明：每年经营100—200个特色产品可以和整年都专注于一种新型大瓶装洗涤剂做得同样专业。她的零售调查员会亲自到零售店里安排商品的摆设，向店主了解美泰玩具的销售情况。即使在销售不景气的情况下，露丝也会努力保障研发部的资源配置，因为她知道全球视野对于生产和销售的重要性。美泰不断变化在全世界的经营模式。1962年，它收购了加拿大笛西玩具公司，之后又收购了香港实业公司。

一直到20世纪60年代，美泰取得的非凡业绩给员工和股东们带来了丰厚的收益，但偶尔也会遇到挫折，甚至是灾难。1964年，一次工人罢工使美泰当年第一季度的销售受到严重影响；美泰在美国的洛杉矶、新泽西和加拿大新建工厂，在霍桑兴建新的总部大楼又耗费了巨资。事实上，在新泽西建厂本身就是个错误，当地的交通问题使得露丝要在美国东西海岸同时发展的计划泡了汤。两年后，这家工厂不得不关门大吉，转手给了别人。

美泰的盈利情况也不乐观，股票价格一跌再跌，1965年竟下降了3美元，好在次年就发生了反弹。一些市场分析师开始评价说露丝和艾略特不具备经营这样一家大公司的能力，但股东们不以为然。

1965年，美泰闯进了《财富》500强，露丝的从商生涯也继续走高。她说自己从不断膨胀的权力当中获得了新的前进动力："你不需要诸如毒品或自我发现等作为刺激，那对其他人也许管用，但对我来说，我走的是一条通往权力的道路，这条路本身就比其他人为刺激更有效。"下一届玩具博览会将于1968年举办，《华尔街日报》预言接下来的一年对于玩具行业将是又一个辉煌的年度："会有更多的孩子、一系列的新产品、更多的财富、更高明的营销手段和更严格的成本控制。"

此前一年，露丝接替艾略特成为公司总裁，艾略特担任董事会主席和首席执行官。《华尔街日报》透露，露丝向投资者保证：尽管公司的广告开支由1.15亿美元增加到了1.27亿美元，"我们增加的成本与预期销售额相比只是小巫见大巫"。她比以往更依赖使用刺激需求的做法来推销美泰品牌。自从在《米奇俱乐部》插播商业广告使"打嗝枪"的销量大增后，她一直通过广告和促销活动来进行产品宣传。

露丝喜欢产品营销，她一直担任美泰的发言人，并负责广告预算。1968年，她的广告预算突破1.4亿美元，主要用于电视节目赞助，或在报纸、杂志、漫画书里进行广告宣传，包括《生活》《时尚好管家》《父母世界》和《少男少女》等美国著名杂志，目标群体达10亿人。专门负责广告宣传的副总裁杰克·琼斯告诉《纽约时报》记者说："我们希望通过各种广告活动共同为美泰带来前所未有的市场需求。"琼斯的话一点儿都没有夸张。露丝告诉记者："我们几乎做到了点石成金。"

与此同时，露丝公布了一项新的营销计划，针对瑞恩刚刚改装的芭比娃娃。新版芭比穿着下部带有一大朵塑料白花的亮粉色泳装，腰部和膝盖可以活动。根据该营销计划，孩子们可以用老版的芭比娃娃来换新的娃娃，每个只需多付1.5美元。和与芭比娃娃有关的每一次营销一样，这一次，市场上的需求又超出了美泰的预期。大批想要以旧换新的女孩子们涌进了商店。

那一年，对美泰和露丝来说，又是难忘的一年。当年，在《纽约时报》的年度评奖中，露丝被评为12位"年度风云女性"之一。

当露丝和艾略特展望20世纪70年代的时候，美泰的发展似乎势不可当。根据希尔森-汉密尔公司1967年的调研备忘录，到1970年，美泰的销售额将达到1.75亿美元。

汉德勒夫妇都50岁出头，孩子均已长大成人，独立生活。露丝不用再担心自己的成功会给孩子带来什么影响，没有什么能妨碍她的竞争心理和艾略特的创作热情。据艾略特回忆说："对我们来说，成功的感觉比财富更重要。看到人们喜欢我们的玩具，我们由衷地高兴。我们想要在市场上获得成功，让人们接受。我们不想停滞不前，我们要发展。"

在与G.I.乔的激烈竞争中崭露头角的乔·惠特克回忆说："在20世纪60年代，我们是不会出错的，也许就是这一点使得我们愿意冒更多的风险。美泰的成功也让露丝和艾略特敢于冒险。我想，为了实现他们的梦想，也为把玩具行业打入现代社会出把力，他们也需要冒险。"芝加哥一家连锁百货商店的玩具购销员在总结20世纪60年代的行业特点时说："美泰的人都充满了干劲，想问题也深，远远走在了同时代人的前面。美泰失败简直就是不可想象的。"

第 12 章

再创神话

美泰的世界就是年轻人的世界。

1968年年初的一天,纽约一家宾馆的舞厅里搭建起了临时舞台,舞台灯光全部打开,就等着表演者的到来。这一天,美泰的营销部将在这里为玩具经销商、批发商、求职者和零售商们举办一场别开生面的演出,同时也为几天后玩具博览会上的产品推介会进行预演。对于每年一半的销售收入都来自新推出的产品的玩具厂家来说,如何让自己的玩具在博览会上脱颖而出、独领风骚是摆在面前的紧迫问题。

美泰像今天这样的演出已在业内被传为佳话,其营销部和销售部的几位员工俨然成了知名的表演明星。演出所用台词和歌词全部由卡森＆罗伯茨广告公司提供,灯光和服装都经过专业设计,就连音响也是一流的,制作水准可以和百老汇剧院媲美。这样的场合对娄·密劳拉这样年轻、有抱负的小伙子来说,既可能使自己在美泰扬名,也可能就此前程尽失,终结自己在美泰的职业生涯。

至今,密劳拉还依稀记得自己第一次随团参加演出时的经历:他提着满是玩具样品的背包,跟在露丝、艾略特和直属上司克里夫·雅可布后面,乘坐头等舱飞往纽约。年纪轻轻的他哪见过这种阵势,不禁感觉"有些招架不住"。一行人很快在纽约托斯卡纳宾馆预订好的房间里安顿下来。等时间一到,就为美泰在国内的大客户进行私人演出,包括西尔斯、克瑞斯哲、J. C.彭尼和W. T.格兰特。对密劳拉来说,那是他头一次登台演出，任务是向观众展示 1960 年版的芭比和她的新装备。据他后来说："那场演出为我开了一个好头，当时露丝也在，我学着克里夫有趣的样子，尽量调动大家的情绪，最后采购商们都点头称赞。"密劳拉有着高高的个子、皮肤黝黑、一张帅气的脸上棱角分明，很讨露丝的喜欢，被她称为"我的小伙子"。20 世纪 60 年代，他在美泰的地位一直上升。

1968 年的那场演出中，密劳拉面对着两百多名销售代表，一个人站在舞台上，身着黑色高领毛衣、黑色裤子，像木偶一样一动不动，屋子里一片黑暗。短暂的沉寂之后，一盏聚光灯突然亮了起来，光线打在他手里托着的娃娃身上。接着，舞厅里响起了《胡桃夹子》的旋律。伴随着美妙的音乐，密劳拉开始向观众展示美泰的新娃娃舞娘丽娜——一个长约 60 厘米、靠电池驱动的会跳舞的娃娃。

舞娘丽娜一头金发，头顶粉色头饰，头饰下面是一个隐形球状按钮。通电后，只要拨动按钮，娃娃就可以做出相应的各种动作。她身着紧身衣裤，脚尖点地，既可以向不同方向旋转，也可以原地舞动。

凭借出色的表演，密劳拉将舞娘丽娜的魅力展现得淋漓尽致，也被博伊德·布朗称为美泰产品推介会的行家。等到表演结束，现场灯光亮了起来，在场观众无不起立鼓掌。露丝也被现场的气氛感染，激动地冲上台，给密劳拉以热情的拥抱。

和舞娘丽娜一样，美泰其他的玩具产品也都有事先准备好的故事情节，用于舞台演出。比如，在"牛仔吉他"的推介会上，观众看到的是一群工作了一天的西部牛仔围坐在篝火旁，一边弹着吉他，一边纵情地歌唱。

露丝要求，每款玩具背后都要有一个故事，包括像玩偶盒这样早年开发的玩具。按照布朗的说法，"在推介会上，你不能让娃娃呆呆地坐着，而要让她动起来，比如说：和她说说话、抚摸抚摸她的小脑瓜、拽拽她的裙子、亲吻她的脸颊。其他玩具公司没有意识到这一点，他们只是把娃娃像个物件一样拎着脖子拿出来，然后摆放在那里。"露丝可绝不允许那样做。

美泰的演出带来了一批又一批的订单，再也不用担心货物积压问题了。如果货物积压太多，结果只有一个——破产。这一点露丝比谁都清楚。

到了20世纪60年代末，露丝对团队的要求越发严格。她对外宣称自己如何遵从丈夫的意愿，但她对领导权的热衷越发表露无遗。管理人员的聘用主要由她一个人说了算，她还经常到各部门参加部门内部会议，了解其工作进展情况，询问员工情况或激励他们。对于下属，她恩威并重。人们对于她的态度也是非爱即恨：爱她的人多年后提起她还会热泪盈眶，恨她的人则挖空心思，想方设法用最恶毒的话语诅咒她。但在所有人当中，露丝要求最为苛刻的还是她自己。她说："对我而言，我的标准是我面临的最大难题，我对自己比对其他任何人都更加严格。由于我的高标准，很多人不得不中途退出，周一上午上班的时候，那些不称职的人再也见不到踪影了。"

在巨大的压力面前，有些人非但没有退缩或被击垮，反而从中得到了极大的乐趣。原美泰市场调查员丽塔·饶回忆说："我们这个行业发展快、新鲜事多，而且很浪漫。我们一起度过了非常美好的时光。大家出差的机会很多,都是年轻人,血气方刚,绯闻自然也不少。对此,露丝非但不责怪,反而将其当作乐趣,她也喜欢听人们胡扯。"也许,露丝在自己的生活中也与此相似。所有证据都表明她和艾略特的感情很好,但她对别人纠葛的情感生活很感兴趣,这不能不说明她很"八卦"。露丝也喜欢自己身边有一群异性的追随者。派特·邵尔回忆说:"露丝是位很让人着迷的女人,身边总带着一群英俊的男人,他们年龄都在40岁以下。她到哪里,他们就跟到哪里。他们甚至会耍些手腕来找机会接近她。她身材娇小,却长得很丰满,看上去总是靓丽十足。不过有时,她对他们又像是对待自己的孩子,给他们整理领带,帮他们摘去衬衫上的线头。但无论在哪,她都出尽风头。"

20世纪60年代末的美泰,就像搭乘了火箭,仅用了3年多的时间,就于1969年将销售总额从1亿美元增加到了1969年的2亿美元。在那之前,它用了20年的时间才把销售额增加到1个亿。这要部分归功于芭比。9年里,芭比的零售额超过了5亿美元,其中包括1.03亿套娃娃服饰的销售额。芭比也拥有了众多的亲朋好友,包括被美泰称为"明朗少女"的非洲裔娃娃克莉丝蒂。芭比众多的配饰当中又多了带有立体火炉和卧室的时尚玩偶屋。

芭比的生产规模也在不断扩大。为了保证芭比的供给,满足其1300万名粉丝的需求,美泰在日本的生产工人多达一万余名,这简直可以组成一支小型军队。人们对芭比的喜爱被艾略特说成是"痴迷",1968年,他接受《纽约时报》记者采访时说:"你被一个芭比吸引,就又去买另一个,买了娃娃,还得买服装,很多父母因此憎恨我们。但这在短期内不会改变。"

同期，露丝也顶着来自各方的压力。有人说芭比迎合了性别歧视者的口味，有损女孩们对自身的认知。对此，露丝在接受采访时说："芭比是个很有教育意义的娃娃，她能教给孩子们如何进行色彩搭配、如何着装、如何梳妆打扮、如何举止大方，以及如何在不同场合下与人相处，等等。"事实上，露丝本人就是这些经验的化身。她说："我身材很好，身体健康，并以自己丰满的胸部为荣。我穿的服装出自名设计师之手，它们不仅合体，还能突出我完美的曲线。"露丝的衣服的确都很时尚，她的发式、装扮、指甲也和芭比娃娃一样无可挑剔。与露丝不同的是，美泰的新芭比虽然能说话，却不像露丝那样口吐脏话，也不像她那样盛气凌人；尽管芭比们有着众多的职业，但没有哪个手下掌管着全球最大的玩具公司。

露丝手下的年轻经理，经常在自己的专业领域之外还承担着其他重大责任。马文·巴拉巴说："她不管你过去是干什么的，她会把你放到最适合你的地方去。对她来说，管理能力和远见卓识比专业背景更重要。对于达不到要求的人，她会毫不犹豫地炒掉。"当然，有时她也会采取一些拐弯抹角的方式。例如，有一次，广告部经理史丹·泰勒来上班的时候，发现公司已经任命了一名新的广告部主管。他找到露丝大发雷霆道："我不需要什么主管来管我。"不久，泰勒就去休假了，从此再没回来。

随着美泰的发展，露丝觉得自己有责任让公司这种发展势头保持下去，否则，她怎么留得住手下的这群小虎们？她说："我们只有两条路可走：要么向前发展，要么退出历史舞台。我们不知道怎样放慢步伐。也许我们知道，但不愿意那样做。"然而，研发、加工成本的不断攀升、庞杂的管理层带来的高额管理成本，以及市场对芭比热度的逐渐减退，使露丝和艾略特一致认为：玩具的销售额到了2亿美元也许就到了尽头，唯一的出路是实行"多元化"发展。就是这一决定使得美泰后来逐渐离开自己的主营业务而转营其他产品，这也是美泰成功的关键。多年后，露丝在回忆起这段岁月时说："美泰之所以能够保持很好的发展势头，靠的就是它的产品，美泰的发展史就是它产品的发展史。"为了让小虎们安心地为美泰效劳，露丝开始将目光转向他处。

就在露丝为实现产品多元化绞尽脑汁时，艾略特依然专注于给予他最大回报的玩具行业。他对记者说："看到自己的作品在全世界的玩具博览会上展示，还有那么多人为自己生产，真有点儿让人感动。"他依然保持着如泉涌般的才思和丰富的想象力，设计出来的产品都会被露丝不遗余力地推销，他们之间的感情也依然如故。

对于露丝天生的经商头脑，艾略特感到十分钦佩，也完全听凭她做主。同时他也知道，到关键时刻，露丝会尊重自己的意见。德雷克·盖博回忆说："他们在一起的样子真的很美好。"他们很少有朋友，也很少与外界交往，除了彼此之外不太需要任何人。露丝曾在接受采访时说："我们是非常简单的人，私人生活也很简单。无论旅行还是娱乐，我们都是为了工作，我们也不去赶时髦。一个真正的领导者可能永远成不了一个社交高手。我们最喜欢的客人就是我们的孩子和孙子、孙女们。"他们有彼此、各自庞大的家族，还有始终都最钟爱的孩子——美泰。1968年，一位员工在接受《纽约时报》记者采访时说:"他们简直就是工作狂,把工作看得比任何事情都重要。他们的股票价值五千多万美元,却似乎不知道如何享用,还在为每一分钱费心。"

他们开着名牌汽车上下班——露丝开的是凯迪拉克埃尔多拉多轿车,艾略特的是劳斯莱斯。只要有可能,他们就在公司餐厅里吃饭,边吃着自己喜欢的犹太菜,边开玩笑。露丝还和以往一样埋头工作,艾略特依旧寡言少语,但又不乏幽默。有一次,当记者问到一个能把15首儿歌从头到尾朗诵出来并会说15个长句子的娃娃时,他说:"你只要对着她的腰戳一下或踢一下,她就开始朗诵。但后来我们在做语音测试时发现:如果她没完没了地按照预先设计说上7分钟,孩子们就会拿脚去踹她的脑袋。"

1967年,艾略特拿来莱斯尼公司生产的一个长五六厘米、名为"火柴盒"的合金小汽车,要求杰克·瑞恩在其基础上进行些改进。当时的瑞恩名下已经有了近千个专利,包括芭比身上用的关节和语音玩具上的复杂装置,他不再靠美泰的工资过日子,仅仅专利使用权每年就给他带来50万美元的收入。随着玩具枪市场的萎靡,美泰需要下一款重点玩具来保证其市场占有率,而这也正是瑞恩的长项。

瑞恩和艾略特一样,都喜欢汽车,他的车库里停着几辆定做的梅赛德斯。艾略特发现外孙陶德在玩一款不是美泰生产的玩具后,才把任务交给瑞恩。通常,艾略特和露丝只把自己公司生产的玩具拿给孩子玩,3岁的陶德却偏偏喜欢上了"火柴盒"汽车。看到艾略特走进屋子,他嘴里还念念有词,听着应该是"爸爸车"。他一边叨咕着,一边推着小汽车满屋跑。对于艾略特来说，这已经足够了。他将其中的一辆小汽车拿到办公室，又叫来瑞恩，对他说："你看，这也太傻了，轮子都跟车身连到一起了，你看着处理一下，让轮子转动起来。"

3个小时以后，瑞恩回到了艾略特的办公室，将改好的小汽车放到了他面前。艾略特当即在桌子上腾出了一条道，等着瑞恩让车开起来。瑞恩用力一推，小汽车就像安装了加速器一样在桌子上飞驰而过。艾略特不禁惊喜地叫了起来："天啊，这简直是风火轮！"多年以后，再说起那一时刻，他依然表现出孩子般的狂喜。

在计划生产这种新型小汽车时，艾略特遇到了阻挠。他一再强调价格不会影响"风火轮"的销售，但营销部仍担心其价格过高，甚至超过了当时的"火柴盒"。艾略特认为他们都错了，并坚持认为其销售额不菲，尽管成本很高。露丝也产生了怀疑，没站在艾略特这边。销售部拒绝进行销售预测，认为生产"风火轮"根本划不来。乔什·德汉还记得艾略特当时的反应："那就提高预测。"在一个靠准确预测市场需求发展起来的公司里，艾略特的反应似乎有些异乎寻常。最终，300万辆"风火轮"还是投入了生产。

两个月后，销售部经理赫布·霍兰德将"风火轮"交给了J.C.彭尼——美泰最重要的客户之一的代表。艾略特满怀期待地等着对方的答复。对方只简单地说了句："我喜欢这款玩具。"艾略特马上追问："那么，你们打算要多少？"对方回答："全部300万辆。如果你们还有，还可以更多。"据德汉说，艾略特当时看了营销部的人员一眼，似乎在说：你们这些傻子。

美泰的16款小汽车，分别以当时最知名的汽车品牌为原型，包括水星美洲狮、庞蒂克火鸟和大众,与公司以往的玩具一样,强调细节加工。美泰承诺:这些车在"速度、技艺和奔跑距离方面都将超过"其合金材质的对手。为了提高玩具的"游戏价值",美泰还特别设计了橘黄色坡形塑料跑道,并添置了旗帜、入口等相应的附属设施。在跑道上,汽车完全可以凭借重力的作用飞驰直下。据一个工程师说,美泰汽车行驶速度快的秘密就在于其轴承直径非常小,只有0.5毫米。

令美泰没想到的是,小汽车的销售速度比其在轨道上奔驰时的速度还要快。"风火轮"再次证明了美泰的玩具在设计、加工和营销方面都比对手略胜一筹。仅头一年,它就给美泰创造了2500万美元的收入,在销售最好的年份里,其销售额还曾突破8800万美元。第一个季度,很多采购商都和J. C.彭尼一样担心进货不充足而超量订购。看来,"风火轮"又将成为美泰的发家之宝。

1967年,为了确保公司的可持续增长,露丝和艾略特决定于9月再次招兵买马。这时,露丝已经意识到自己没受过财务方面的专门训练,这对美泰这样的大公司来说很不利。她的市场预测能力没有使她成为财务方面的专家;同时,为了收购新公司的需要,美泰也需要有内行人指引,确保公司股价持续增长。就在这时,人事部经理鲍勃·米歇尔向露丝推荐了一个他认为非常合适的人选。此人名叫西摩·罗森伯格,曾任电子行业巨头利顿工业公司经理。在利顿最近一次较大规模的人事变动中,罗森伯格等4人于1967年秋天离开了公司。他们持有大量股票期权,渴望接受新的挑战,当然也在等待时机,希望有机会再次放开手脚大干一场。罗森伯格到美泰后,对乔什·德汉说:"在利顿,所有的收购案都是由我出谋划策,我却没有因此得到应有的认可。"

利顿工业公司在华尔街被称为"多元化之父",它靠设立相互关联但又相对独立的部门和大量收购上市公司起家,其下各部门实行经理负责制,核心管理人员很少,主要负责提供服务支持、建议和指导。它凭借旗下的四个大的部门分支和持续收购,发展成为一家价值15亿美元的企业集团。露丝和艾略特认为美泰要发展也得走收购的道路,因此同意雇用罗森伯格,希望他能够带来《华尔街日报》所说的"利顿魔法"。但他们并不知道,那时所谓的"利顿魔法"正在渐渐失去效用。罗森伯格离开利顿正是时候,1968年第一季度,利顿在14年中首次发布发展放缓的公告。

罗森伯格号称"金融天才",他靠自己的三寸不烂之舌帮助利顿顺利实现了多次成功收购,其中包括对皇家打字机公司的收购,他跟该公司总裁罗伊·阿什也成了无话不说的挚友。露丝后来说:"利顿当时是洛杉矶企业里的奇迹,我们也就把罗森伯格当成了救星,他不仅精通金融,还熟悉股市。"他曾做过专利律师,替霍华德·休斯打过官司,现在又被华尔街看好。他要加盟美泰的消息一出,美泰的股价立刻上升了几个点。

罗森伯格在美泰上班后的一周左右,露丝到他的办公室,与他探讨财务和会计方面的事务。他们坐着聊了大约15分钟,露丝向罗森伯格提议:就有些事情要与某些人商量。这时,她对眼前这个个头不高、微微发福并总是面带微笑的人还不甚了解,只听说他的妻子由于小儿麻痹症而严重瘫痪。也有消息说，他喜欢跟公司里的秘书打情骂俏。后来，派特·邵尔说："他常常爬到我们的桌子底下，但对于他的攻势，我们只是说'不可以'。"露丝发现，罗森伯格在跟自己交谈的时候，竟然不作记录。而且，说着说着，他突然打断自己的话，并且说："露丝，你这样不行。"露丝一时语塞，张口问道："你说什么，西摩？"他又重复了一遍："我说，你这样不行。你是个女人，还是犹太人，你做事的整个方式不对。如果你去找那些投资人，肯定没戏。公司下一步的发展，不能靠你。"听了这话，露丝只记得自己当时惊得不知道说些什么好，只好站起来，跌跌撞撞地回到了办公室，把门关上，大哭了一场。后来，艾略特找到了她，她将此事告诉了艾略特，并让他马上叫罗森伯格滚蛋。艾略特却说，这样的举动太突然，恐怕会影响到公司的股价。于是，露丝只好忍下了，同意让罗森伯格留下。

关于这件事，露丝的话即使与当时的事实相符，恐怕也多少带有一些夸张的成分。她可能是后来为了洗清自己参与造假一事而故意歪曲事实，让自己表现得像个无辜的受害者。她的自传里写道，那件事情以后，她开始对罗森伯格产生了敌对情绪："我不得不让他留下，这令我非常沮丧。我一时感到自己是那么无用：一个人竟然就这么凭借简单几句蔑视性的话语，轻而易举地在我的公司里占了上风。我开始回避他，不去管他。但事实证明，我本该坚持自己的立场，当即就让他走人。"然而，几年后，她在受指控搞股市欺诈后所作的记录似乎更接近事实，她写道："我们基本上达成了'停火'协议。"

如果露丝真的从1967年起就失去了实权，她就不可能后来与罗森伯格等人串通起来一起造假。在那之前，她向来不用眼泪和表现无能来回应异性的蔑视。除了1959年带芭比去参加玩具博览会时在艾略特面前私下流过一次泪外，没有人说她是个爱哭的女人，包括她自己在内。如她的儿子肯所说："妈妈向来不懂得讲究策略，她总是那么强硬。"

和罗森伯格发生冲突时，露丝在公司的地位正如日中天。她刚刚接过了总裁职务，任命罗森伯格和另外一名经理接任自己刚刚撂下的位子——执行副总裁。种种证据表明，她当时完全可以把罗森伯格大骂一通，将其扫地出门，或干脆摔门而去，而不是灰溜溜地逃走。

对于罗森伯格的说法，她也应该有足够的话语去堵住他的嘴：美泰的上市还不是多亏了她前期所作的细致工作和充分准备？多年来，她和各种各样的投资界人士打交道，不也没出过差错吗？她是犹太人，但罗森伯格也是——是犹太人又怎么了？她一向为能够以自己的方式和风格取得成功而感到骄傲，现在又怎么会因一个自己不大熟悉的人的几句贬低性的话语就崩溃呢？

表面上看，露丝不大喜欢罗森伯格这个人，但说她被他慑住了，或者说她干脆不理他，不免有些夸大其词。在另外一本笔记中，露丝写道，自己对罗森伯格的态度"逐渐好转"，两人也表现出了对彼此的尊重，"他让我跟金融界人士见面，告诉我该怎么说。如果我做得好，他还会表示赞许"。

没有证据表明，在罗森伯格到美泰后的前几年里，露丝对他表现出冷淡，对他的观点不以为然，或是没有履行她作为总裁的职责。罗森伯格对美泰的影响也显而易见。他加盟美泰后，美泰对收购表现出更为积极的态度，露丝也开始采取分部门管理的做法，利顿式的经营模式逐渐在美泰扎根。

1969年，露丝召集6名经理开会，说明自己要在公司采取分部门管理的打算。经过几个月的讨论，美泰的分部门管理计划逐渐成形，整个公司被划分为4个部门，每个部门都像一个独立的公司，独立进行产品规划、市场预测、营销，并独立核算。露丝负责监管其中的3个玩具部门，分别是娃娃部、玩具飞机汽车部及其他类娃娃部。第4个部门包括位于新泽西州的标准塑料制品公司，该公司负责给芭比生产包装盒和游戏说明书。露丝起初不想建立这个部门，但艾略特坚持要把它加进来，最后商定由艾略特和阿尔特·斯必尔两人共同管理此部门。露丝则在她的小虎中选了3个最能干的作为其他3个部门的主管，乔什·德汉就是其中之一。据他说，"实行分部门管理的目的就是让每个人都能分得一杯羹，这回是露丝的创举"。

和利顿一样，4个部门之上还有很多集团公司经理，他们和露丝一道在财务、运营和营销方面给下面的部门提供服务，并进行监管。露丝规定，以3年为一个阶段，所有部门的最初工作计划都由她个人或其中的一个执行副总裁负责。她的这一安排，一开始就遭到了大家的反对。她后来说："部门经理们对于我给他们的权力有很强的占有欲。"从一开始，该计划就被内部争斗和嫉妒所困扰。

分部门管理体制实施伊始，尽管困难重重，但还算取得了些许成效，公司的发展仍保持良好的态势。"风火轮"一路披荆斩棘，所向披靡。该部门的主管伯尼·卢米斯是个精力高度旺盛的家伙，他长得人高马大,满脑子都是营销的点子。无论是哪一种热销玩具到了他的手里,他都能让其再放异彩,他也因此在公司里脱颖而出。据乔什·德汉说,"在竞争激烈的营销领域,我们的人通常是1个顶10个,伯尼却是1个顶18个"。卢米斯为人固执,却非常能言善辩。1961年,他与露丝在玩具博览会上第一次见面,跟她就产品测试问题发生了争执。好在露丝从不避讳那些敢于跟她对抗的人,还是雇用了他。但随着公司的发展,两人之间的关系日渐紧张。和露丝一样,卢米斯从不知道满足,他对采购商向来毫不留情,同时,他又加紧督促卡森&罗伯茨广告公司,要求对方不要局限于电视广告,还要试着将整个节目都用于集中展示一种玩具产品。在他的极力倡导下,一档专门以"风火轮"为主题的电视节目于1969年在ABC电视台播出。

节目播出时,正赶上美泰在测试由联邦通信委员会规定的儿童节目中商业成分的限量标准。由于这档节目不仅以"风火轮"为主题,还以它作为节目名称,因此遭到另外一家玩具公司的起诉,节目被迫停播。尽管如此,"风火轮"的销售热潮仍势不可当。为了保证这款颜色似糖果的玩具的供应,美泰不得不建立新厂,专门负责其生产。当时,如果这家专门生产"风火轮"的工厂单独成立公司的话,它很可能会成为世界上第二大玩具公司,仅次于美泰。

鉴于公司1969年取得的巨大收益,美泰又启动了另外一项慈善活动,名为"启动支持"[1],目的是在技术和资金方面扶持少数人种创立的企业。得到资助的公司包括位于洛杉矶南部专门从事少数民族娃

---

[1] Operation Bootstrap。

娃生产的辛达纳玩具公司。

　　与此同时，依然相信美泰可以"点石成金"的露丝又开始全力以赴投入生产艾略特的另一项重要发明。1968年，就在"风火轮"即将面市的时候，艾略特将注意力转向了他的夏威夷四弦琴乱弹尤克里里琴，他要求瑞恩设计一款名为光音盒[1]的玩具乐器。这种乐器类似钢琴，能够借助光学原理读取记录在密纹唱片大小磁碟上的声音信号。光束穿透透明的磁碟，射到对面的光电接收器上，光束的变化导致电流发生改变，电流再经放大，通过扬声器转换成声音，奏出的音乐与真正乐器演奏出的声音丝毫不差。这一次，艾略特又和以往一样，领先时代。光音盒这一名字就是optical（光学的）和organ（乐器）两个英文单词的组合。正如其广告所宣称的那样，"有了光音盒，你可以演奏出钢琴、班卓琴、吉他、马林巴琴、鼓及众多其他乐器能够演奏出的音乐"。

　　艾略特非常喜欢他的新发明，为其选用了台式钢琴的外壳。但随着研发的深入，他发现这款玩具乐器根本算不上是玩具，而是一种可供成人使用的乐器，他还为营销这款乐器专门成立了一家分公司。在1971年5月的公司年度会议上，他公开了这一商业计划，还当众拨弄键盘，给大伙演示，股东们的反应是一言不发。如果艾略特当时能预见未来，他很可能意识到：这其实是一种征兆。有人还特意将光音盒插上电源，听其演奏。这不是美泰第一次偏离其主营玩具业务，因此也没有引起太多人的反对。

---

[1] Optigan。

与此同时，罗森伯格还在加快他的收购步伐。收购中，他不使用现金交易，而用美泰的股票作为交换条件。他刚加盟美泰的时候，美泰股票刚刚摆脱两年前的价格低谷，股价持续上扬；美泰股价越高，意味着他需要交给对方的股份越少。

1969年2月，美泰收购了三家欧洲玩具生产企业。其中两家位于意大利米兰，分别是娃娃生产厂商瑞提-委伦查斯柯和合金小汽车生产商梅比玩具公司，另外一家为玩具经销商伊比斯，位于布鲁塞尔。三次收购的价格均未公开。同年6月，美泰又收购了生产宠物用品的美塔弗雷姆公司，支付的股票价值大约2700万美元。1970年1月，美泰股价再创新高；同时，美泰买进专门生产儿童户外游艺设施的土耳其制造公司，率先生产空白磁带和盘式磁带的音频磁性材料公司，H&H塑料模具公司及生产娱乐装备的摩诺格兰模具公司。

1970年上半年，作为公司总裁，露丝的权力也不断膨胀。她出了一次小事故，不得不依靠拐杖走路，但还是满怀激情地去美泰在世界各地的工厂进行了一番视察。此番视察让她为美泰业务在全球的扩展由衷地感到高兴。她也承认：考虑到美泰当时的规模和地位，很难保证既能专注"眼前的发展"又"不扼杀他人的创造力"。她手下现有副总裁16人。他们都直接对她负责，但她告诉记者，当时的情况下，跟这些副总裁经常保持联系变得越来越困难。她说："对我们来说，这种变化是很令人痛心的，毕竟鱼和熊掌不可兼得。"她已慢慢接受了自己作为世界最大玩具生产公司最高总裁的角色，手里的公司是最强大的竞争对手的两倍大。她也开始受到越来越多人的关注，旧金山联邦储备银行邀请她出任其在洛杉矶分行的董事，她成为坐上该职位的第一位女性。

这时，露丝也开始将目光转向其他领域，她宣布要为哥伦比亚广播公司制作新档教育节目《时事新闻》——主要播出针对学龄儿童的简短纪录片，以及为全国广播公司制作名为《热狗》的一档类似百科全书的节目。最让她为之自豪的是"年轻人的世界"——她是这么称呼美泰及其被收购公司的。同时，她还与曾出品著名儿童电影《龙龙与忠狗》《蓝色的海豚岛》和《迷露》的电影制作人罗伯特·雷德尼兹达成协议：由美泰为雷德尼兹的电影提供赞助；作为回报，雷德尼兹将所有电影票房收入的一部分交给美泰。合作的目的很明显，就是要挑战迪士尼对儿童电影的垄断地位。他们合作后的第一部成功作品就是1973年获得奥斯卡最佳影片提名的《儿子离家时》。

此外，露丝还启动了对玲玲马戏团的收购工作。她与艾略特是在休斯敦太空巨蛋体育馆接受罗伊·霍夫海因兹宴请时首次产生这一想法的。

霍夫海因兹是玲玲马戏团的主要股东，手下还拥有休斯敦太空巨蛋体育馆和休斯敦棒球队，仅他在太空世界大旅馆设置的"天国套房"每晚的租用费就是2500美元。套房内设有8间卧室、1个小型歌舞厅、配备齐全的酒吧间和厨房，以及一个2.4×2.4平方米的超级大床。霍夫海因兹出手阔绰，据说他外出时都是大包小裹，各种分类行李不计其数，光是超重费就要交一万多美元。不过，这对他来说是小菜一碟。在雅典的时候，他将自己90千克重的身体塞进法老的座椅，由2个休斯敦人和4个希腊人一路抬到帕台农神庙。年轻时，他曾在德克萨斯州哈里斯郡做过法官,因此被人们习惯性称呼为"法官"。从商之前,他还做过休斯敦市的市长,因此叫他"市长"也不为过。霍夫海因兹一向钟情于自己投资的项目,就连外衣纽扣都是用玲玲马戏团镀金纪念章做成的。按照一位记者的说法,霍夫海因兹是个"地地道道的得克萨斯资本家,并以此为荣"。当时还在苏特罗投资公司工作的投资银行家理查德·布卢姆在回忆他时说:他是"菲尼亚斯·泰勒·巴纳姆[1]转世"。

1970年玩具博览会期间,露丝突然接到了霍夫海因兹的电话。她从未听说过这个人,但手下的销售人员对他早有耳闻。在他们的劝说下,露丝决定去趟休斯敦,就霍夫海因兹提议的一个游乐园项目进行洽谈。到了那里,霍夫海因兹以其惯用的夸张方式热情接待了汉德勒夫妇,当晚还带他们去了著名的太空巨蛋体育馆。坐在体育馆顶层,三人一边品着鸡尾酒,一边望着外面空旷的体育馆,巨幅的显示屏上突然闪现出"欢迎露丝和艾略特·汉德勒"几个字,这让夫妇二人惊叹不已。

晚餐时,玲玲马戏团的现任总裁欧文·费尔德和股东理查德·布卢姆也在场。费尔德是两年前买下马戏团的。谈话中,费尔德和卢布姆都表示,他们也有意赶赶时尚,扩大一下马戏团的业务。布卢姆这次将费尔德约来与汉德勒夫妇见面,本是想说服美泰,让其销售以马戏团为主题的玩具。对于与美泰合并的事情,他连想都没想过,但是精明的露丝马上就想到了这一点。

---

[1] 美国马戏团经纪人兼表演者,人称"马戏团鼻祖"。——译者注

对于霍夫海因兹在休斯敦建游乐园的提议，露丝和艾略特都不感兴趣，但将马戏团引入美泰玩具家族，这是个非常不错的提议。露丝和艾略特心想，自己的孙儿、孙女要是知道了这件事，肯定会高兴得蹦起来。另外，从商业角度来看，美泰也确实需要寻找新的途径来开拓市场，特别是在其一些电视节目遭到质疑的情况下。

1968年，佩吉·沙伦和很多妇女共同创建了儿童电视行动组织，要求为儿童提供更多、更好的教育节目，并呼吁联邦通信委员会也积极行动起来。到1970年，该组织的力量变得日益强大。

在某种程度上，露丝的新档电视节目就是针对这种情况制作的，但这只是她的目的之一。另一方面，露丝也在留意电视以外其他媒体的宣传作用。马戏团似乎是个非常不错的选择，可以更好地突出美泰"年轻人的世界"这一定位。

当时，美泰已经25岁了，正像广告中所说，它不仅仅是个玩具公司。用露丝的话来说，美泰"既满足了年轻人的娱乐需求，又对他们具有教育意义"。展望未来，露丝和艾略特都对前途充满了信心，将来肯定更有趣且更具创新力。

第 13 章

遭遇病魔

一切都开始走下坡路,而且速度越来越快,我根本无力挽回。

从1955年起，露丝就感到自己的胸部有硬块。她清楚地记得第一次感到硬块存在时的情景。当时她正在淋浴，将手臂抬起想给腋窝和前胸涂抹香皂时，感到有些不对劲，于是立即停止涂抹，用手摸了摸那块奇怪的东西。几分钟之后，她决定去找医生检查一下。到了医生那里，医生快速地检查了她所说的硬块，并安慰她说问题并不严重。不过，为了稳妥起见，他提出要给露丝做个活组织切片检查。

在那之后，医生们仍旧放心不下，每隔一两年就给她做一次检查，以确保不会转化成癌症。露丝的两个乳房分别做过两次切片检查和多次探针穿刺活体检查。检查表明，她得的是囊性乳房增生，意思是硬块会频繁长出，但由于是良性的，没什么大碍。尽管如此，一次次的检查，对于露丝来说也不是什么愉快的经历。事实上，每一次活体检查都可谓是一次煎熬。据露丝说，"那时候，人们把活体检查当成什么大事似的，得要入院治疗几天。活体检查时，每次都得在乳房侧边开口，而且每次的开口部位都相同"。

更令露丝不安的是，每次麻醉过后醒来，她都不知道等待自己的消息是好是坏。一次活体检查之后，美泰在纽约的销售代表艾尔·弗兰克在露丝病房门外的走廊里等着。弗兰克为人热情，脾气温和，多年来与汉德勒一家建立了深厚的感情。等麻醉药劲儿过后，露丝醒过来，隐约听到走廊里有人在低声哭泣。她当即就想，一定是医生在她的乳房里发现了癌症并将乳房切除了。当时，她的两个乳房都用绷带紧紧地包裹着，根本无从判断是否还在。就在这时，她听到走廊里那个人在跟别人说话，这回，她听出了是艾尔·弗兰克的声音。几分钟后，弗兰克走进了病房，给了露丝一个轻轻的拥抱。露丝这才知道，活体检查结果是良性的，艾尔·弗兰克因一时高兴，就哭了起来。

20世纪60年代，露丝去丹佛参加一个亲人的婚礼。其间，她发现自己胸部又出现了一个硬块，它似乎很特别。她当时正在淋浴，准备过一会儿参加婚礼。她习惯性地在涂抹香皂的同时检查自己的乳房，这时她发现了一个比以往更大的硬块，它是什么时候长的，她都不知道。

当时参加婚礼的还有堂兄乔尔·莫什科。乔尔是个医生，露丝将此事告诉了他。两个人约好，露丝第二天上午去乔尔的诊所。在那里，乔尔在给露丝作了初步检查后，建议她立即去洛杉矶接受检查。

之后，露丝给洛杉矶一位名叫保罗·雷卡斯的外科医生打了电话，请求对方立即安排自己入院作一次活体检查。雷卡斯建议露丝先到自己的诊所看一下，但露丝固执地表示，自己要马上入院检查。露丝后来说："我就是这样的一个人，即使是坏消息，我也要马上知道，我不想拖着，装作没事儿似的。我当时就想马上作检查。"

露丝计划从机场直接去医院。等她到达时，如她所期望的，医生已经作好了准备。当晚，雷卡斯医生就给露丝作了针吸细胞学诊断。考虑她当时已经入院，雷卡斯决定再给她作一次活体检查。露丝着实很担心，但结果依然是良性的。

然而，就在1970年，露丝发现自己乳房里的硬块发生了转移，这让她的医生也很担心。在贝弗利山，当她从医生诊所出来去取车的时候，禁不住放声大哭。正当她哭得一塌糊涂的时候，一个路人看到了，对她说："女士，问题不会那么严重的。"她转过身，心里想着："你怎么知道？"

这回，她又安排了一次活体检查，结果依然显示没有问题。但医生考虑既然乳房已经切开，不妨就再深入检查一下。就在硬块下面，医生发现了癌症的早期症状。那天上午，医生对露丝进行了乳房切除手术。

那是在1970年6月16日，露丝的生活从此发生了改变。多年来，她生活在对癌症的恐惧中，现在被确诊得了癌症，这让她惶恐不安：癌细胞会不会扩散？失去了左侧的乳房，右侧的乳房会不会也有恶性肿块？医生怀疑自己子宫里的那些类纤维蛋白又预示着什么？20世纪60年代初，她就被诊断患有轻度的糖尿病、慢性紧张性头痛和憩室炎，她担忧癌症或者是其他什么毛病会不会要了她的命。

这时，露丝禁不住想到了姐姐莎拉，是莎拉把自己拉扯大的。当知道莎拉已经到了卵巢癌晚期、只有6个月的生命时，她难以相信。于是，她担负起了照顾姐姐的责任。露丝想尽了各种办法，用她自己的话来说，在化疗出现以前，寻找最好的治疗办法不亚于进行一场战役。

"二战"期间，医生们发现芥子气有助于减少白细胞数量，从20世纪40年代开始，他们就开始尝试用芥子气来帮助治疗因白细胞扩散而病情加重的癌症患者。

露丝找到了洛杉矶一个使用这种治疗办法的医生，他给莎拉进行了芥子气治疗。尽管治疗过程很痛苦，莎拉的肿瘤却开始萎缩，医生得以对她进行了第二次手术，目的是要清除癌细胞。之后，莎拉又活了3年。在这个过程中，露丝帮她圆了去夏威夷旅游的梦想。回来之后，莎拉又接受了另一次手术。但这一次她未能战胜死神，于1950年病逝。莎拉接受最后一次手术的过程中，露丝一直在医院的走廊里焦虑不安地走来走去，莎拉的丈夫却弃生命垂危的妻子于不顾，还"在外面鬼混"，这让露丝对他记恨终生。

手术之后，露丝醒来，看到自己缠满绷带的胸部，她不禁问丈夫艾略特："你还会爱我吗？"当时的她感到非常焦虑和不安。之后，她搬到自己两年前在马利布海滩买下的海边别墅进行休养。1926年，这片海滩被好莱坞的电影明星和经理们买下来，40年之后，这里成了影视业巨头和百万富翁云集的高档别墅区，还有专人把守。露丝看到外孙女很喜欢这个地方，冲动之下就从歌手法兰基·莱恩手里将一栋别墅买了下来。别墅就在海边，它成了露丝和家人最喜欢的去处。然而，在手术之后的那段日子里，露丝在这里感受到的只有寂寞和压抑。

那时的她，情绪非常低落，有时甚至想到了死亡。她想起了小时候母亲给自己讲的一个故事，故事里母亲一位朋友的女儿就是因为癌症失去了一侧的乳房，母亲曾悄声地将这个噩耗告诉了她。巧合的是，在美国，刚刚召开了关于癌症治疗的会议，很多参加会议的研究人员一致认为，要想治愈癌症，恐怕还要等上很多年。露丝很可能是看到了相关报道后才产生了轻生的念头。她对那个给她留下永久创伤的医生很生气，同时也感到无限屈辱。没有人愿意提起那次惨痛的经历，包括她的家人，也没有任何组织能站出来为她这样的患者讨句公道话。在那个年代，也就是在20世纪70年代，乳房切除对于女性来说仍是不能公开的秘密。更令露丝感到难过的是，女儿芭芭拉竟然宣布要结束已经维持了11年的婚姻。

手术后5个星期，露丝就回去工作了。她无法容忍自己终日无所事事，但癌症给她的身心造成了巨大伤害。她后来写道："我失去了从前的勇气，不再像以前那样说起话来充满自信。"她曾一度以自己姣好的身材为荣，现在却觉得自己变得丑陋、讨厌、没有女人味。刚刚54岁的她脸部肌肉已经松弛，凭添了很多深深的皱纹，眼睛下面也出现了眼袋；就连她的衣着也失去了往日的色彩和时尚元素，纽扣一直扣到脖子底下。为了掩人耳目，她还专挑肥肥大大的衣服穿。她脸上一度洋溢着的迷人微笑此时已不复存在，肩膀也耷拉了下来，灰白的头发也被修剪得朴实无华。手术中，她的胸肌和腋下的淋巴结也被切除，给她造成了永久的肌肉和神经损伤，疼痛也因此伴随着她的余生。

这时，美泰公司里也是乱糟糟的一团。各部门的主管为增加收入展开了激烈的竞争，已经到了剑拔弩张的地步，甚至公开违抗上层的命令。审计官吉田康夫一直觊觎财务主管的位置，因为被罗森伯格抢了先机而对他心生怨恨。玩具汽车部的伯尼·卢米斯，据说是要大量生产一种机动"风火轮"玩具汽车——时时乐极品汽车，这让一贯注重硬指标的露丝深为不满。

当时，作为美泰销售数据处理专家的达瑞尔·彼得斯，在对过往销售信息进行了广泛分析的基础上，建立了一个能够反映当前需求状况的模型。该模型成为为每款玩具制订年终生产限额的唯一可靠指标。美泰的员工亲自到指定商店去做盘点，哪些玩具先期卖得好、哪些不行，哪些是新产品、哪些是原有商品，哪些上了电视广告、哪些没有，等等，都一目了然。乔·惠特克后来回忆说："这个预测模型就是一种 W 报表，它处理数据非常精细，对于相对动态的生产线来说，这在美国的生产领域里也是数一数二的。"露丝相信彼得斯模型提供的数据，因此在一次生产筹划会上公开质疑卢米斯的销售预测，却遭到了对方的坚决抵抗。

露丝的私人生活和工作都变得一团糟。她一贯依仗的各部门主管不再听她指挥，她信任的主管赫布·霍兰德也突然去世，这都给了她很大的打击。面对着种种困难和挫折以及手术后的余痛，她努力摆出一副什么事都没有的状态，希望一切能够尽快恢复正常。据经常和她打交道的乔什·德汉回忆，在一次社交晚宴上，"她尽力表现得和原来一样，但她的额头在不断冒汗，似乎很难受的样子"。在这种情况下，她尤其感觉受到罗森伯格的威胁。罗森伯格一向骄傲自大，不可一世，现在更是如此。他又像在利顿时一样，想要自己成为公司的总管。

过去一心搞收购的罗森伯格，现在开始将注意力转向法律、会计、管理、企业的发展与规划。在利顿的时候，他促成了上百个收购项目，在美泰却只完成了 8 个。按他的说法，他的目标是要减轻"季节性销售带来的压力"，使美泰的员工和设备一年四季都有用武之地。通常，淡季到来的时候，为了节约成本，美泰的员工数量不得不由原来的3万—4万缩减为2万。问题是，生产工人可以下岗，经理和工程师们却不能，他们照样拿全额的薪水。同时，部门的划分也增加了美泰全年的运营成本。

按照罗森伯格的说法，美泰目前收购的企业盈利状况都很好，它们将有望帮助美泰摊平全年的销售收入；而且，按他的计划，到1972年年底前，美泰在国内市场的份额将由现在的12%提高到15%，海外市场的份额由3%增加到5%。即使熊市到来，美泰达到这些指标也不会有问题。

回到公司后，露丝越发感到孤独。艾略特一心扑在研发上，对生意没多少兴趣，她与阿尔特·斯必尔的个人矛盾却日益激烈。斯必尔于1964年辞去了在露华浓的工作加盟美泰，与罗森伯格同时被任命为公司执行副总裁。他个子瘦高，长着一张大长脸，额头很高，还有些谢顶。他为人保守，对露丝实行的分部门管理一直持反对意见。公司的管理让她越来越灰心，不能有效地恢复对公司的控制，露丝一下子觉得自己成了局外人；而她提拔的那些经理们，此时，竟没人站出来，听她说一句话。

1970年夏，问题陆续开始出现。图尔科制造等新收购的"年轻"公司表面上看前程似锦，实质已经问题缠身。艾略特根据孙子、孙女的喜好为图尔科设计了一套儿童户外游艺设施，但图尔科最大的、几乎也是唯一的客户就是西尔斯。图尔科管理层一再保证与西尔斯的合作万无一失，但销售刚开始，西尔斯就临时变卦，另找了厂商。露丝后来不得不承认，收购只有一个客户的公司是愚蠢的。她写道："事实上，我们所进行的大部分收购都被证明是错误的。"只有玲玲马戏团和摩诺格兰还保持着良好的收益状况。

对于圣诞期间的销售，公司内部仍抱有极大希望，预测和原来相比呈指数增长。露丝不希望生产跟不上，以致错过销售机会，但她也深知货物积压会造成的严重后果：一旦发货太多，对方一时间消化不了，下一年的订单就会大量减少。"那样，生产就得停滞，整个第二年都得用在清理库存上，包括自己的，还有经销商的"，她经常这样告诫员工。大家也因此了解了掌握好数量的重要性。每次开会，经理们满嘴都是他们牢牢记住的某种玩具的销售数据。

在玩具行业，包括订单、产品预测、销售、生产、广告时机在内，一切都瞬息万变，能够幸存下来的只有那些积极应对、随机应变的企业。但在乳房切除之后的几个月里，露丝失去了以往的昂扬斗志。回到公司后，她发现销售预测比过去高了很多。尽管她向各部门的经理提出了警告，但大家都忙于争斗，对她的话不理不睬。露丝发现，自己往日的权威已不复存在。采购商下订单的速度虽已明显放缓，但她依然没能将公司的控制权握在自己手中。

另一方面，时时乐的生产却在紧锣密鼓地进行。大家都指望圣诞节前后再出现一次销售高峰，结果却未能如愿。其实这年秋天，不利于美泰圣诞节销售的征兆已显露出来。和许多其他公司一样，为了利用墨西哥相对廉价的劳动力，美泰在边境以南的墨西卡里新建了一家工厂，这家工厂已投产 25 年。然而，一场突如其来的大火将厂房和货物付之一炬，圣诞节几百万美元的订单无法满足，众人这才开始感觉到情况不妙。

不幸的消息接踵而至，人们对"风火轮"的热度开始衰减，托普股份公司推出的"强尼闪电赛车"却日益受到关注，成为"风火轮"的强劲敌手。"风火轮"的爱好者们纷纷要求增加产品的样式和种类，但这毕竟需要时间还有资金投入，仅仅设计和加工就需要几个月的时间。何况，依照乔什·德汉的说法，当时还有大量的"后备车"等待测试。然而，为了让采购商高兴，卢米斯想出了将"风火轮"放进盒子里成套出售的办法。他向采购商保证，套装"风火轮"里的大部分车都采用了新的样式，只有少量还保持了原来的风格。真实情况却恰恰相反。前几年的大量订购，再加上卢米斯"新瓶卖旧酒"的把戏，采购商们手里一时积压了太多的旧版"风火轮"。没人再想增订，三千余万辆"风火轮"就这样堆在了美泰的库房里，最后迫不得已以超低价出售。

然而，遇到麻烦的还不仅仅是玩具汽车部。光音盒也没能受到成人消费者的青睐。由于音质差，又经常出现断音现象，这个售价300美元的新奇玩意儿被大量退货，造成650万美元的损失。派特·邵尔当时为该项目的主管，据他说，要想提高这个"准乐器"的质量，还需要些时日。原本下了大量订单的西尔斯坚持由美泰负责维修，这更成了一个大问题。大难临头，露丝不怪自己失察或艾略特的设计有误，而把责任都推到了项目经理身上。据乔什·德汉回忆，"在美泰，凡是出了问题，上面准会问'是谁干的？'这都成了一种传统"。这在当时尤为突出。

在光音盒的问题上，露丝觉得自己被蒙在了鼓里。她曾对西尔斯那么大的订单产生过疑问，还问过相关人员订单是否靠得住及是否会取消等问题，得到的答复却是：不会取消。据她说，在当时的分部管理体制下，她不方便亲自核实订单，况且，光音盒是美泰的一个大项目，不是一件简单的玩具。"就像是开始一个全新的业务种类，结果却弄得一团糟，显然是我们的经理不称职。他好高骛远，结果却让我们一败涂地。"

随着芭比娃娃在欧洲销量的减少，国内的问题也纷纷出现。联邦贸易委员会指责"风火轮"和舞娘丽娜的电视广告"具有误导作用"，指出这些广告对玩具的外观和性能都作了不实报道："风火轮"不像广告中所表现的那样是靠自身驱动的，舞娘丽娜也不能自己站起来。

尽管经历了诸多挫折，1970年美泰的每股收益是上一年的34倍。就在圣诞节来临前，媒体公布了美泰收购玲玲马戏团一事。对此，马戏团内部一直有人持反对意见，其中就包括理查德·布卢姆。布卢姆年轻时曾经营过一段时间的玩具公司，在业内有些内幕消息。他从以前的联系人及旧金山的零售商口中得知，美泰并不像表面看上去那样经营良好。他回忆说："我明确表示反对那次交易！"但马戏团董事会的那几个人仍是一意孤行。对露丝来说，这笔交易却意味着又一个新的起点。她曾对乔什·德汉说起，当她与欧文·费尔德坐在上面，看到所有人将目光都集中在费尔德身上时，她感到兴奋不已。她说："从现在开始，他们就都得看我的眼色行事了。"

就收购马戏团一事举行的后期会谈，露丝和艾略特与马戏团的一干人等去了趟佛罗里达州的威尼斯，目的是要亲自考察马戏团的运营情况。一天夜里，露丝与八九个马戏团工人打起了牌，虽然赌注不高，她还是不愿意赢工人们的钱，他们却怎么都赢不了她。她后来写道："那牌打得烂极了，我最后赢了八十多美元。"她把这次赢钱当成了一个很好的预兆。

按照协议，马戏团股东将以346万股的玲玲马戏团已发行股票换购美泰125万的普通股，交易总价为4700万美元。马戏团成了露丝眼里"未来的造钱机器"。

论大小，美泰几乎是欧文·费尔德所在马戏团的20倍，据称利润也已超过1700万美元。它的股票始终为华尔街所看好，但只有公司内部少数高管清楚，这不过是海市蜃楼罢了。即使在1971年1月美泰股票达到每股52.25美元——有史以来最高价的时候，时时乐极品赛车也还是深陷困境：采购商手里，货物积压成山，他们极力要求美泰为其减负，在压力缓解之前无心购进新的玩具。订单的减少意味着美泰仓库里积压的货物越来越多，收支无法相抵。

在这种情况下，美泰以年为会计周期——一种完全合理的会计处理方法，积极采取措施，努力将前期费用分摊到后面几个季度，以此来维持收入稳定；同时希望到了1971年，新玩具的订单能够大量涌来，问题就能迎刃而解。美泰进而确立新的利润目标，但与其早年实实在在的利润指标不同，新目标的确立是为了满足华尔街的预期。一时间，美泰有一大堆"必须达到"的指标要处理，经理们也面临着实现每股预期增长的巨大压力。无奈之下，公司只有采取开单后延付的做法，造成持续增长的假象。

开单后延付这种做法，美泰过去也用过，但那时是作为合理的经营策略。但自1971年以后，情况就不同了。收购玲玲马戏团后，罗森伯格不惜一切代价地要使美泰的股票免于下跌的命运。他告诉德汉和卢米斯，根据合并条款，如果美泰股价下跌厉害，玲玲马戏团首席执行官欧文·费尔德将接管玩具公司。

罗森伯格的担心并非空穴来风。1971年1月5日签署的合并协议上提到：美泰提供的财务状况完全属实。如果对方发现有假，玲玲马戏团和美泰将对簿公堂。尤其重要的是，美泰曾保证过所提供的材料完全属实，并无任何误导信息。

为了表面符合合并文件里的情况，美泰采取了开单后延付、将未来销售收入记为当期收入、假造发票和账单、编制假账簿、伪造客户签名等造假行为。发货单是经过篡改的，新的生产成本被延期记载或分摊记到很长的区间，发票被伪造。由于客户不按期付款而造成应收账款攀升，账簿里却显示一些客户又重新订购了大批货物。50%—80%的延付订单在发货前会显示被取消，就连墨西卡里大火保险理赔金额也被夸大。1971年1月31日的利润表中记载保险理赔所得为1000万美元，美泰6年后实际拿到的却只有440万美元。根据后来特别顾问的调查报告，对于这些造假行为，当时负责美泰审计工作的安达信会计师事务所要么装作视而不见，要么干脆就不懂业务。

对于公司造假的后果，德汉和卢米斯都深感担忧。他们去找露丝并告诉她，如果再卖不出去玩具，"公司上半年就将破产"。这时，罗森伯格恰好经过露丝办公室，他看到两个人在和露丝说话，就跟了进去。他让他们去自己的办公室，说由自己向他们解释。对此，露丝二话没说。

美泰作为一家多年发展势头良好的公司，曾一度被华尔街看好，

20世纪60年代又为股东带来了丰厚的回报，公司经理们有些沾沾自喜也不足为怪。开单后延付的做法尽管不对，也是冒险之举，但美泰哪一次没有起死回生？只要后面几个季度的销售上涨，账面就会抹平，没人会发现里面的问题。但据德汉后来的解释，他们根本无暇把事情考虑清楚。"问题来得非常突然，我们根本来不及思考。我们只知道自己在接下来的5个月左右的时间里要有大麻烦了。"由于不断加重的经济衰退，以及1971年秋发生在西海岸的码头工人罢工，美泰圣诞热销的计划成了泡影。接下来的几年，等待它的将是更大的灾难。

开单后延付可能是罗森伯格一手策划的，但有证据表明露丝并非全不知情。她后来拒不承认，联邦法院还是裁定她始终都知道造假行为的存在。据露丝自己说，问题出在她过于依赖她所信任的那群人，加上自己手术后身体又不好，根本不知道出了这么大的乱子。何况1971年随着新产品的上线和管理费用的减少，情况确实看起来很乐观。

后来，露丝用了27页纸作了长长的书面情况说明。她说，她和艾略特是很长时间之后才知道公司开单后延付等问题的严重性。她也不知道所谓的订单都是可撤销的。起初，她以为销售人员只是在填写常规销售订单，只是数额稍大了一点儿，相当于200万—400万美元。考虑到订单不可撤销，货物虽然多，但暂且先存放在公司，慢慢发货，问题也不大，因此也就没在意。"我从来都没听说过有假发票的事，我们也没有制订'必须实现'的指标或利润'目标'。"她写道。她还称自己经常过问销售目标的制订情况，每次都得到了满意的答复。私底下，她也想过：即使完不成销售任务，股价掉个 10—20 美分，也不会有什么太大关系。

那些人在干些什么，她和艾略特不可能一点儿也不知道，对于这一点，她也承认。但他们实在是忙不过来。她要管理这么大一家公司，还要处理客户关系，经常出差在外，同时手下的人为了让她安心养病，有些工作上的事也不让她知道。在她乳房切除后，罗森伯格和斯必尔曾向她保证：她完全可以把事情交给他们处理。她曾想要检查一下详细的账目，也被罗森伯格劝阻。他们告诉她，管理这么大一家企业，她不可能事无巨细都要过问，有些事应该让手下人自己做主，她只需指派工作就行了。她说，不幸的是，自己听从了他们的建议。

露丝越写越激动，把责任都推到了她信任过的管理团队身上，其中包括阿尔特·斯必尔、西摩·罗森伯格、雷伊·瓦格纳、乔什·德汉、伯尼·卢米斯、吉田康夫和维克·雷达。她详细解释了公司的管理格局，这只能说明她对自己公司的全面理解，而非自己的清白。她是美泰的总裁，但就是不承认自己跟造假有牵连。她写道，她每周，有时候是每天，都会收到公司的 W 报表。既然如此，上面明明显示有 10 万个玩具被售出，实际库房储备却很少，像她这样过去眼睛里容不得一点儿沙子的人怎么可能看不出其中的猫腻呢？她承认自己知道公司采取了开单后延付的做法，但只知道那是在合法的范围内做的，并声称当自己听说涉及的金额总计竟然近 1800 万美元时，着实吓了一跳。

开单后延付的做法确实在一段时间内起到了作用。尽管 1971 年接近年底时美泰股价降到了 19.125 美元，但这被归咎于公司一笔所谓高达400万美元的损失和仍在进行中的码头罢工。华尔街对美泰的态度仍很乐观,美泰股价被一路追高,公司亏损的状况又被隐瞒到下一年。

新组成的管理结构非常松散,甚至同一部门内不同级别间的备忘录都经常出现自相矛盾的情况。营销部有员工抱怨说:"根本没法按时完成任何任务。"有些经理忍无可忍,就撒手不干了;新来的经理也不像过去那样要经过严格的面试和考察。与此同时,露丝还在继续制订着表面上看似乐观的销售预测。她后来解释说,她当时的那份自信都来自于以往的经验。但后来的调查表明:她所做的一切和开单后延付阴谋有着不可推卸的干系。

1972年年初,露丝与艾略特考虑准备向其他领域发展,尤其是在公司遇到了严重困难的情况下。就在这时,他们从罗森伯格那里得知,前一年夏天,专门从事休闲娱乐、房地产和金融服务的金聂公司曾表示有意与美泰合并。金聂在收购了华纳兄弟后于1971年9月更名为华纳通信公司。露丝清楚,合并后的金聂虽然财力和收益要好于美泰,但股价相对较低,与之合作不失为一种可能。同时,金聂的总裁史蒂夫·罗斯也在野心勃勃地想借美泰的品牌大幅提高自身的股票价格。

1972年5月,露丝、艾略特和西摩·罗森伯格在露丝的马利布海边别墅举行会议,就合并事宜达成最后协议,与会的还有投资顾问、律师以及公司经理们。也许是华尔街股市的大起大落让露丝越发希望能早些减少工作上的压力,同时她也喜欢并信任金聂的谈判负责人费利克斯·罗哈廷。经协定,她和艾略特在合并后继续作为少数派董事留在美泰，并由露丝出任玩具部主管一职。

然而，就在大家一起审核最后的文件时，露丝惊讶地发现罗哈廷没有被列为金聂的多数派董事，而是作为少数派董事列席。她虽然喜欢罗哈廷这个人，却无意让金聂挑选的人进董事会。在表明自己的想法后，她继续看文件。这一看不要紧，文件中接下来的内容让她不寒而栗。原来，金聂一方提议，由其已年过八旬的创始人出任合并后的集团总裁，其现任总裁史蒂夫·罗斯却被撇在了一边。这让露丝感到有些困惑：让这样一个老家伙担任公司最高行政职务简直不可理喻，除非这里面还有什么阴谋。

露丝马上想到了罗森伯格。她怀疑是罗森伯格为了日后能坐上总裁的位置事先做了手脚，自己绝对不能让这样的事情发生。她几乎掩饰不住愤怒，告诉在座的人：她可以担任玩具部主管，但万一总裁辞职，她也就撒手不管。艾略特也感到奇怪：一个一向不曾发挥什么作用的老人缘何能当总裁？对此，金聂的代表也不甘示弱。他们坚持说：由露丝负责玩具部，完全是出于需要的考虑。

金聂代表的反应正好验证了露丝的猜测。"这简直就是胡闹！"她厉声说道。接着她转向罗森伯格，指责他背信弃义，背着自己搞权力交易。会后，罗森伯格第一个走出了会议室的门。后来，据美泰执行副总裁阿尔特·斯必尔说，这次并购的失败完全是"权术和自我"在作怪。

当年春天，罗森伯格已是如坐针毡。美泰成立了专门小组，完全负责公司的管理。小组成员除了他以外，还包括艾略特、露丝和3位执行副总裁。他们谈过开单后延付的后果吗？他们想过要弥补虚假公告造成的影响吗？他们即使有过打算，也未这样做。罗森伯格原本想借与金聂的合并翻身，差点就如愿以偿，但在最后关头，半路杀出个程咬金——露丝不仅没让谈判谈成，还打翻了他想掌握公司并设法掩盖已经进行了一年多的造假行为的如意算盘。

据派特·邵尔回忆，就在合并谈判破裂之后的第一个星期一，露丝一脸怒气地冲进他的办公室，命令他将罗森伯格办公室的锁全部换掉，还留下话：只要罗森伯格来上班，就让他马上走人。露丝回到自己的办公室后，艾略特去找了她，对她说："好了，露丝，你不能这样干。"接着，他就跟露丝分析了罗森伯格的突然离开会给股市带来的影响。露丝很恼火，但也不得不接受艾略特的建议。

那件事情过去后很多天，露丝都阴沉着脸。但背地里，她也在跟罗森伯格达成协议：罗森伯格同意8月退休，并交出手中的4万股日益下跌的股票；作为条件，美泰将在未来的20年每年支付给他6万美元的津贴，让他继续担任公司董事会成员，同时邀请他为公司顾问。此后，罗森伯格又将手中的另外8万股美泰股票卖掉，价值约200万美元。就这样，时年49岁的金融天才罗森伯格在美泰大难临头之前及时抽身而退。

罗森伯格走后，由罗伯特·艾利希继任，按约定，他恢复了公司原来的上报制度，凡事都要让露丝知道。

1972年年底，公司首次对外宣布亏损。作为董事会主席的艾略特，一方面竭力说明为何在前一年还盈利1700万美元的情况下突然出现了高达2950万美元的亏空，另一方面又不得不强装笑脸，表现出对未来胸有成竹的样子。他称公司最近的亏损归大于欧洲玩具市场重组造成的巨额呆账、码头工人罢工、现金贬值、货物和设备损耗等。

露丝和艾略特继续装作什么事都没有的样子，似乎公司的状况比以往还好。作为与欧文·费尔德签约的一部分，他们先是宣布了在佛罗里达修建一座价值 5000 万美元的马戏团主题公园；5 月，艾略特又在公司年度会议上宣布："我们有充分的理由相信，公司的经济状况正在好转，我们将以美泰一贯的方式迎接充满创新、利润丰厚的下一个年度。"

然而，历史又在重演。艾略特的话并没有让华尔街信服——6 月，美泰最大的机构投资者由于对其公司管理失去了信心，一下子抛售掉手中持有的 45 万股，仅一天时间，美泰的股价就从每股 20 美元跌至 16 美元，账面损失飞涨。此时，露丝动辄发火，经常把火气撒在她不喜欢的人身上；而且，她还和以往一样——一旦出问题，就把责任推得一干二净。困顿之余，她辞退了伯尼·卢米斯，认为他是除罗森伯格以外给美泰带来巨大损失的罪魁祸首。

为了帮助汉德勒夫妇渡过难关，各部门经理，包括阿尔特·斯必尔在内，出面邀请现代管理之父——彼得·德鲁克在洛杉矶机场饭店与汉德勒夫妇共进晚餐，希望他能够给公司指点迷津。席间，趁其他人都去了吧台的空当儿，德鲁克与汉德勒夫妇进行了两个多小时的会谈。会谈之后，他对美泰的这些经理们说："在建立了大企业后能顺利渡过下一个发展周期的企业家少之又少。"言外之意，不言自明。

1972年夏，由于生产中断等原因，美泰遭受了数百万美元的损失。8月，公司宣布其上半年的销售比前一年还要糟糕。结果，美泰的股价跌至了当年的最低点。这个夏天似乎显得格外漫长。

10月，继股东劳伦斯·塞夫托首先发起诉讼后，针对美泰的诉讼接踵而来。据塞夫托说，有内部消息称，在8月引起美泰股价下跌10%—15%的声明发布之前，艾略特、露丝、罗森伯格和其他5个人出售掉了手中持有的价值11.8万美元的美泰股票。对于露丝来说，出售股票的目的似乎是为了帮助芭芭拉换一个大一些的房子，但她仍不能摆脱内幕交易的嫌疑。各方指控纷至沓来，势头越来越猛。

第 14 章

大难临头

我们开始大难临头。

1972年12月底，露丝和艾略特临时决定与露丝的哥哥马克斯和嫂子莉莉安在纽约会合，一起到加勒比海地区游玩一阵。他们在纽约广场饭店下榻，并于12月21日乘"SS法兰西"号客轮前往海地的太子港。在太子港过完平安夜后，他们赶到巴拿马的克里斯托瓦尔过圣诞节，此后又途经库拉索岛、巴巴多斯，到达马提尼克岛，并在那里过新年。1973年1月2日，一行人乘船经过圣托马斯时，露丝给秘书打电话，询问公司状况。电话那头秘书说话的语气令她感到不安。按计划，他们的游玩3天后才结束，然后，他们将乘飞机去佛罗里达州萨拉索塔市。突然的变故让露丝临时决定改变行程，在圣托马斯下船，立即搭飞机返回洛杉矶。

　　事实证明，露丝的直觉是对的。回到公司，他们马上发现有些不对劲儿：公司会议室里挤满了人，其中有15名银行家，还有阿尔特·斯必尔和其他几位经理。露丝和艾略特的突然出现令在场的人都很意外。据露丝说，"看到我们，他们都很惊讶，并且表现得很不自在……原来，他们跟银行家秘密会面已经有一段时日了，还在策划着一场可怕的阴谋。"

　　事情的确如此。在美泰总部，执行副总裁阿尔特出面召集了一次重要的午餐会。与会的有刚刚接替罗森伯格工作的罗伯特·艾利希和另外一名经理，还有一些重要的银行家代表，包括著名的库恩-洛布投资银行的合伙人迪克·宾汉姆。美泰2.2亿美元的短期融资款未付，这着实让借给他们钱的银行担忧。饭菜刚撤，与会者马上开始商讨会议的第一项日程，即免除露丝在美泰的总裁职务。

会议很公开，也很随意。一开始，斯必尔就提到了问题的关键。他和艾利希都将美泰目前的经济困难归罪于露丝，说她根本不知道自己的行为会带来什么样的经济后果，并指责她对于美泰的子公司监管不严。斯必尔表示希望能让露丝辞去总裁职务，同时说明自己与露丝的关系很紧张，不便出面；艾略特与自己的关系稍好些，但不能指望艾略特去劝说露丝，因为艾略特对自己作为丈夫的角色比对作为董事会主席的角色更上心，因此他提议由在座的银行家出面给露丝施压。对此，宾汉姆和其他人都表示同意，为了能将投资追回，他们什么事都愿意做。但对于斯必尔想接管公司的打算，他们不感兴趣。重新考虑公司的管理层人选问题确实迫在眉睫，同时考虑到如果汉德勒夫妇仍作为主要股东，没人愿意加入目前的董事会，他们建议另外成立董事会。

会后，斯必尔开始到处寻找机会将露丝拉下台。不出几个星期，他的机会来了。

1973年2月，汉德勒夫妇一起去参加玩具博览会。他们一方面留意着新款玩具的生产，一方面积极联系客户。就在这时，斯必尔打来电话说，自己将马上从洛杉矶出发，第二天一早与汉德勒夫妇在酒店见面。这次见面后，夫妇俩从阿尔特、罗恩·洛普——露丝的外甥和雷·费里斯口里得知：美泰遇到了大麻烦。

就在几个星期前，也就是1973年2月5日，艾略特刚刚对外宣布：公司当年有望实现盈利，美泰此次将"峰回路转"，虽然光音盒影响了公司收益，但公司年报会证明美泰"将再次创下令人满意的收益"。然而，从斯必尔那里，汉德勒夫妇得知：与艾略特的预测完全相反，公司下一个季度将面临严重亏损，他们必须马上向媒体发布新的公告。当年2月23日，美泰重新对外宣布："与此前的预测不同，预计到1973年2月3日，公司将出现重大亏损。"事实上，美泰当年的亏损可谓"严重"，金额总计达3200万美元！

据露丝回忆，公司报表出问题已不是一两天的事情了，她还清楚地记得当一切都大白于天下时的情景。她说："我感觉天都塌了，那简直就是一场噩梦，但那才不过是噩梦的开始，可怕的事还在后面。我们一下子不知所措，但又不清楚问题有多严重。其实，就在我们宣布亏损时，我们也还未考虑所有的呆账问题。遗憾的是，我们是事后很久才意识到这一点的。"

在追究问题的责任时，露丝故伎重演，指责财务部和公关部的报告有误。她称数据是由财务部提供的，公告是由公关部撰写的，艾略特只是最后签字而已。她说自己不懂财务，但作为总裁，也只能怪罪财务部门。据她后来说，从她手术后开始，她就对公司撒手不管了。但这种说辞，鲜有人相信。毕竟，她手下的干将都是她一手提拔的，不称职的很快被淘汰，公司的一切都在她的掌控之中。

公司虚报销售状况和收入的消息很快传开，美泰在美利坚银行的联系人通知露丝和艾略特，债主们要求让斯必尔出任公司总裁。腹背受敌的露丝不得不四处寻找盟友，她将乔什·德汉叫到自己的办公室，向他求助。德汉是斯必尔的一个手下，一向是个和事佬，也从不过问政治。他告诉露丝，鉴于问题的严重性，他也无能为力。

露丝又去找那些银行家，想从他们那里打开突破口。她告诉他们，斯必尔既不懂营销，也不懂得玩具生产，让他当总裁将铸成大错。无奈，银行家们似乎已拿定了主意，他们甚至以停止对美泰的信贷为要挟。终于，1973年3月27日，斯必尔被任命为美泰总裁，露丝和艾略特一样成了董事会主席。3日后，《财富》杂志将露丝与《华盛顿邮报》的凯瑟琳·格雷厄姆和比奇航空公司的奥利芙·安·比奇列为美国收入最高的女性经理人。然而，与其他经理人不同的是，露丝现在这个职务基本上有名无实。她一度公开声称：这一切早有预谋。

接下来，美泰的大权完全掌握在了阿尔特·斯必尔和其他几名经理手里。露丝照旧每日去上班，却呆坐在办公室里，无事可做。她知道大伙都在回避她，有时甚至是公开躲避，这让她很难过。有一次，她走过经理们的办公室，朝着杰伊·琼斯的办公室方向走去。正赶上琼斯从办公室里往外走，看见露丝后，他马上转身回了办公室，并将办公室门紧闭。从他脸上惊慌的神情可以看出，他是在有意回避她。

此外，露丝还碰到了一件更令她感到尴尬的事。一次，她收到了一份营销计划，仔细阅读后，发现里面存在着问题，她便通知雷伊·瓦格纳到自己的办公室，想和他就计划详细谈谈，但对方左等不来，右等还不来。到最后，双方虽然见了面，但交谈中，露丝发现瓦格纳老是在啃指甲。她知道瓦格纳这是紧张所致，他过去也常会这样。露丝还发现，瓦格纳在椅子上老是挪来挪去，就是不能稳当地坐着。话才说到一半，他就以另有安排为由起身告辞，没等露丝反应，就匆匆离去。露丝回忆说："那件事让我很难过，他平时不是这样的人。"多年后，再提起此事时，露丝还说："我仍感到很心痛。"

斯必尔上任后立即对美泰这个庞然大物进行了快速整顿，到 6 月，他叫停了 125 种可有可无的玩具的生产，又启动了一款名为"了不起的吉姆"的新玩具的生产计划。了不起的吉姆是个动作明星，长着一身发达的肌肉，却不是以传统士兵的形象出现，他一上市立刻迎来了如潮好评。芭比橘红色和蓝绿色的娃娃家具也被市场看好，迅速销售一空。原来在欧洲市场上出售的芭比因没有考虑欧洲人不同的审美观念而遭冷遇，此类决策失误也逐步被纠正过来。一次，在接受《华尔街日报》采访时，斯必尔谈道："前任管理者只图发展快，却没有对资本结构予以足够重视。我们要做的则是求稳，要稳中取胜，通过对公司财务采取更加严格的监管，确保利润真实有效。"他那是在给股东们吃宽心丸，告诉他们公司的一切已逐步步入正轨，但股东们没那么容易买他的账。两年亏损 6200 万美元的美泰，其股价已一落千丈，失去了往日的上升动力。仅仅 18 个月前，美泰股价还高达每股 52.25 美元，现在却只有 5 美元，现在的美泰似乎病入膏肓。《华尔街日报》还刊登了一则当时在金融业内流行的笑话："你听说过美泰新的语音玩具吗？你给它上足了劲儿，指望它的销售额和利润都翻一番，结果倒好，它先摔了一跤。"

与此同时，美泰又接到了 5 个股东集体诉讼，其中包括玲玲马戏团和罗伊·霍夫海因兹的联合指控。指控中说，美泰在收购马戏团时存在虚报收益、隐瞒亏损及在委托书中提供虚假财务信息等行为。这一系列诉讼案引起了美国证券交易委员会（以下简称SEC）的注意，SEC也加紧了对前一年财务造假行为的调查。

对露丝来说，每天到办公室上班只不过是做做样子罢了。各级管理人员都在躲着她，开会时虽然没人把她请出去，但对于她的发言，也没人当回事。连她以往的忠实朋友、部门总管雷伊·瓦格纳也对她敬而远之。露丝回忆说："有一段时间，我以为这个世界上没人再需要我了。此前30年间我都不曾有过那样的感受。"她讨厌这种感觉，一种被人遗弃的感觉。她觉得自己就像是个麻风病人，不再受到别人的尊重。回忆起那段日子，露丝说："那是一种让人感到卑微、耻辱的经历。"她去找自己的律师，告诉他们自己不愿再在美泰待下去，说自己想走，律师却坚持让她留下。在他们看来，如果露丝离开美泰，她的法律地位会因此受到影响。他们没有考虑到这样做对露丝的心理造成的影响：在美泰待得越久，她就越觉得被孤立、越难堪。

在这个时候，家庭多少给了露丝一些安慰。除了芭芭拉给自己生了一对外孙、外孙女外，儿媳苏西又生下了3个孩子。马利布海边别墅成了露丝和艾略特乐享天伦的地方。与此同时，露丝对洛杉矶这座城市的感情也越来越疏离。

1973年1月，时任美国总统理查德·尼克松下令成立"妇女经济地位顾问委员会"，提名由露丝出任委员会第一批成员之一。与露丝同时在该顾问委员会任职的杰奎琳·布兰德威恩提起她时说："在我的记忆中，露丝是个很有勇气的人，她就像是个爆竹，精力充沛，热情十足。我们总是一起努力为消费者，也为妇女争取权利。"露丝除了参加委员会的会议外，还开始公开发表演讲。她的演讲包括为商业服务监督局所作的《消费主义面临的挑战》和《强制调控与主动监管》，为商业和职业妇女俱乐部以及为制造商行业协会所作的"市场安全"等演讲。她谈论的都是自己再熟悉不过的东西："一切始于对消费需求的了解，止于用以满足该需求的产品。"

她走遍了加利福尼亚、威斯康星、海地、华盛顿、得克萨斯的沃思堡等地，还和艾略特一道去考察了美泰位于世界很多地方的工厂和子公司。但一旦回到她在美泰总部的办公室，她就又变得无事可做，她也因此对那个地方深恶痛绝。

1974年夏天，SEC就一项针对美泰的指控展开调查。实际上，SEC对美泰的调查早在几年前就已经开始。露丝赞同阿尔特·斯必尔去华盛顿协助SEC把问题搞清楚。她当时还把斯必尔当作自己的同盟，后来才知道，斯必尔竟然与SEC合谋对付自己。她后来说："阿尔特就像是个蛀虫。"在她心里，背叛了自己的斯必尔，甚至比罗森伯格更可恶。到华盛顿后，斯必尔与SEC达成协议，由他对美泰的董事会进行重组，新的董事会成员由他负责选出，最后再提交SEC审批。据露丝说，新的董事会成员全部是斯必尔的心腹，而自己和艾略特由于还悬而未决的法律纠纷和受到刑事指控的威胁而不得不让步。斯必尔还同意由SEC指派的塞斯·霍夫斯特德勒担任公司的特别顾问。尽管没有切实证据，但露丝怀疑斯必尔用霍夫斯特德勒的目的就是要把他培养成自己的"亲信"。

露丝相信，斯必尔是乘人之危才掌握了公司的大权，他和政府、银行界都有联系。她说自己甚至发现了有关文件，说明斯必尔觉得只要能赶走自己，艾略特就会跟着离开。8月，美泰承认了曾公布虚假和有误导性的财务报告，联邦法院要求任命无关联董事，并成立新的委员会对此事进行深入调查。法院给了这些董事和委员会几年的时间，但时间过了还不到一个月，美泰又经历了另一次打击。美泰当时宣布：关于可能存在的财务违规问题——"问题已经查清"。尽管如此，新任命的委员会还是立即着手调查工作。

10月，安达信会计师事务所推掉了美泰的审计工作。之后不久，SEC突然大发神威，又查出了美泰的另外一些违规行为，并要求对美泰进行更严格的监管。他们绕开了股东，制定了任命公司董事会的新标准，并得到了法院的批准。美泰被迫选择与公司和相关公司没有任何经济来往的人担任公司董事，特别顾问塞斯·霍夫斯特德勒则被授权调查公司的财务往来。他有4个月的时间对公司员工进行调查及查看美泰1971年和1972年这两个关键年度的公司记录。

一年半以前，美泰的股东就没再收到过公司的分红。随着SEC新命令的发布，美泰提出停止在纽约证交所的交易活动。圣诞节到来前，针对美泰的指控又多了两项。也就在此时，新的董事会成员名单被公布。新的董事会成立后采取的第一项措施就是取消露丝和艾略特的管理职务，仅留下他们在董事会的有限权利。据汤姆·卡林斯克回忆说，"新的董事会干脆就避开了露丝和艾略特，在他们眼里，他俩是不受欢迎的人"。

艾略特在他的绘画中找到了慰藉。他在自家公寓附近建立了一个工作室，周末还到马利布海滩去写生；露丝满怀怨恨和愤怒，却不知道如何发泄。她讨厌与律师没完没了地见面，同时又怀念工作时的感觉。她后来对记者说："要是别人遇到了那种情况，可能去看精神病医生或可能开枪自杀，还可能躲到一个没有人烟的荒岛上。这几种做法，我都或多或少地试过。"

她经常开着红色的劳斯莱斯去洛杉矶郊区的"赌城"加迪纳市。据说，她在赌桌上不管输赢都会破口大骂。离开美泰后不久，有一次，夫妻俩一起开车去拉斯维加斯。在玩双骰子游戏时，露丝输了钱，艾略特叫她不要再玩了，就自行取车去了。等他回来的时候，露丝已经将输掉的5万美元又全赢了回来。她解释说："你又能怎么样？无非就是哭、生病，感觉很难受。"

她还试着到南加州大学和加州大学洛杉矶分校去教教书，但只工作没有酬劳的日子让她难以忍受。那些大学连一个子儿都不给她，这让她觉得自己在他们眼里根本什么都不是。她开始每天以赌为乐，想着也许有一天自己可能成为一个职业赌徒。与此同时，她和艾略特接到美泰的通知，说是要让他们拿出200万的美泰股份，用于摆平针对他们的指控。回忆起那些日子，露丝说："有些时候，我都想干脆把自己了结算了。"

在美泰，特别顾问霍夫斯特德勒意外地发现了一个比SEC想象的还要复杂的关系网，他花了整整一年的时间才将问题理清楚。在接受他调查的人员当中就包括露丝。他对露丝进行了仔细盘问，有时还建议露丝在回答之前先找人咨询一下，但她没有。她不记得的东西她也不否认。她对霍夫斯特德勒说:"我现在很糊涂,分不清哪些事情是近来发生的,哪些是过去的。"

她仍旧拒不承认自己知道关于加工设备报废的任何问题。她说,自己是在一次"计算出现严重问题"后才发现开单后延付的严重程度的,她当即将吉田康夫叫到自己的办公室,问他为何自己上午收到的报告上都是"负数"。吉田康夫告诉她,他正在清理开单后延付的订单。当听说涉及金额达 1800 万—2000 万美元时,她大吃一惊,立即吩咐吉田把问题纠正过来。她对霍夫斯特德勒说:"我坚持让他们给我提供准确数字,以便我能将这些数字与我们真正的限额进行比对。"但那些数字经过计算后又原封不动地摆在那儿。她不记得自己后来又找吉田或那些部门总管们询问过此事。如果是数字出了问题,她事先是绝对不知道的。

接着,霍夫斯特德勒开始将重点放在收购马戏团与美泰出现收益问题之间的联系上。他问露丝:"西摩·罗森伯格就收购马戏团后销售额下降的可能后果找你谈过吗?"就这个问题,他变着法儿地问了露丝很多遍,但她的回答只有一个,那就是收购马戏团与销售额没有关系。她相信美泰当时的销售状况良好,罗森伯格也没有找过她,毕竟罗森伯格是财务方面的专家,而她不是。罗森伯格总是将目标定得很高,对此,她曾多次表示反对:"罗森伯格就是个混蛋,还有他的走狗卢米斯!"

多年后,霍夫斯特德勒在说起露丝时还多少带有一些同情,称她为"一个顽强的女人",但露丝对霍夫斯特德勒没有一句好听的话,她觉得他打心眼里不相信自己说的话。当霍夫斯特德勒指责她在说谎时，她感到自己受到了莫大的羞辱，并断定：霍夫斯特德勒和她在吉布森·邓恩·克劳彻律师事务所[1]的律师弗朗西斯 M. 怀特有私交。怀特曾为 SEC 工作过，因此才被介绍给了汉德勒夫妇。他是洛杉矶最有名望的律师之一，在自己的律师事务所里也是一把手。露丝听说他曾和霍夫斯特德勒一起爬过山。她说："我觉得，怀特也不认为我在那些指控面前是无辜的。他的好友霍夫斯特德勒已经把这一切都算准了。你看，连我的律师都不相信我是无辜的。"随着她面临的法律问题越来越多，露丝也逐渐看清了自己周围的阴谋。

就在霍夫斯特德勒公布调查结果之前的一个月，露丝、艾略特双双辞去了美泰董事会的职务，断绝了与美泰的一切联系。他们宣布将手中的 250 万份美泰股票拿出来用于摆平股东的指控，这相当于他们持有的美泰股份的一半，但最后美泰为这些民事指控实际支付的费用达 3400 万美元。这时的露丝仍希望有朝一日能重掌美泰的大权，至少，不能让其稳当地握在曾阴谋对付自己的阿尔特·斯必尔的手中。

1975 年 12 月 16 日，露丝与罗伯特·艾利希见面。艾利希告诉露丝，他曾对特别顾问霍夫斯特德勒说起，是罗森伯格和卢米斯策划了美泰造假案；他还告诉霍夫斯特德勒，斯必尔也知道造假一事。他说，调查报告刚一公布，他就去找了霍夫斯特德勒，告诉对方斯必尔也是共犯，调查报告中很多地方都不属实。霍夫斯特德勒好像也同意了这种说法，但说要更改报告为时已晚。露丝断定，霍夫斯特德勒

---

[1] Gibson, Dunn & Crutcher。

根本就没努力设法调查斯必尔的问题。跟艾利希会面后，露丝写道："斯必尔只需将目标对准我们，就大功告成了。"艾利希与露丝商量要购买汉德勒夫妇手中的美泰股票，以便他能够揽过美泰的大权。他向露丝担保：一旦他接管了美泰，他将选择忠于汉德勒夫妇的人员进入董事会。尽管露丝和艾略特已不再是美泰的人，但他们也不打算将美泰的股份全部卖掉。

最后，露丝发现，拿回美泰已无可能。这种割舍令她非常难过。她在经历着自己人生中的最低点："我的心碎了。离开美泰时，我感到自己都崩溃了。我无法相信所发生的一切，我不断地对自己说'这不是真的，这不是真的'。"艾略特也很痛苦，他说："一下子失去自己培养了多年的孩子，这很是令人痛心。当然，还有我们的股票。但问题是，孩子一旦失去了，就再也找不回来了。"好在艾略特比露丝好过些，他更容易接受相对平静的生活，露丝还要苦苦挣扎，慢慢找到能够让她解脱的办法。对于露丝来说，她漫长而痛苦的煎熬也没结束，等待她的将是更加可怕的深渊。

第 15 章

"真我风采"

奔波了一生之后,我无法就这么停下来。

1977年，露丝发明了人造乳房"真我风采"，并对其进行了广泛推广。她知道奇怪的形体带来的是紧张的笑声、震惊和尴尬的注视。她先是找到了以经营奢侈品为主的高端百货商店内曼·马库斯，然后是纽约著名百货公司博威特和女性奢侈品生产企业爱玛格耐。产品展示时，她坚持所有人都来参加，包括公司总裁、经理、销售人员，甚至理货员、电工和库房工人。毕竟，人人都有母亲、姐妹，抑或妻子。

展示开始时，她先是向众人介绍自己接受乳房切除手术的经过。她的语言朴实无华，浅显易懂，她要借此揭开人造乳房的神秘面纱，让人们不再对它感到恐怖。更重要的是，她要让与自己一样的乳腺癌患者重新获得人们的尊重。

接着，她又讲了自己手术后第一次去买人造乳房的经历。她说，她之所以能这么做，完全是由于丈夫艾略特的再三坚持。否则，她也没这个勇气。艾略特告诉她，她总得要面对自己身体上的变化。

那一天，她和艾略特一起开着劳斯莱斯到贝弗利山百货商店。当她向店员问起是否有人造乳房出售时，就见几个售货员聚在一起，嘀嘀咕咕，还不时向她瞥上两眼。露丝心里想，她们很可能是谁都不愿意接待她这么一个"怪物"顾客，只好抽签。最后，一个"倒霉蛋"悻悻地走过来，将她领到试衣间，并替她把帘子挡好。过了片刻，"倒霉蛋"隔着帘子将一个带有兜兜的乳罩搭在了帘子架上。很显然，她是不想看见露丝脱衣服的样子。接着，她又递过来两个圆不咕咚的东西，看似用来填充那两个兜兜的。露丝从没用过这种东西，费了一番周折后，才把它们塞进乳罩里去。左试右试，只有5号大小的假乳房勉强凑合。她便买了两个，准备一个在家里用，一个拿到海滩别墅去。之后，她心里很不是滋味地离开了那家店。

从那往后，她解释说，自己不再穿服装设计师设计的合身衣服。所有衣服都是肥肥大大的，色彩也很暗，目的就是要遮住难看的胸部。

讲完这段尴尬的经历后，露丝突然将腰板一挺，让众人看到她胸前明显的完美曲线和色彩艳丽的上衣，然后对大家说："我叫它'真我风采'，原因是，它毕竟不是我原来的，但在目前的情况下，它最能体现我的本来面貌。"之后，她会让售货员猜她的哪一个乳房是假的。有时，她还会邀请一位男士到面前，把他的手放在自己的乳房上，让他随便挤压，然后让大伙猜哪个乳房用的是假体。看到此情此景，底下的观众有窃窃私笑的，有臊得满面通红的。但露丝达到了自己预期的效果，因为他们通常会猜错。到了产品展示的最后，她干脆将上衣扣解开，露出整个乳罩，让大伙亲眼看见"真我风采"乱真的效果。待到重将衣服扣好，她又将手伸向衣内，将人造乳房整个抽出来，递给大家传看。

这一次，露丝不仅又一次带来了一个产品的革新，更是开拓了这一产品新的营销方式。她带着不屑的口吻向众人解释说，过去的人造乳房都是男人设计的。他们没有意识到乳房是分左右的，就像双脚一样。他们甚至因为自己的产品感到尴尬，称它们为"衬垫"或"模型"。她则坚持要称自己的产品为"乳房"，还将前来求助的人称为乳房切除者。她说："就像截肢患者一样，我们觉得我们也被截了'肢'。"她要帮助乳房切除者逐渐摆脱乳房切除带来的羞辱感。

刚刚进行完乳房切除手术后，露丝经常以泪洗面。然而，在之后的一次鸡尾酒会上，她却当着一个陌生人的面大谈特谈自己的癌症和乳房切除术。"那时的我已选择不再哭泣，对周围世界的敌对情绪也渐渐消散。"她回忆说。同时，她也在想办法帮助其他像自己一样的女性从厄运中走出，让她们能够有机会公开表达自己的感受、需求和困惑。她最终选择了以自己最擅长的方式给那些在病痛中的女性带去安慰，那就是设计一种产品，将其送到那些女性手中。通过她的努力，人造乳房的销售得到了前所未有的突破，她也将众多女性从生活的阴影中解脱了出来。

经过了1970年在贝弗利山百货商店那次尴尬的经历后，露丝又去了其他几家百货公司。她说："我将自己见到的所有人造乳房统统买下来，却发现它们几乎如出一辙——同样的丑陋、同样的无形状可言，见到它们，哪里还谈得上尊严。尤其是向一个没经过特殊培训、对你的情况丝毫不了解的人买东西，那简直就是一种折磨。我开始发现，戴人造乳房比手术本身还令人感到难过。"

这时，她听人说起，在圣塔莫尼卡有一位名叫佩顿·马斯的世界著名雕刻家，专门为人们定做假鼻子、假手、假腿，还有假乳房。她找到了马斯，希望他能设计出适合自己的假乳房。

马斯先用湿的在石膏水中浸泡过的纱布将露丝的乳房包裹起来，借石膏定型，然后根据风干的石膏形状为她设计形状和大小合适的假乳房。与她当时戴着的看似鸡蛋的东西相比，新的乳房戴起来果然更舒服也更好看。她当即以每个350美元的价格买了两个。新的人造乳房很有形，跟露丝的胸部贴合也好。但问题是，所用材料会散发一种奇怪的气味，在脱掉衬衫时假乳房的边缘也能透过乳罩看出来。此外，露丝还遇到了最初在日本生产芭比娃娃时遭遇的类似的一个问题，露丝觉得很滑稽，多次跟人谈起。

原来，马斯在给露丝的乳房定型时，屋子里很冷，露丝的乳头意外地向外突起。尽管有些女性的乳头经常这样，但露丝的不同，它们总是很含蓄。因此，根据石膏模具的形状制作的假乳房，乳头比实际要大，总是突着。为此，露丝不得不想方设法用衣服将不自然的乳头遮起来。

就在1975年离开美泰之前，露丝开始了一项野心勃勃的减肥计划，想借此摆脱低落情绪。经过减肥，她的乳房变小了许多。这时，她又去找了马斯，希望对方能按照自己的要求重新设计一个人造乳房。新的人造乳房需要更加舒适，看起来也更自然。露丝已经意识到，针对市场上出售的人造乳房，她可以为女性同胞设计一种更适合她们的乳房。

据露丝说，在离开美泰不久后的一天，她驾车去加迪纳赌博。途中，"车子突然自己改变方向，将我带回到了马斯那儿"。下了车，她朝屋内走去，边走边琢磨着待会儿见了马斯该说些什么。可到了马斯面前，她突然脱口而出："佩顿，我要进入人造乳房行业。"然后，她向马斯介绍了自己的打算。她告诉他，自己想要生产定做人造乳房，直接通过柜台进行销售，顾客可根据自己乳房的大小选择合适的商品。为此，她需要了解乳房都有哪些规格，他们可以按这些规格进行生产和销售。这样，顾客在购买时就可以随便试戴，选择最适合自己的一款。她还想要左侧乳房与右侧乳房分开，就像马斯给自己定做的那样，但必须能够批量生产。听了露丝的话，马斯立刻给她泼了盆冷水，说她的想法不现实。尽管如此，露丝并没有灰心。她最后还是说服了马斯帮助自己。她让马斯只负责塑形，生产的事情则由自己负责。

露丝一下子找到了新的出路。她一边疲于应付对于美泰的种种诉讼，同时面临着刑事指控的威胁，一边又满怀激情地开始了全新的尝试。她将自己的一生都用在了产品的设计与营销上，她经常告诉人们：在商场上，千万不能随波逐流，而要善于发现需求并根据需求锁定目标客户，要知道自己为何进入某一领域，等等。她说："每一种产品的出现都有其原因。"她还说，自己准备将下半生都用在人造乳房的生产上。

有着深爱自己的丈夫和一个和睦的家庭，此时的露丝并无太多后顾之忧。她只是希望"能用退休后的日子再做些对他人有益的事情，尤其是作为一个经历过乳房切除的曾经的乳腺癌患者"。同时，她也需要让自己一贯的创业精神能有用武之地。不仅如此，据一向视她为良师益友的汤姆·卡林斯克说："在把握潮流方面，没有人能跟她相比。但同时，她也需要向人们证明：她不是个坏人。"

然而，说她是个坏人，至少是个不法经营者，正是特别顾问霍夫斯特德勒撰写的调查报告的目的。这份洋洋洒洒写了500页的调查报告就像一枚重磅炸弹砸在露丝的头上。当时的她，还在与一个由工程师、化学家、设计师、材料专家、模型技工等组成的团队商量人造乳房的生产问题，团队中有些人也是从美泰退休下来的。11月中旬，也就是在该调查报告刚刚出炉后不久，露丝的律师找到了她，给她看了那份报告。

报告中，霍夫斯特德勒的意图很明显，那就是说明美泰提交给SEC并公开发布的财务信息纯属伪造，具有很大的误导性。报告称，美泰造假行为背后的目的就是要向公众表明美泰良好的发展势头和稳定增长的收益状况。负责美泰审计的安达信会计师事务所理应能够发现造假行为的存在，但即使他们发现了，也无证据表明他们对此采取过任何阻拦措施。

对于1970年以前美泰表现出来的创新能力，霍夫斯特德勒给予了认可。但他也表示，"正是前期的成功让（美泰）管理层对公司未来的持续发展深信不疑，但就如何在环境改变的情况下调整自己的信念，他们表现出无能"，从而导致销售和利润下降，并最终使他们不得不靠造假来维持局面。

霍夫斯特德勒对美泰过去3年的公司会议和工作记录进行了重新整理。他解释说，美泰上市后采用的年度会计结算办法固然合理，但为接下来的违法行为作了铺垫。他说，公司采取的一系列促销计划最终全都变了味儿，1965年以后的"多元化"发展更是后来导致美泰走下坡路的罪魁祸首。

那一年，露丝为公司制订了新的发展目标，即"通过增加每股收益促进公司进一步发展，从而带动更多的股东投入"。她盼望着公司的销售额能以每年10%的速度增长,每股收益的年增长速度能够达到25%。为了达到上述目标,霍夫斯特德勒写到,是露丝将罗森伯格引进了公司。罗森伯格按照指示努力提高美泰在金融界的形象,以确保露丝订立的目标能够实现。他也确实促成了美泰股票地位的提升,同时美泰的收购计划也在紧锣密鼓地进行。

对于"多元化"发展带来的诸多问题,霍夫斯特德勒写道:"美泰是个玩具生产企业,对收购来的企业所从事的行业知之甚少,导致这些企业在被收购后基本上还由原来的管理者进行管理。美泰对其监管很少或根本没有。"在对玲玲马戏团的收购案中,合同明确注明:美泰不干涉马戏团的工作,一切仍由费尔德负责。

说到组织机构,霍夫斯特德勒更直言不讳。他指出,美泰所谓的机构布局有名无实,"运营方式还和它过去是个小企业时没有什么区别",就连美泰自己的管理者都承认实行分部门管理是个错误。他还将美泰1972年5500万美元的亏损归咎于不切实际的目标。公司"还抱着早些年的乐观态度……部分公司经理还想保持过去的增长速度"。这一切的责任,他认为都应由露丝、艾略特、罗森伯格、会计吉田康夫和那些部门经理承担。对露丝稍微有利一点儿的是,除了罗森伯格外,他没发现严重的内幕交易。

这份调查报告,连同普华会计师事务所的审计报告,详细介绍了美泰造假所用方法:开单后延付——从未发货或付款的金额为1400万美元;少报多余库存——大约700万美元;延期记录加工成本费数百万美元;忽视开单中的一个失误,从而导致1972年第一季度多报了近500万美元的收入。

看了这份调查报告，露丝仍旧一心扑在自己的新产品上，努力不去分心。当被问及对报告有何看法时，她给出了一个老套的回答："我在乎，却无能为力。该怎么样，就怎么样吧。"虽然这么说，这份报告的意义她再清楚不过了。那就是这份报告将会被用来对她和美泰其他相关人员进行刑事指控。

在与律师没完没了的会谈间隙，露丝开始着手"真我风采"的生产。她硬把"露丝"和"佩顿"两个词合并在了一起，组成"鲁斯顿"，作为新公司的名字。尽管这个名字不大雅观，却让露丝解除了心中的一个积怨。她解释说："真正"与哈罗德·马特森一起建立起美泰的是自己，给公司起名字时，用的却是艾略特和马特的名字，没有自己的份儿。艾尔扎克也一样，用的是艾略特和扎卡里·赞比的名字。她说："我工作异常努力，可他们还是选择了艾尔扎克。"她也承认："鲁斯顿不是个好名字，但我想不出更好的。我在公司名字里加入自己的名字，目的就是让大家知道我要以自己的方式做事。"

鲁斯顿公司始于马斯办公室兼实验室后面的一个仓库。据露丝说，里面"又脏又乱"，他们不得不找些朋友来，和艾略特一起将里面彻底清扫，又重新进行了粉刷。露丝拣了一张旧的桌子，作为临时办公桌，又从西尔斯百货买来些工具。上班时，她将自己的劳斯莱斯停在巷口，那是通往仓库的唯一入口。在这么个破地方停放一辆豪华轿车，露丝自己都觉得有些滑稽。

为了让自己的产品能突破传统人造乳房的局限，露丝叮嘱她的新团队，他们生产的人造乳房要能够达到以假乱真的效果，而不是简单地往乳罩罩杯里塞进一些球球。

以往的人造乳房都相对比较重，戴着它的人肩膀会一头高一头低。因此，凡是戴了人造乳房的妇女大抵一眼就能看出来。露丝坚持自己生产的乳房要带有胸壁，能够跟身体自然地贴合。为了减轻重量，她还选用了事先打磨好的泡沫作为乳房的中心。同时，为了让乳房的外观和手感都更自然，泡沫周围为密封起来的硅油，而不选用传统的凝胶。所用的泡沫跟美泰（Tender Love）暖暖系列娃娃用的泡沫类似。乳房的最外层用的是聚氨酯薄膜。这种薄膜轻、无气味，而且不粘连。

先期，露丝共生产了80个人造乳房，左、右各40个。为了符合人体的特点，这些乳房在顶部和两侧都逐渐变细，而且和乳罩一样分为32—42不同的尺码，罩杯也根据大小不同分别由A到D表示，价格因人造乳房的大小不同而从98—130美元不等。这种人造乳房在穿戴时，可以直接贴在皮肤上，外面罩一个配送的外罩或带兜的乳罩。由于不喜欢强加给乳房切除者的又贵又难看的传统乳罩，露丝测试了市面上能见得到的众多乳罩，然后选择了最合适的牌子与"真我风采"搭配使用。

人造乳房做好后，露丝马上开始了下一步工作，那就是寻找试戴对象。她先是到贝弗利山的一家诊所，找到当地的著名乳腺癌专家，表面上是要作个常规检查，实则想趁机问出一些患者的名字。然而，令她遗憾的是，那位专家坚持以遵守职业道德为由，拒绝向她透露任何患者的姓名。最后，还是诊所的护士向露丝推荐了另外一名医生。

于是，露丝不得不带着她的产品去找了第二位医生。这位医生和他的护士态度要好得多，他们都对露丝的经历深表同情，在看到她的产品后也非常兴奋。露丝告诉他们：自己不是要把这些人造乳房卖给患者，只是希望她们能帮忙试戴一下。于是，医生同意将自己部分患者的名字提供给露丝。由于责怪第一位医生拒绝给自己帮忙，露丝干脆把自己病后的护理工作也转到了第二家诊所。

1976年4月，露丝在洛杉矶西部找到了一个占地四百五十多平方米的工厂，这家工厂有一个附属商店，在这里，露丝开始了她人造乳房的销售。起初，对于如何推销自己的产品，她并没有把握，思来想去，最后决定自己开店，这样可以保证人造乳房的佩戴不会出现问题。于是，她开始设计宣传手册，选择了"出自一个女人之手的最好的人造乳房"作为宣传口号。在那之前，露丝从未公开利用过自己的女性身份。但为了新公司，也为环境所迫，她开始认识到自己的性别也可以成为一个不错的营销工具。不过，露丝的发现还不止这一点。

1975年夏天，露丝出席了美泰第一届"女员工大会"，并在会上作了发言。当时正赶上她问题缠身，公司里又流言四起。尽管如此，她还是得到了在场女同胞的热情拥抱。在露丝保留的一份记录中，一位妇女写道："你给了我们自信，让我们在看到自己弱势的同时不再感到自卑。最重要的是你让我们学会了最大限度地发挥所长，为我们树立了榜样，让我们也有勇气去走出一条属于自己的道路！"露丝还保留了当时拍的许多照片，照片中她笑得很开心，也很放松。她将这些照片拼贴在一起，在旁边写下了"在美泰，女性终于开始组织起来"这句话。她当时一份名为"女性日记"的档案中还保留着格洛丽亚·斯泰纳姆[1]写的一封信和辛西娅·弗茨·爱泼斯坦一篇关于女

---

[1] 格洛丽亚·斯泰纳姆曾提出用"Ms."代替"Miss"和"Mrs."的主张。——译者注

权主义的文章。里面对于性别主义、工作歧视和女性的能动性等问题都进行了公开讨论。一向不主动与其他女性交友或保持亲密关系的露丝渐渐认识到了女性团结起来的重要性。

当年夏天，她加入了洛杉矶一个名为"商界女性"的组织。该组织的成员每个月会面一次，偶尔集体外出。秋季，露丝报名参加了她们的墨西哥塔咖提之旅。约20位女性一同驾车来到颇有乡村气息的菩塔农场，在12平方千米的土地上尽情呼吸新鲜的空气，欣赏秀丽的自然风光，享用健康美味的乡间美食。到了晚上，大家三三两两地睡在农场简陋的农庄里。

除了露丝，美泰的几名女员工也加入此行。据随行的美泰员工丽塔·饶回忆说，她们晚餐后还去享受了一下"极可意"的水流按摩。大家看到清凉见底的河水，禁不住纷纷宽衣解带，一个个下了水。开始时，露丝还有些犹犹豫豫。其他人都很年轻，没人像她那样身体变了形。"除了艾略特外，她还没让别人见过自己胸前的伤疤。"饶解释道。但当晚，在其他人的怂恿下，露丝最后干脆也将牛仔裤和毛衣一脱，慢慢下了水，当时似乎没人注意到她跟其他人有什么不同。据饶说："当晚我们喝了很多酒，露丝也兴奋起来。借着酒兴，一个个大呼小叫，水池里热闹极了。"

随行的还有美泰的另一名员工派特·邵尔。她回忆道："最后，管理员来了，把我们轰了出去。我们接着跑到不知谁的屋子里，开始听露丝一个接一个地讲故事。她很有观众缘，无论到哪儿，都会成为关注的焦点。当晚成了她一个人的舞台。"

那晚与那些聪明、活泼、有事业心的女性在一起的经历让露丝发生了转变。多年后，在回忆起当年的"极可意"水流按摩时，她说："我发现，与男性相比，我更愿意与女同胞们在一起，我的世界因此发生了改变。我想，当时的我可能是觉得自己成了男性的牺牲品。"

如果说，露丝的改变是从塔咖提开始，那这种改变并没有因为那次旅行结束而结束。小时候不喜欢其他女孩子、大了又只在乎自己在男性社会中的地位和权力的她，开始发现自己曾经失去的东西。女人能让她恢复自信和希望，将她当作她们心目中的英雄。露丝说："我努力重建自己的信心。我似乎开始能跟陌生人，尤其奇怪的是，跟其他女人交朋友。实际上，是她们一下子成了我的朋友。我没有刻意地要跟谁交往，是她们找到了我，包括年轻女性、职业女性。她们都把我当作学习的榜样，认为我能够告诉她们怎样才能成功。"

对于自己的新角色，露丝欣然接受。那些女性对待她很真诚，而她也学会了跟她们坦诚相待。同她们相比，露丝年纪要大得多，经历的也多得多，但她的孤独感让她不去在意这些差异。她任凭自己被卷入她们的小圈子，她们让她不再感到孤独。

从塔咖提回来后，露丝直奔她在洛杉矶的工厂。这一次，她下定决心要去美泰挖人，目标就是艾里克斯·莱尔德。莱尔德是营销专家，在美泰正是平步青云的时候。选择莱尔德的另一个原因是，莱尔德也是乳腺癌患者，并且接受了乳房切除手术。露丝想要让鲁斯顿成为一个由女性领导的企业。她所有其他的员工，也都和她与莱尔德一样，有着类似的遭遇。那天上午，她首先就自己在美泰时未能重用莱尔德而向她道歉。这次的行程让她意识到，鲁斯顿必须要发展起来。

她决定不再靠自己开店来推销产品，而要向高端零售百货商店进军。她的第一站就是位于达拉斯的内曼·马库斯。

在露丝忙着第二次创业的同时，针对她的法律纠纷从未终止过。由于受到刑事指控，她不得不经常出入律师事务所。1977年1月，她开始在全国各地进行"真我风采"的促销。与此同时，她越发感到无休止的法律问题令她焦头烂额。按计划，她先要到达拉斯的内曼·马库斯百货商店，然后是堪萨斯城的伍尔夫兄弟，接着是内曼·马库斯在各个城市的分店。她随行带了几名女员工，分别负责给销售人员和潜在客户提供培训。这次营销的效果大大超出了露丝的想象，这不禁让她开始为公司的发展和扩大生产线绘制宏伟的蓝图。但一回到家里，等待她的是与律师的又一次会面。她说："那一次次的会面令我非常沮丧，那经历真是糟糕透了。我就盼着能早点出城，回到更衣室，帮助顾客挑选合适的人造乳房。"

露丝经过调研了解到，截至1977年，有近200万美国妇女曾经经历过一次或两次乳房切除手术。光是1975年被诊断出来的乳腺癌患者就有8.3万人。10年后，每年新增患者的人数将达到12万，甚至更多。一次接受记者采访时，露丝说："这个市场不是在直线扩大，而是在迅速膨胀。在美国，每14名女性当中，就有一个患乳腺癌。我们光要满足国内市场的需求都很困难，但我们会随着市场尽快发展的。"

对患者来说，乳房切除会影响到她们的自身形象，而"人性化的服务和理解将会打开她们心结，同时也是让她们敞开腰包的钥匙"。露丝找了一批和自己一样经历过乳房切除手术的患者作为公司员工，她们也都像她一样对人生有着积极的追求，不轻言放弃。其中很多人就是她最初的顾客。露丝告诉记者:"我对员工很挑剔,原因是我对'真我风采'倾注了太多的心血,我不能把它交到没有爱心的人手里。"她还鼓励丈夫们陪着妻子选择和试戴人造乳房。她说:"妻子的乳房被切除了,他们也很痛苦。他们生活在一个很看重乳房的社会里,他们也需要和妻子一样以全新的面貌走出试衣间。"她是根据自己的切身体验说出这番话的,因为她知道自己患病给艾略特带来的伤害。

她和艾略特仍然很相爱,但在独自创业的过程中,她也感受到了他们之间越来越大的距离。艾略特是鲁斯顿的董事会成员,负责处理所有的人际关系。但没有他和自己共同闯荡,露丝感到很孤单。"跟艾略特,有些事情没法真正地交流。"她不无悲伤地说。对此,艾略特似乎也明白。他回忆说:"她喜欢把人造乳房给顾客戴上,看着她们脸上露出笑容。她的生活也因此变得开放,她又恢复了往日的活力。只是,我不想再重新进入商界。鲁斯顿的盈利情况虽然不是很好,但她喜欢四处走走,她喜欢这样的生活。"

6个星期中,露丝有4个星期是在外面跑。她说:"我的日程就像是赛道,我从未像现在这样努力地工作,也从未如此享受过生活。"她去过博威特、布鲁明戴尔,还有马歇尔·费尔德。考虑到那些逛不起高档商店的妇女,她就到家庭保健品商店去销售。有些商店开始时还有些犹豫,但局面很快就被打开。博威特率先在店内为"真我风采"设立专卖店。商店管理者宣布,做了乳房切除手术的人并不是坏人。用他们代言人的话说,"她们没有犯罪,只是失去了身体上的一个器官"。很快,布鲁明戴尔也开了一间"真我风采"精品店。

在露丝看来,与自己永远都可能不会再见面、名字也记不起的陌生人同处试衣间，让她感受到极大的精神满足。她说："一位女性走进来，开始时还带着敌视、困惑、慌乱和不自信的眼光。通过我们的引导，她开始开心地放声大笑，甚至跟我们开玩笑，最后干脆将胸部挺起来，炫耀自己的变化。整个试衣间都跟着一起兴奋起来。当她从这里走出去的时候，她看我的眼神、给我的拥抱和亲吻，无一不令我心旷神怡、心神激荡。虽然我们就此别过永远都不会再见面，我却感到由衷地满足。"由于工作关系，露丝不得不经常在外，没时间去陪艾略特，她对自己新工作的痴迷已经令她欲罢不能，无暇顾及其他。

1977年下半年，露丝开始着手修建一个占地两千多平方米的大型厂房。这时候，对百货商店售货人员的培训、人造乳房的佩戴和公关都取得了巨大成功。电视屏幕上的她风趣幽默，收放自如，一派喜气洋洋。她仍旧健步如飞，雪白的头发修剪得干净利落，褐色的双目炯炯有神。透过她细腻的皮肤，有谁能猜得出她已年过六旬并曾长期为病痛所困扰？繁忙的工作之余，她还会抽出时间修理指甲、化化妆。她也会满面笑容地重复着她那句名言："我周围都是笨蛋，就叫我'笨蛋窝'或'笨蛋孵化器'好了。"这是她对一名记者说过的话。人们还会经常向她问起芭比娃娃，她也总是说："从第一个娃娃起，我正好走了一大圈。现在，我开始以人造乳房来满足成年女性对乳房的需求。"在上《今日》节目接受珍妮·波莉访谈时，露丝说：她造人造乳房的目的就是让"女性能够把她们的乳头显露出来"。还有一次，在电视节目录制现场，她发现自己竟没随身携带一件样品。情急之下，她将自己戴的人造乳房抽了出来，递给主持人，把主持人惊得目瞪口呆。这一招还真起作用，以后她就经常用它来"活跃一下气氛"。"我们得到了大量的宣传,"她说,"我的生活又有了生气。与女同胞面对面站在一起,给她们戴上由我设计和生产的人造乳房,那感觉非常非常美好。我真的很兴奋,感觉自己获得了新生。"当年4月,《人物》杂志上刊登了关于"真我风采"的一篇报道,上面还有露丝的照片。照片中,她的上衣大开着,脸上洋溢着灿烂的微笑。她就是人造乳房最好的广告。

对于那些戴上她的人造乳房的妇女来说,露丝就是她们的救星。很多人写信给她,将她当作知心朋友。一位来自底特律的妇女写道:"我只能自己承受这一切……从小在孤儿院和寄养家庭里长大的我,只能独自去面对这场噩梦。其中的痛苦、恐惧,还有术后留下的难看的疤痕……我本来是个秘书,却因此丢了工作……感谢上帝了给我指引,也给了我内心的坚强,也要感谢你让我活出'真我风采'!"另外一位来自火奴鲁鲁的妇女也向她表达了深深的感激之情:"自从20年前做了根治手术后,我没有一天不生活在痛苦之中。一到了夜里,我的右侧身体和上臂就会疼痛。戴上了人造乳房之后,我从商店里走出来。当天夜里,我踏实地躺在床上,20年来头一次没有感觉到疼痛。"一位捷克斯洛伐克妇女认真地写道:"我戴着它,称它为我的'安慰'。在最危难的时刻,是它帮助我克服了复杂的心理,重新树立起自信。我细心地'照料'它,因为我在这儿买不到'真我风采'。"

还有一封信,露丝是无论如何都要保留的。那是她开车去加州幻象山庄给前美国第一夫人贝蒂·福特佩戴人造乳房后,贝蒂·福特写给她的感谢信。信中,这位前第一夫人感谢露丝为自己佩戴人造乳房并赠送给自己一个额外的乳房填充物。

像露丝、贝蒂·福特这样在接受了乳房切除手术后勇敢地站出来并公开了自己秘密的女性,还有参议员伯奇·贝赫的夫人玛维拉·贝赫。NBC记者贝蒂·罗琳首次让人们了解到了这些人超乎寻常的勇气。在她1976年撰写的书籍《最先,你哭了》中,罗琳介绍了自己患乳腺癌并接受乳房切除手术的经过。她说:"如此多的人成为它的受害者,我们必须要学会主动应对。出此书的目的之一就是要告诉女性朋友:面对着自己身体上的变化,我们必须要勇敢地去作出自我调整。当你想要采取什么手段来应对它的时候,当你想要尽可能以自己最好的面貌示人的时候,恢复就已经开始。"

关于让生活恢复正常,露丝有自己的理解:"如果生活变得不那么美丽,你有责任振作起来,去搞清楚是不是你哪里出了问题。只有接受了自己,你才能真正接受生活。"作为一名癌症幸存者,她找到了接受自己的方式;但等待她接受的还有另外一个角色,那将会让她再次经历耻辱和恐惧。

1978年1月10日,露丝第一次与她的刑事辩护律师史丹·摩顿森见面。见面的目的是要为第二天的出庭作准备。露丝将要面对联邦大陪审团,此后她还可能面临指控。不出摩顿森所料,1978年2月17日,也就是刚刚与贝蒂·福特见面后,露丝·汉德勒被控犯有邮寄欺诈、向SEC提供虚假公告、在股票上市登记表及向联邦被保险银行作出不实声明等10项罪状,她也将因此面临5.7万美元的最高罚款和41年的牢狱之灾。

第 16 章

最终审判

一旦情况不对,明智做法就是赶快脱身,不要恋战;

在多数情况下,如果事情出了差错,结果很可能就是这样。

这一点,我在很早以前就领教过了。

1978年12月5日，星期四。日近薄暮，在洛杉矶联邦法院，法官罗伯特·塔卡苏吉的审判室里人头攒动，在场的多是新闻界的记者。有消息称，露丝·汉德勒将就针对她的多项重罪指控提起申诉。

在洛杉矶，露丝可是个家喻户晓的名字。由她参与创建的美泰玩具公司是该市最大的企业之一，二十多年来，美泰也多次举办慈善捐赠活动，为该市的发展作出了不小的贡献。露丝作为美国商界为数不多的女性经理人，她的大起大落更是牵动着上亿美国民众的心。

像露丝这样被卷入丑闻的企业高级领导人在20世纪70年代大有人在。继她之后，有"垃圾债券王国缔造者"之称的迈克尔·米尔肯也受到SEC的调查。安然、泰科和世界通信爆出丑闻是十多年后的事情。后来同样因受到重罪指控而锒铛入狱5个月的玛莎·斯图尔特则刚刚开始建造自己的媒体帝国。

对于在场的记者来说，这位曾经将可爱的芭比娃娃送到无数孩子手中的白发苍苍的老妇人，有着不可抗拒的吸引力。

此时，已在原告律师席就座的助理检察官约翰·范德维尔德一脸的不高兴——他刚刚在检察官安德里亚·夏利丹·奥丁的办公室开完会。会上，露丝的律师赫伯特·米勒和史丹·摩顿森坚持为当事人提出申诉。作为美国律师界的传奇人物，米勒很少说话，只是聚精会神地听他人高谈阔论。但他一旦张口,在场的人无不洗耳恭听。

检察官奥丁刚刚到任不到一年,范德维尔德也年纪轻轻,但论到职责,两人绝不含糊。他们希望,在针对露丝的10项指控中,露丝至少要在一项指控面前低头,这也算是对公众的交代。至于最终的结果如何,还要看法官的判决。但在与法官塔卡苏吉办公室开过几次会后,范德维尔德清楚,塔卡苏吉的态度已经软化了。

对露丝来说,由塔卡苏吉出任自己的审判法官,算是不幸中的万幸。据一位有经验的公诉人称,洛杉矶的联邦法官共有18位,在这些人中,同意露丝的不抗辩请求的寥寥无几。

陪同露丝一起出庭的,还有她的家人,包括艾略特、她的一双儿女和她的孙儿、孙女们。在这种情况下,她尤其需要家人的支持。她迫切地希望能尽快了结这一切的纷争,赶快回到鲁斯顿她热爱的工作岗位上去。

当年1月,接到指控的当天,她着实被吓了一跳。接下来发生的一切更是令她胆战心惊。她先是被要求出席听证会,然后按照指示到审判室的地下室听候发落。当时和她一起站在阴森森的接待室里的还有艾略特和她的两名代理律师。在那里,她可以看见两个拘留室,门上都上着锁,分别用于囚禁男女犯人。

几分钟后,她被一名警察独自带到了里面。她还以为对方要让自己在文件上签名,却发现对方是要取自己的指纹。取完指纹后,她脖子上被挂了一张卡片。戴着卡片,她被拍了几张面部照片。她当时就想:"这回完了,他们要把我关进监狱了。"

这时,一名女警官走了过来,将她带到一个连窗户都没有的密室。密室里,她让露丝摘掉了身上所有的珠宝首饰——手表、结婚戒指、耳环、金项链,还有腰带。就听那名女警官说:"为了那些珠宝,她们会杀了你的。"之后,她被带到了女犯拘留室。

随着守卫将门锁上,露丝猛地冲向艾略特,嘴里还喊着他的名字。她的代理律师也赶紧上前跟狱卒解释,一定是出了误会,露丝不应该被监禁起来。

就这样,露丝胆战心惊地被关进了联邦监狱。

塞斯·霍夫斯特德勒的调查报告成为此次对露丝提起指控的主要依据。同时受到指控的还有罗森伯格、吉田康夫等4人。罪名包括他们在5年中"公然"采取的造假行为共45项,包括开单后延付、错误延后开支的年度财务报表以及操控过量库存、加工成本及版税等。

瑞恩没有受到指控,据说是因为他也是受害者。他虽然过着挥霍无度的生活,但他的收入完全来自收取的专利使用费。对于瑞恩获取专利使用费的情况,露丝的态度也和她对其他指控的态度一样,那就是:她全不知情。她猜测瑞恩有可能是因为自己面临的离婚诉讼才不得已而为之的。

根据起诉书,安达信会计师事务所也是受到美泰提供的虚假信息的欺骗,因此暂免对其进行指控。起诉书的结尾得出了与霍夫斯特德勒的调查结果完全不同的结论,那就是:露丝凭借内幕消息进行美泰股票交易,从中牟求暴利。其中列举了露丝在1972年靠出售手中的8300股美泰股份赚取了19.1万美元的事例。对此,露丝感到十分气愤。另一项指控更是令她怒不可遏:露丝和艾略特一贯以"家长"自居,认为自己悉心照顾着"美泰这个大家庭"中的每一个成员,他们还颇以此为荣；然而，令他们没有想到的是，起诉书中却称，1970年11月，露丝曾和罗森伯格密谋要取消一项价值近260万美元的员工退休金计划，目的是要借此增加公司收益。

露丝立即就此发表新闻公告，声称自己是无辜的，并开始进行自我辩护。她说，联邦政府推迟了8年才对她提起诉讼，这是别有用心。对于针对自己的指控，她说，她已忍让再三，目的就是不想让美泰受到影响。她也因此辞去了美泰的职务，希望通过自己的辞职，能让美泰尽快从财务困境中走出。但是现在，她决定不再沉默。"对于这些指控，我不能再一味地不予理睬，"她说，"该是我还击的时候了。那些人总是喜欢把美泰的问题加到我的头上，但是我从未参与过任何违法行为。从现在起，我要用尽自己的每一分力量，向法庭、也向公众，证明我的清白。"

唯一让露丝感到欣慰的是艾略特没有受到牵连。为了帮助艾略特摆脱干系，律师要求对他进行测谎，这是证明被告清白的一种常用手段。考虑到艾略特一直都在搞研发，并基于测谎结果，政府决定不对他提起诉讼；露丝却没有如此幸运。对此，露丝说："我很高兴艾略特没被牵扯进来。我不怨他，也不嫉妒他。我只是感到很孤独。对于艾略特，我没有任何怨气。我感到如此孤独，不知道是不是因为他没有与我一起同舟共济。不过，即便是有他和我在一起，我也同样可能会觉得孤独。"

在那之后，过了有近一年的时间。在这期间，史丹·摩顿森多次告诉露丝，政府肯定不会就此善罢甘休，但这样拖着对她也有好处。

他建议露丝不去理会公众的关注，只管做好眼前的工作。案件越往后推，对她越有利，一旦过了有效期限，法律也将无能为力。他还说，一般情况下，如果是政府提起诉讼，过程往往比较复杂。一旦有人被免除责任，证人的话就会受到怀疑。如果审判日被定在 6 月 13 日，就会有人提出议案；一旦有了争议，几个月的时间都不够用。但他同时也说，政府有可能首先拿吉田康夫开刀。

不出摩顿森所料。1978 年 2 月 28 日，曾任美泰财务副总裁的吉田康夫对自己曾向 SEC 提供虚假年度报告，包括虚报 1000 万美元的公司销售收入的罪行供认不讳。但他与原告达成协议，只要他合作，原告会向法官请求对他宽大处理，他只需在监狱里待上 2 年，再缴纳 1 万美元罚金就可以。有了他的口供，政府对露丝的指控就万无一失了。

为了保证吉田康夫不临时变卦，他的审判被安排在露丝的审判之后进行。在证词中，吉田康夫毫不含糊地将其他被告一一"咬"出。公司所有销售报告露丝都会经常仔细查看吗？公司日常事务一般都由露丝负责吗？罗森伯格不顾销售不景气的情况坚决要实现盈利目标吗？露丝知道他为造成盈利假象都做过哪些手脚吗？罗森伯格与露丝谈论过要取消员工的退休金计划吗？他向露丝汇报过报表和记录中造假的地方吗？露丝说过要让他把所有涉及开单后延付的文件都进行清理吗？对于这些问题，吉田康夫一律供认不讳。

几个小时之内，他将美泰何时何种情况下采取了何种欺骗手段悉数道出，无一遗漏。他于 1950 年开始就在美泰工作，要想推翻他的供词可没那么容易。

在律师为推迟或取消对露丝的审判而左右周旋的同时，露丝也在努力地继续着自己的工作和生活。那个夏天对她来说既紧张又难熬。前一天，她要在世纪城的公寓里与律师见面，接下来的一天，又要赶去参加鲁斯顿为那些对她心怀感激的妇女举办活动。忙碌的生活并没有让她忘掉自己的艰难处境。她在《洛杉矶时报》《华尔街日报》《纽约时报》等上面读到的每篇文章似乎都在说，她是个罪人。上楼的时候，她在电梯里怕碰到熟悉的邻居。过去，她和艾略特是山冈乡村俱乐部的常客；现在，她却很少在那里露面。为了不引起别人的注意，她甚至将自己的劳斯莱斯车也卖掉了。与此同时，她在自传里写道：突如其来的一切令艾略特也很"震惊"，"他想尽办法想让我的生活回到正轨。在我绝望之际，他给了我很大的关切和支持。但即便如此，想着等待我的监狱生活，我始终不能摆脱那种孤独感……"

这一边，律师也在为露丝据理力争。他们针对起诉共提出了8点异议。其中包括：联邦政府仅仅依据霍夫斯特德勒的调查报告就对露丝提起诉讼未免欠妥；霍夫斯特德勒的调查违反了被告的基本权利；政府拖延起诉时间有失妥当；任何针对1973年以前行为的指控都超出了法定时限等。8月4日，对于上述意见，法官塔卡苏吉全部予以驳回。范德维尔德回忆说："他们拿了一大堆的议案，但都被法官予以否决。这让我们感到很振奋。"

3个星期后，西摩·罗森伯格对于针对他的指控选择缄默。他也和露丝一样，面临着40年以上的监禁。但他提出，希望通过主动认罪获得从轻发落和缓期执行，理由是妻子长期卧病在床。这一请求遭到了司法部律师的反对。

主审法官塔卡苏吉是第一个成为联邦法官的日裔美国人，刚刚上任不足两年。"二战"期间，12岁的他曾和家人一起被拘留在华盛顿州的塔科马港市。他因办事公正和维护少数族群的权利而远近闻名。据时任检察官安德里亚·奥丁说：与当时最高法院的其他法官相比，塔卡苏吉相对更有同情心。罗森伯格的审判被定在12月举行，但法官塔卡苏吉明确表示，不会分开他和他生病的妻子。

针对露丝的审判从10月3日开始——按律师的说法可能要历时3个月。因此，他们需要见面的时间更多了。每次见面，露丝都极尽痛苦。她不停地作着记录，一方面想要这种煎熬赶快结束，另一方面又在想方设法证明自己的清白。同时，她还在固执地希望能挽回她的声誉。

有一天，她终于发现这一切令她忍无可忍。本来，她是准备到城外参加鲁斯顿的一场促销活动，这次促销是两三个月前就已经安排好的，可律师坚持要她按规定出庭。她无论如何都不想临时取消这次活动。无奈之下，她问律师，有没有办法让她彻底摆脱这没完没了的法律问题。律师的答复是，她可以选择不进行抗辩。这也就等于认罪，但可免除牢狱之苦。对此，露丝坚决反对，她坚持自己是无辜的。她说，她既要选择不进行抗辩，同时还要强调自己的清白。

然而，在惯例面前，她的想法也只是一厢情愿。律师只能说，他们会尽力而为。不过，他们答应会研究一下，看能否如她所愿。与此同时，就在罗森伯格提出不抗辩请求之后，助理检察官范德维尔德向媒体发布声明，声称司法部认为，在当前的案件中，同意接受不抗辩请求有损公众的利益。司法部认准了要严惩罗森伯格与露丝，尤其是在她既要选择不抗辩又拒绝认罪的情况下。法官塔卡苏吉告诉罗森伯格，选择不抗辩就等于认罪，但不会影响其他案件的审理。

不出几天，露丝的律师就给她找了最后一根救命稻草，即所谓的阿尔福特认罪，这是一种晦涩的法律手段。这种认罪形式源于1970年最高法院对北卡罗来纳州阿尔福特一案的审理。该案件中，阿尔福特被控犯有杀人罪，但他拒不承认。最后由于有充足证据证明他确实杀了人，为了减轻刑罚，他选择了作有罪答辩，但仍不承认自己确实杀人。他最终被定为犯有二级谋杀罪，而非此前控方要求的一级谋杀罪。基于此，律师告诉露丝，她可以提出不进行抗辩，但仍坚持自己无罪。

坐在被告席上，露丝感觉全世界的眼睛都在注视着她。她手里紧紧攥着事先准备好的发言稿，急切地想要证明自己的清白。法官塔卡苏吉则端坐在法官席上，一脸严肃，他虽然身材矮小，长得却很结实。他宣布陪审团已达成一致意见，准许露丝作不抗辩答辩，她也因此免受监禁刑罚。然而，她必须要清楚：她选择了不抗辩，也就等于选择了作有罪答辩。"你知道你现在选择了作有罪答辩吗？"他问露丝。露丝答道："我相信我没有从事任何犯罪活动，但与我的辩护律师商量后，我决定不进行抗辩。"对于这一回答，法官表示满意。但那一边，原告方可就不愿意了。塔卡苏吉命令陪审团针对露丝的10项指控予以裁决，并宣布于12月份公布审判结果。之后，范德维尔德起身，表示反对。他说，联邦政府并没有参与上述意见的征集。和对罗森伯格一案的态度一样，司法部的律师认为：公众有权了解全部的指控和证据。

听证会结束后，法官告诉记者：他们已和原告方达成"默契"，可以不让露丝蹲监狱。对此，检察官安德里亚·奥丁却不予认可。她对《纽约时报》记者说："我们认为，为了公众的利益，我们应该给出一个最终决议，丝毫不能含糊。"尽管提出不抗辩，露丝仍坚持自己无罪，这"不禁让人怀疑法律的公正"。然而，当她离开法庭的时候，她还没有看到露丝在向众人分发的声明。

声明中说："我认为我并没有承认针对我的任何指控。实际上，我坚决否认自己从事过任何刑事犯罪。如果我要是受审的话，我会证明给他们看：这些指控都是莫须有的。"然而，她却"失去了与他们战斗的热情"。她把全部心血用在了鲁斯顿上。她说："我不想由于漫长的审判而影响新公司的发展。""当然，"她说，"我也清楚，即使我继续坚持自己无罪，法院依然会断定我有罪。不管结果如何，我都愿意接受。"这是她唯一一次向法院低头。

这时的原告方已是怒不可遏。听证会后两天，《前锋检查者报》刊登了一篇文章，名字叫作"美泰的诉求是否是在拿司法开玩笑？"文章援引检察官奥丁的话说：同意不抗辩，就等于剥夺了公众的知情权。如果换作是她，被告"不认罪"，就不能同意给予"非监禁刑罚"。对此，露丝的律师给奥丁写信，对她的公开言论表示抗议，并说明他们支持露丝不抗辩的理由。接到信后，奥丁立即反唇相讥。她说："宣判时，我们会向法庭说明被告相应的罪责。"她还指出：被告是否认罪和承担相应责任，是司法部决定是否对其进行监禁的关键。

露丝获得了暂时性的胜利，但她付出的代价也很高。司法部摆明了要将她送进监狱。她也只能指望着法官继续大发慈悲。但据她的律师了解，露丝关于自己无罪的书面声明让法官塔卡苏吉也非常生气。他很可能出于慎重考虑暂不理会关于是否对露丝进行监禁的"默契"，另一方面，原告方的频频施压也足以让他改变主意。

在给露丝的律师的回信中，奥丁还威胁说：她会在听证会开始之前向法庭提交一份判决备忘录。这个奥丁到底和自己有什么深仇大恨？露丝怎么也搞不明白。她说："这个检察官安德里亚·奥丁，就是个混蛋。随便让哪个男的检察官来，都比她强。我就是不明白我影响到了她的前途吗？她为什么冲着我来？法律有漏洞，是法律的问题，她何必要胡乱咬人？"

有意思的是，这位安德里亚·奥丁也和露丝一样，算是女中豪杰。1918年，美国出现了第一位女检察官；1977年，时任美国总统吉米·卡特第二次任命一名妇女出任检察官之职；奥丁是全美第三位女检察官。同时，她还是担任该职的第一位拉丁美洲人。在整个诉讼过程中，她甚至没跟露丝见过面。但由于她是检察官，露丝就把怨气都撒在了她的身上。

3个月后，在对露丝进行庭审的当日，露丝坐在被告席上，焦虑不安地等待着法官塔卡苏吉的到来。这一次，她没有准备任何材料。她只是希望并且祈祷：在是否对她进行监禁的问题上，法官没有改变主意。她愿意接受社区服务，也作好了准备。至于是什么样的服务，她甚至不在乎。

缓刑官凯瑟琳·克拉普倒是准备了一份判决前报告。如果要坚持执行缓刑，法官很可能会听从克拉普的建议。在10月与克拉普第一次见面时，露丝就提出了自己的请求。她说：如果要从事公益活动的话，她想向需要人造乳房却无力购买的妇女免费发放。她愿意贡献出价值数十万美元的人造乳房。她觉得这是个不错的主意，坚持以它作为主要的社会服务。对此，克拉普却另有想法。露丝是不是想借机扩大对"真我风采"的宣传？法庭怎么知道她不是把大部分时间都花在实现盈利上，而只是以赠送为幌子？尽管艾略特和她的一些朋友写信，诚心担保露丝是发自真心地想为社会做点儿事，这位缓刑官似乎不为所动。

在露丝看来，这个克拉普也是"浑蛋"。她对露丝的生活方式怎么看都不顺眼。第一次去汉德勒家与露丝探讨社区服务时，她看着屋内莫奈、雷诺阿、皮萨罗、毕加索等人的作品直眼热，整个公寓就像是个小型的艺术博物馆，墙上的壁画价值几百万美元。环顾四周之后，她突然冒出了一句："你这种人不配拥有这样的艺术作品，它们应该摆放在博物馆里。我希望你至少在遗嘱中将它们捐献出来。"露丝心里想："你算什么啊？还轮到你告诉我该有什么、不该有什么？"

随着法官塔卡苏吉的落座，整个法庭都安静了下来，法官看起来很严肃。在对面前的文件稍作整理后，他直接面向同时等待宣判的露丝和罗森伯格说：你们的罪行"简直就是剥削、是寄生虫式的行径，你们给整个社会带来了耻辱"。接着，他宣布对他们处以5.7万美元的最高罚款，并判每人每年500小时的社区服务，执行期为5年。罚款将用于对犯人的劳动改造。

然后，他的目光转向了露丝。他告诉露丝：她必须到由缓刑官指定的慈善组织服务，必须是亲力亲为，不能靠捐赠或"依仗被告的财富"来敷衍了事。之后，他宣布了最后一项处罚——任何有"旨在促进被告生意往来的举动都要受到严格审查并尽量避免。但关于汉德勒夫人想要向贫困的乳房切除者捐赠人造乳房的意愿，法庭表示赞同"。他用到了露丝发明的"乳房切除者"一词，却不是以露丝希望的方式。露丝被判以有史以来最长的社区服务，其间任何一分钟都不能在鲁斯顿工作。

第 17 章

人生低谷

在法官的判决面前,我选择了让步。

如今的露丝已经 62 岁了，同时扮演着不同角色。她既是一位妻子、母亲、祖母，又是一名企业家，同时还是一位乳腺切除患者和重罪犯。

经营美泰多年，她曾获得了众多的荣誉称号，包括国家会计师协会"年度杰出商业女性"、全国基督教徒和犹太教徒联合会"兄弟情谊奖"、西部广告联盟"年度女性"，等等。她还被美国希望之城国家医学中心、犹太社区基金会、美国癌症协会以及许多小型慈善机构和组织授予过荣誉称号。她也曾由总统亲自任命，出任国家商业理事会消费者协会和妇女经济地位顾问委员会成员，在加州大学洛杉矶分校管理学院任过教，发表过无数次演讲，并由于芭比娃娃以及"真我风采"而受到众多粉丝的敬爱。

尽管如此，当考虑要到哪里去完成法庭规定的社区服务时，她却感到迷茫：由一度的风云人物一下子变成了罪犯，她无法面对故人，而去找那些通过慈善活动结识的洛杉矶慈善界人士，她觉得拉不下面子，也受不了其中的尴尬与屈辱。

她费尽周章，终于找了些没人认识自己的地方工作。有些工作她喜欢，但不愿意听候别人的差遣，也不愿受到监视。"每一次做完工，我都得找人签字、汇报、出具证明，受尽屈辱。"

最后，她在一家教堂找了份差事。这家教堂曾经在她的帮助下才建立起来的。在那里，她被分配去处理档案。有一个女人专门做她的监工。这个女人会把她的工作时间详细登记在计时卡上。她说："我们给这家教堂捐过那么多钱，可现在，我却要被这个女人呼来唤去，指手画脚地告诉我怎样处理文件。她对我的说话态度，简直就像我是个10岁的孩童。真是丢人！"不久，露丝就辞职了。她也在跟自己的缓刑官讨价还价，坚持要求把上下班的时间计入服务时间内。她说，鲁斯顿占用了她大量的时间，自己实在没时间和精力去做那些服务工作。她想要做些有意义的工作！缓刑官告诉她："你就别费脑筋了，还是就近找份差事。这样，就可以步行上下班，轻轻松松把时间攒够。不要想去证明什么，没人在乎的！"露丝听从了他的建议。

在露丝看来，现行的缓刑制度很不规范。她刚刚与第一个缓刑官就什么是公共服务达成一致，他却被调往了别处。她又得一切从头开始，跟新的缓刑官争取什么样的工作算公共服务。可没过多久，这个人也走了。这不禁让露丝感到头疼。她说："简直太可怕了！我都想好了要自杀……来的第三个缓刑官，相对于前两个来说，更是'训练有素'。"

此人名叫史蒂夫·威斯尼，是个年纪轻轻的小伙子。按露丝的说法，他一看就是个幻想家，满脑子的空想。他告诉露丝，他一直都在关注她的案子，并认为缓刑部门给她的安排有些欠妥。听了这话，露丝实在忍不住了，不禁落下泪来。她说："上帝啊，我不想再有'正确'的对待。"威斯尼并没有气馁。他告诉露丝，她不适合给人倒便盆或做其他奴隶做的工作，而应该更好地施展自己的才华。

他打算由出身白领的缓刑犯为普通缓刑犯提供工作培训,并帮助他们进行人生规划。他把露丝和另外 3 个缓刑犯分到了一组。这些人分别做过会计、塑料公司老板和公关部主管。史蒂夫向他们解释了自己的打算。他说自己从最近的一个案子中获取了灵感。在那个案子中,一些肉食厂的经理被控向农业部门的检察官行贿。这些经理们后来被安排在肉类行业服刑,结果很成功。

露丝抓住机会,立刻就想开始工作,却发现另外 3 个缓刑犯都是光说不做的窝囊废。他们坐在那里空谈了几个月,可一到见真章时,就都成了泄了气的皮球。露丝恨恨地想:如果他们去美泰面试,肯定连第一关都过不了。"我觉得,整个事件就是一场闹剧。"她说。尽管她从心里觉得威斯尼的想法不错,但还是放弃了努力,转而把精力放在了为自己缩短刑期上。由她的律师出面,她提出了终止劳役的申请,这令缓刑部门非常恼火。就连一贯对她很友好的威斯尼见到那份申请后也很生气。露丝没想到他会那么激动。"他说了很多难听的话,真是可怕!"露丝说道。

除了申请缩短刑期外,1979 年 3 月,露丝的医生艾尔西·乔基还向她的律师史丹·摩顿森发出了一封长达 3 页的信笺。乔基的父母都是意大利移民,家里有很多孩子,她排行第十。她对待露丝,就像对待自己的亲人一样。年轻时,她为了赚取攻读医学院的费用,曾在一家运输公司办公室工作了 12 年之久。在她的大力推动下,沃茨地区的第一家医院得以落成。在那之前,沃茨的医生数量与当地居民的比例只有 1∶2900,婴儿死亡率为全国之首,是全国平均水平的 2 倍。她也和露丝一样,是一名不屈不挠的战士,特别是当关系到病人利益的时候。

据乔基说,露丝有很严重的抑郁症,自我评价也很低。她还患有高血压,时常会冒冷汗,易疲劳,胸部也经常火烧火燎地疼。这一切症状都出现在她被判刑之后,只有在鲁斯顿,她才能获得一丝的慰藉。在与露丝进行了为时3个半小时的对话后,乔基断定,审判对露丝的身心都造成了严重的伤害。她担心露丝迟早会彻底崩溃。她请求摩顿森转告法庭——露丝在鲁斯顿的工作足以算作是一种社会服务。这家专门生产人造乳房的公司已经在亏损了,露丝经营它的唯一原因就是它能给女性带来福音,为什么还要强迫她去额外做那些毫无意义的事情呢?她向摩顿森保证:自己写这封信与露丝无关,如果需要,她愿意与法官直接对话。

关于露丝的状况,乔基一点儿没有夸张。当时的露丝觉得每个人都在和她做对,包括她的缓刑官、公司里的女员工,甚至艾略特。艾略特出于对她身体的关心,劝她放松一点儿,适当地放下一些包袱。他还劝她把鲁斯顿转让给他人,露丝却连想都不肯想。她说:"艾略特想让我放弃鲁斯顿,说大不了就是再多些损失,还能因此减少些纳税。这么多年了,他能轻易说出这样的话,可见我们的分歧有多大。"

即使有了乔基的信函和露丝自己的申请,想要缩短刑期还是不够的。另外,威斯尼还指望着露丝帮他把自己的项目做下去。他对露丝说:"你知道你有多特别吗?全世界也找不出第二个你了。就算给你一个垃圾场,你也能将它改造成为一个五彩缤纷的花园。"他主动提出帮助露丝更改对她的判决,说只要她好好干,就可以以质抵量。最后,露丝同意了他的安排。作为条件,她将不再受史蒂夫及其上级的直接领导。她厌倦了每天都要她在计时卡上签字。这回，她可以自己编排工作档案，史蒂夫只管签字就行。

"我那样做是有目的的，"她说，"我也要以他羞辱我的方法来羞辱羞辱他。"史蒂夫不止一次地告诉露丝，从来还没有人要求他在纸上签字。"现在你知道那是什么滋味了！"露丝反驳道。

逐渐地，她开始喜欢上了自己的新角色，威斯尼也确实需要她的帮忙。有一次，他们打算建立一个名为"人民基金会"的组织，需要有人出任董事会主席。威斯尼希望露丝能够给他们推荐一个人选。露丝推荐了埃德·桑德斯。此人是一名律师，对民间创建的组织很热心，也曾在很多名声显赫的机构任过董事会成员，他很快将动身去首都华盛顿，在卡特总统政府里任职。为了给威斯尼和桑德斯牵线，露丝邀请二人在山冈乡村俱乐部共进午餐。

听说要建立"人民基金会"，桑德斯很感兴趣。对露丝来说，桑德斯对自己的认可比什么都来得更重要。桑德斯说："你知道这件事情为什么必定会成功吗？那是因为有你在。你知道我为什么要参与进来吗？也是因为有你。"

在回忆露丝的生平时，桑德斯说，她是个"很了不起的女人，绝顶聪明，我知道对她来说那段日子很难熬，无论用什么方法，我都希望能够给予她帮助"。露丝原本想退出，但听了桑德斯的话，她决定暂时接受对自己的安排。为了让露丝能成为"人民基金会"的董事会成员，威斯尼特意请示了法官塔卡苏吉。令露丝没有想到的是，塔卡苏吉也相信她能胜任这份工作。威斯尼转告露丝，"法官认为你能够排除万难"。

"人民基金会"董事会就这样成立了。第一次开会地点选择了普华会计师事务所在世纪城的办公室,离露丝的住处只有几步之遥。露丝被任命为董事长。

经过投票,基金会决定发起一项名为"少年共和国"的计划,旨在帮助18—21岁的问题青年找工作,引导他们,帮助他们安顿下来。他们将南加州大学附近的一个废弃的旅馆进行了修缮,将其变成了临时居所,里面还设有辅导站和图书馆。

对于工作中的每一点进展,露丝都感到骄傲。经历了种种变故——癌症、工作中的失利、刑事指控、反复辩护,还有最后的审判,她试图寻找到这一切当中的意义所在。她在自传中写道:"从某种程度上讲,'人民基金会'让我有了继续活下去的理由。那一桩桩、一件件可怕的事情最终使我和艾略特失去了由我们亲手建立并一直钟爱的美泰,让我们蒙受了几百万美元的损失,给我们的身体和人际交往都带来了严重的损害,我的人生也因此发生了改变。至少现在,我能通过自身的不幸来帮助一些人生活得更好。"

如今,生活有了计划和目标,露丝开始愿意和以往的熟人联系。一天晚上,她和艾略特去"沙龙"饭店就餐。刚走进饭店,他们就看见里面有人朝他们招手,嘴里还喊着艾略特的名字。那人名叫艾里克斯·格林。1936年,就在艾略特去跟露丝相会的那次,他曾和艾略特各花了5美元搭车从丹佛前往加利福尼亚。他们此后联系不多,但露丝知道格林正在经营着一家鞋厂。

露丝问格林他的生意进展如何。据格林讲,他现在雇用了五百多人。由于美国的制鞋业基本转移到了海外,他成为美国国内唯一的一家鞋子制造商。露丝听后很高兴，她告诉格林：她现在正需要他的帮忙。一个星期后，露丝给格林打电话，说是要将一批缓刑犯安排进他的工厂。格林表示愿意接受。

陪同露丝等人一同去格林的鞋厂的还有威斯尼的上司杰克·考克斯博士，这让露丝尤为高兴。她意识到这个项目对缓刑部门的重要性。她说："我做梦都想不到，考克斯会想亲自到鞋厂看看。"

格林的鞋厂不仅生产量大，效率也很高，简直就是个"模范"工厂。它和很多亚洲工厂一样，工人们都挤在狭小的过道里工作，连活动的地方都没有。就是这么一家工厂，能够每天生产出3000双鞋子。

格林高兴地向露丝和缓刑官们介绍了工厂的整个生产流程，边说边赞扬露丝很有企业家的眼光。这让露丝有种被崇拜的感觉。露丝事后说："他能那么看我，让我感到很激动，尤其是在我自以为众叛亲离的时候。"格林比艾略特大两岁，也和汉德勒夫妇一样，算是白手起家。他能有今天的成就，露丝也为他感到骄傲。

为了商量合作的具体事宜，格林把厂里的工头找了过来。这个工头手中的工作很忙，不容许有任何拖延或失误。他不希望露丝的计划影响到生产。要想让这次合作顺利进行，露丝发现，她首先得做通此人的工作，否则一切就泡汤了。"我开始做他的工作，"露丝说，"最后，他终于想通了，要想不被不良少年袭击、抢劫或杀害，也帮助社会治理一些弊病，他有责任帮这个忙，这也是他对自己、对妻子要负起的责任。"

关于具体该如何操作，工头想出了一个万全之策。他告诉露丝等人，社会上现在急需修鞋匠。修鞋设备制造商们一定很乐意提供培训和设备，培训期大约 8 个星期。他向大家保证，对修鞋匠的需求一定会很大。按照他的说法，修鞋是一门就要失传的技术。

露丝马上着手行动，正如威斯尼预测的那样，她多年的管理经验对此项计划简直是无价之宝。让人想不到的是，她开始去了解那些此前她根本不会认识的人的生活，并为能够改善这些人的生活感到高兴。但是，她仍然希望能尽早彻底结束她的服务工作。她发现"修鞋匠"的主意"相当有意义、非常令人激动"。但同时，她也发现"当我努力想要离开的时候，我却让缓刑部门发现了我的价值"。这一点倒是真的。

露丝为完成"人民基金会"第一个重大项目所付出的努力，威斯尼和考克斯都看在眼里。1982 年 5 月，两人向主缓刑官罗伯特·拉塔建议，让露丝提前获准结束服役。拉塔给法官塔卡苏吉写了封信，向他提议，鉴于露丝为"人民基金会"所做的工作，准许她提前结束服役。6 月 8 日，法官签署了为露丝减刑 18 个月并提前释放的文件。

露丝自由了！她不再受限于律师、诉讼、法庭和法官了，她可以把全身心地投入到鲁斯顿的工作中了，她也可以选择什么都不做。这一下，她完全自由了。

第 18 章

老来丧子

在我看来，那些最终成就斐然的人往往是在经历了无数挫折后仍努力拼搏、一往无前的人。

大约在 1991 年或 1992 年年底，一天，肯带着妻子苏西和医生帕米拉·哈里斯来到露丝的马利布海滩别墅，他带来了一个令人心碎的消息。哈里斯是一位血液专科医生，又是肿瘤专家。她虽然个头儿不高，但一双蓝色的眼睛炯炯有神，很有穿透力。她此次是专门陪同肯和苏西来向汉德勒夫妇透露一个惊天秘密的，一个关于一种全国性瘟疫的秘密。

1978 年，在与肯结识以前，哈里斯白天在纽约纪念斯隆-凯特琳癌症中心上班，傍晚在哈莱姆一家美沙酮诊所做志愿者。当时诊所白天接待了很多男同性恋患者，他们不知如何染上了一种既奇怪又可怕的病。傍晚在为吸毒者治疗时，哈里斯也发现了类似的病症。这种病在当时被医生们称为"男同性恋者淋巴结综合征"，或因其对身体的慢慢损耗而被简单地说成是一种"萎缩病"。

一直到 20 世纪 80 年代中期，哈里斯都致力于对此病的研究。她在首都华盛顿做过研究员。据她发现，得这种病的患者会伴随出现一种贫血症状。一次她去迈阿密，在被拘留的海地人身上也发现了与她在纽约见过的相同症状。也就在这个时候，安东尼·加罗医生对外宣布，他已找到了导致这种病的病毒——人类免疫缺陷病毒。很快，这种病的一个新名字将为美国人家喻户晓，那就是"获得性免疫缺陷综合征",简称"艾滋病"。

哈里斯将家搬到了首都华盛顿,在亚当斯摩根区——一个多民族聚居区开了一家独立诊所,专门进行肿瘤和艾滋病的治疗。1990年的一天,肯·汉德勒走进了她的诊所。

肯虽然身材高大挺拔,看上去相当强壮,气色却很差。他和苏西依旧是夫妻,但他确信自己已经从与他亲密接触过的一位年轻男性同伴身上感染了艾滋病。为此,他不顾一切寻找治疗办法。他每个月都要往返厄瓜多尔,在那里,他找到了一位用当地的植物制作"特效药"的人,他还出钱资助那里的天然疗法研究。后来,他找到了哈里斯,向她介绍了自己的病症,向她征求意见。就这样,哈里斯成了肯的主治医生及朋友。

在哈里斯的帮助下,肯向苏西透露了这个可怕的情况。"她是天底下最有爱心的人。"哈里斯回忆说。即便知道了丈夫的秘密,她依然与他站在一起。"他们的生活丰富多彩。苏西是一名出色的意大利厨师,肯弹起钢琴来也是一把好手。"据哈里斯回忆,有一次,她和男友到肯的家里做客,他们二人都被肯的演奏感动得流泪。肯对文艺复兴时期的艺术具有很高的鉴赏力,为了自己那份艺术激情,他从小就在这上面花了不少钱。他制作过3部电影,写过舞台剧,除了演奏音乐外,自己也作曲,并拍摄过无数的照片。1987年,他在纽约第4大道摄影艺术馆举办了一次摄影展,照片里那些被艾滋病困扰的男同性恋患者令人揪心。肯将这次摄影展命名为《一个瘟疫时代——被围攻的纽约城》。

对那个以他的名字命名的娃娃,肯多次表示厌恶。他讨厌芭比和肯等娃娃所倡导的实用主义，也憎恨它们对孩子们的自我认识带来的消极影响。1970 年，他给父母写了封信，信写得很哀伤，又有些语无伦次。他写道：那些娃娃对于不愿意接受自身性别的问题人群来说，简直就是"强人所难"！对于儿子的秘密，汉德勒夫妇一无所知。现在肯的日子已经不多了，是他们面对真相的时候了。

在海滩别墅安顿下来后，肯推说要出去散步，趁机躲开了众人。剩下的就由苏西和哈里斯按约定将噩耗透露给汉德勒夫妇。坐在隔着玻璃窗就能看见大海的房间里，两个女人用尽可能温和的语气诉说着肯的现状。泪水溢满了艾略特的双眼，最后他说道："怪不得他总往厄瓜多尔跑呢。"接着，他站起身来，走到肯受戒[1]时拍的照片前，双目注视着照片，按照哈里斯的说法，仿佛"那是这个世上最最重要的东西"。露丝则坐在那里，一遍又一遍地重复着："我的上帝！"突然，她用简单而有力的语气说："既然这样，我们总得要想办法解决。"趁哈里斯出去找肯的当口，露丝也跟了出去。她向儿子保证："我们一定会想办法的。"

露丝的反应让哈里斯很是感动。她回忆说："在当时那样的时刻，有些父母会异常恼火，大闹一通，露丝和艾略特却表现出对孩子无尽的爱。"

也许露丝会想，自己一生中充满了痛苦和悲剧，但她不是一个顾影自怜的人。她马上着手想办法帮肯寻找出路，就和当初发现自己的乳房被切除后以及在无数法律诉讼面前时一样。她战胜了自己的恐

---

[1] 受戒礼，为满 13 岁的犹太男孩举行的成人仪式。

惧，想尽各种办法，不顾艰辛地一往直前……

缓刑后的头 10 年，露丝都在重新整理自己的生活，尽管有时依然需要和存留于心的对美泰的愤恨不平作斗争，但她希望把所有的心思都用在新的事业上。她也不得不面对持续严重的健康问题。在获悉肯患病之前，她正全力以赴地致力于增加鲁斯顿的产品系列，并开始考虑将公司转手。

仿佛是炫耀她缓刑结束重新获得了自由——1982 年，露丝亲自上阵做模特，为鲁斯顿 20 世纪 80 年代推出的"穿起你自己的胸罩"泳装做起了广告代言人。在马利布海滩泳装的系列广告里，一位白发苍苍的老妇人，身穿圆领和 V 领两种样式的泳装出现在读者和观众面前。泳装共有蓝绿、淡紫、玫红和宝石绿 4 种颜色。老妇人五官端正，形体优美——虽然不能跟时下流行的骨感模特相媲美，但也绝无赘肉，结实而耐看。镜头里的她摆出了不同造型，脸上始终洋溢着灿烂的微笑。广告语是这样写的："因为美貌只是开始。"冗长的宣传手册上标明了衣服的材质及各式各样的产品，还提供了购物指南、疑难解答等内容。根据大小和舒适度，妇女们可以从各种各样的"碳胶替代品"中进行挑选。

露丝还为工厂工人和办公室人员的薪金、促销及旅游费用、生产制造费用、销售费用以及市场运作费用等都制作了明细表。她重新掌控了决策权，一下子又成了热点人物。

弗恩·费尔德是一位电视制作人兼导演，曾经推出了著名情景喜剧《双喜临门》和电影《另辟蹊径》。在刊物上看到关于露丝的生平介绍后，她给露丝打电话，提出要把露丝的故事改编为电视、电影。后来，节目因没能获得审批而告吹，但露丝还是与费尔德进行了长达数小时的录音采访。采访从1981年开始，经历了十多年时间。采访中，露丝言语坦率，经常说着说着就变得非常激动。这两个都算是拓荒者的女人逐渐成了要好的朋友，经常出双入对。她们还一起去了趟以色列。

很多组织也不顾露丝面临的法律纠纷等问题，纷纷向她发出邀请，请她介绍作为商界女性的感受。她还是芭比的母亲、一位将一个从车库发展起来的小企业变成领先行业的大公司的企业家、一个在男性世界里打拼并取得成功的奇女子。尽管她走过弯路，但她对其他女性来说仍是学习的榜样。她们奇怪她是怎么走到今天的以及她能给出何种建议。她们也想知道，一个人生经历过如此戏剧性转变的女人究竟是何许人也？对于这样的邀请，露丝只接受了很少的一部分。她依然把精力放在了鲁斯顿的发展上，放在需要她的女性身上——那些像她一样承受着巨大痛苦的女性身上。

露丝的生活又变得紧张起来，她的身体却每况愈下。第一次手术之后，她经常忍受神经痛的煎熬，左侧曾经是乳房的地方还会偶尔出现肌肉痉挛。此外，她还有吞咽困难、胸闷气短、胃肠功能紊乱、极易疲劳等症状。她的右侧臀部也出现痛感，医生开始怀疑她是不是患上了糖尿病。

针对她左胸部的神经痛，医生曾尝试在她的皮下放置了一块神经刺激器，但没起什么作用。后来，她发现生物反馈放松疗法多少有些作用。为了对抗气短，医生建议她通过快步走来锻炼心肺功能，但他不知道露丝一向走步就很快。1982年年底，露丝去加州大学洛杉矶分校做体检。医生们向她推荐了各种各样的治疗方法，包括针灸、痛点注射和自我催眠等。但是，心理研究人员发现：露丝"情绪非常低落"。

除了身体上的病痛，被逐出美泰和遭当众羞辱给她的心理带来了巨大伤害。美泰是没事了，到1980年又恢复了往日的发展势头。但露丝仍生活在这一系列变故造成的阴影里。将露丝挤走后，阿尔特·斯必尔用了一年左右的时间终于让公司扭亏为盈。但1986年他在任期间，公司因蒙受巨大损失进行重组，斯必尔也被逐出了美泰。事实证明，美泰收购玲玲马戏团和摩诺格兰模具公司都是明智之举，它们都成了美泰的赚钱工具。按照桑迪·丹侬的说法，"美泰有着自己的生命力，公司里人才济济，工作流程有条不紊，他们的离去没有对公司造成丝毫影响"。露丝和艾略特离开公司后把手里价值近1850万美元的股票都卖掉了，大约占美泰股份总数的12%。他们把股份都分给了家人，或是以优先购股权的形式赠给了他们视为朋友的美泰员工。无论别人如何看待，他们觉得美泰的成功有他们的份儿。

在露丝看来，她之所以没有受到美泰管理者和代表联邦政府的律师的公平对待，都是性别惹的祸。她说："很多事情的发生，就因为我是一个女人。他们总是戴着有色眼镜看人。"她感到攻击她的那些人就是拿她作靶子去树立自己的声望。她能出名并引发社会争议，原因就在于她是女人。"打倒一个女人，"她说，"一个有名气、有勇气站起来的女人，他们将获得怎样的声望，可想而知！"

直到如今，露丝还在为自己的清白作着抗争。关于她所受的磨难，她总结出了一个道理。她通过电视台、报纸以及广播电台，一遍又一遍地告诉大家："如果不是经历了这一切，恐怕也没有我的今天。唯有在逆境之下，一个人方能真正长大。"说到自己的过去和现在，她说区别不在于贫富，而在于用心。过去的她无忧无虑，如今的她却心力交瘁。她说道："有些人本身就很幸运。他们相信自己会成功，并满怀信心地为自己的成功而努力奋斗，苦难似乎与他们无缘。但与我们这样真正经历过痛苦的人相比，他们的人生算不上完整。"

苦难让她长大了，也让她学会了很多东西。她在自己的不幸中发现了人生的意义。20世纪80年代末，她不再把患病视为自己事业受挫的根源，而说那是由于上天对她另有安排。她参悟到一个神秘的世界，在那里每个个体都在找寻生命的意义。她解释说，美泰发生的一切完全是预先注定的，目的就是为了让她日后能够发明"真我风采"。她蒙受苦难的目的，就是让她能有机会多做善事，寻得心态的平和。"赚钱不一定就意味着一个人在前进，"她在一次访谈中谈道，"拥有平和的心态才更加重要。我觉得，有时，至少对于我个人来说，一个人的成长远比赚钱更加充满艰辛。"

1987年2月的一天，露丝和艾略特到纽约第五大道俱乐部吃早餐。早餐后，他们将被授予由《玩偶迷》杂志颁发的"终身成就奖"。令在场观众欣喜的是，肯和苏西也带着孩子出席了颁奖典礼。尽管肯不喜欢娃娃，但他仍然是母亲忠实的崇拜者。除此之外，露丝还获得过行业内很多荣誉。其中，最重要的是她在1989年和艾略特一道入主的"玩具行业名人堂"。慢慢地，露丝又恢复了她在行业内和同行中的地位和声望,但她和美泰的那些人之间的芥蒂很难消除。

在许多方面,露丝聘用的及共事的原美泰员工就像是她的亲人。在401(k)计划[1]被采用之前,她和艾略特就带头实施了一项"利益共享"计划,很多员工因此富裕了起来。然而,按照德雷克·盖博的说法,露丝确信公司里的每一个人"都很生她的气"。盖博曾在美泰研发部干过,他与汉德勒夫妇保持着联系。他说:"实际上,我们是爱他们的。"20世纪80年代末,盖博等美泰老员工组建了"美泰员工联谊会",一方面是为了保持联系,另一方面也是为了开展慈善活动。他们发起了一个两年制的培训课程,名为"生活技巧",让生活在市中心贫民区的年轻人去经营企业,利润的50%直接归他们。

"我打电话给露丝,说我们很想她能参加进来,"盖博说,"但是露丝的态度很谨慎,也很勉强。她显得很紧张,不像原来那样说话痛快也好交往。"最后,露丝同意去当地的一家丹尼饭店与盖博等人见面。见面会上,她受到了大伙儿的热烈欢迎。露丝告诉盖博等人,他们一定对她感到失望,再也不喜欢她和艾略特了。她得到的保证是,他们从未这么想,她的离开对他们来说是个巨大的损失。"见面结束时,露丝的眼睛里又出现了火花。"盖博说。

露丝获得的荣誉和认可、鲁斯顿的发展、在"美泰员工联谊会"找回的失去的朋友,都让她对生活有了新的信心和勇气。然而,不久

---

[1] 也称为401k条款,是指美国1978年《国内税收法》第401条k项的规定。按该计划,企业为员工设立专门的401k账户,员工每月从其工资中拿出一定比例的资金存入养老金账户,而企业一般也为员工缴纳一定比例的费用。员工自主选择证券组合进行投资,收益计入个人账户。员工退休时,可以选择一次性领取、分期领取和转为存款等方式使用。——译者注

之后，她又将经历人生中的另一次打击。这一次，她的身心又将受到严峻的考验。

1986年，露丝的右侧乳房也开始出现肿块。医生为她作了一次活体检查，结果显示没有什么问题。然而，几天之后，露丝突然接到医生的电话。电话里，医生告诉她：经过对取样进行更多的实验，他发现露丝的确有癌症早期的症状。当被问到这意味着什么时，医生说他们会继续对她的乳房进行观察，但暂时还不需要采取任何行动。

在那之后的几年里，露丝定期去医生那里做检查，结果依然显示问题不大，但医生说仍需要观察。"终于有一天，"她说，"我听厌了'只是需要观察'这种说法，不想和那个医生和那些人打交道了。我准备重新找一名医生，把问题来个一了百了。"

多年为女性患者佩戴人造乳房，露丝对各种胸部外科手术已变得非常熟悉。只要看一下顾客的术后疤痕，她就能够判断出主刀医生是谁。她致电她一贯敬仰的一位外科医生并约好见面。

走进那个医生的办公室，当被问到自己看病的目的时，露丝告诉医生，她想将右侧乳房也摘除了。医生看着她，大笑着说，这还是第一次有人向他提出这种要求！接着，医生看了她的病历、X光片和检验报告。最后，医生同意了她的请求：为她实施右侧乳房切除手术。

术前，露丝向医生提出：手术不要在她的腋后留下大堆的赘肉。她看到很多女性身上都留下了这样的赘肉。手术出来，她发现自己的腋后没有留下赘肉，但前腋下多了块肉。医生告诉她，那块肉以前就有，只是她没注意。听了这话，她自己也拿不准了。不管怎样，手术是顺利完成了。

手术之后，露丝的医生告诉她，她的癌症并没有扩散或转移。对于自己的决定，她并不后悔。她坚信自己在癌症的阴影下生活了太多年，去了医生那里无数次，这一切该结束了。

为了有事可做，她开始学习桥牌，跟孙儿、孙女们在一起的时间也多了。芭芭拉的儿子陶德曾写信邀请她到他在马萨诸塞州乡村开的旅馆做客，顺便参加在那里举办的健康饮食培训班。他写道："希望你能来，这里距洛杉矶有5000千米远。"陶德喜欢研究健康饮食，还经常给她写信，说说自己在这方面的爱好，同时告诉她如何注意饮食健康。陶德的妹妹绮丽儿那时还在洛杉矶，她跟外婆的关系最近。露丝至今还保存着1983年佩珀代因大学的一个负责人写给她的信。信的内容大致是告诉露丝，绮丽儿已被该校录取了。11年后，也就是1994年前后，露丝在写给绮丽儿的一封信中，还说自己为外孙女读法学院感到骄傲。她写道："你要保持高度的自信，要有敢于拼搏的精神！"另一方面，她也在为治好肯的病到处寻医问药。即便如此，她总是尽量让家人多凑在一起并经常保持联络。

一次，露丝应邀和犹太联合捐募协会主席一行人一同前往匈牙利首都布达佩斯和以色列，正好肯和苏西也计划带女儿萨曼莎去以色列。她便写信让他们与自己同行。那时的她对治好肯的病还一如既往地抱着希望，但肯的病情在日益恶化。

在帕米拉·哈里斯医生的帮助下，露丝有机会参加很多关于艾滋病防治的会议，了解到相关研究的最新进展和主要研究人员的研究动向。每一次开会，她都详细地作笔记。她的笔记中写道："这种病毒很复杂……人体免疫力系统有待提高……通过使用一种昂贵药物，表皮创伤可望得到更好的医治……"与此同时，肯开始出现痴呆症状。大剂量的AZT[1]似乎起点作用，但他拒绝服用，他仍相信天然药物的作用。1994年春，他的病情严重恶化。他的女儿斯特西计划在当年夏天结婚。

6月末，肯真的不行了。露丝和艾略特也赶过去帮忙，大家轮流守在他的床边。他去世时，只有哈里斯医生一个人在场。家里人正在楼下悄声说着话，哈里斯走下楼，向大家宣布："一切都结束了。"在场的人多少松了口气：肯再也不用活受罪了。片刻之后，露丝猛地从椅子上站起来，大声说道："我要去做点儿玉米牛肉三明治。"苏西也跟着去了厨房。席间，桌上摆满了切好的肝脏、玉米、牛肉、三明治等食物，哈里斯却什么也吃不下。大伙就围着她，一个劲儿地劝她吃些东西。

第二天是事先安排好的斯特西大喜的日子。根据犹太人的传统，葬礼应该尽快举行，但为了婚礼，不得不延后一天。这是符合犹太人的传统的。婚礼上，艾略特顶替肯将斯特西领上红地毯。露丝告诉她，生活还得继续。

当时，露丝的自传已经完成得差不多了。她把书中有关肯的内容进行了改写，仅仅这样写道："他和苏西的婚姻很幸福，两人从小青梅竹马，两情相悦，他却不幸英年早逝，年仅30岁。"她没提到肯死亡的原因，只说他曾多次去过亚马逊。她详述了肯对她说起的那个地区植物的生长情况，说那里因离赤道近、阳光充足，植物往往都有很

---

[1] 一种逆转录酶抑制剂，是评价其他抗HIV药物的阳性对照药，也是治疗HIV感染者和AIDS患者联合用药的基准药物。——译者注

强的药用价值。她还说：肯找到了治疗很多疾病的办法，尤其是针对HIV病毒和艾滋病的。具体情况如何，她没有说。但她也没撒谎，毕竟，她还要考虑到家里其他人的隐私。也许她明白，肯的病就和自己的病一样，带来的不仅仅是身体上的伤痛，还有心理上的恐惧和羞耻感。她同其他因乳腺癌进行了乳房摘除手术的女性一样，曾对自己的身体状况讳莫如深，虽然通过自己的努力扭转了这一局面，但公众对艾滋病患者的厌恶她无能为力。

肯死亡的真相一直没有公之于世。社会上流传着各种说法——有人说他在国外感染了一种怪病而死，有人说他死于脑炎或者脑瘤。2002年露丝去世时，也就是肯去世8年之后，《纽约时报》和《洛杉矶时报》分别为她刊登讣告，讣告中验证了第二种传闻。与此同时，1993年，美泰推出了"魅力耳环肯"，这成了同性恋的象征。"魅力耳环肯"是应孩子们的请求开发的，孩子们想要一个能够反映嬉皮士文化的娃娃。然而，肯淡紫色的格子衬衫、钻石耳环和黑色系带牛津舞鞋完全超乎了孩子的感官。当时的同性恋仍是不能公开的秘密，普遍受到歧视，唯有同性恋者认识到肯可能是异性恋，也可能是同性恋。

肯去世几个星期后，露丝给哈里斯医生写信，向她表示由衷的感谢。她写道："帕米拉，你是肯唯一信任的人，你又是那么了解他。在我们大家最需要你的时候，你来了……你为你的病人所做的一切和付出的真心是那样令人感动。我从没见过像你这样充满了爱心和责任心的人……继续努力吧，也许有一天事情会很容易得到解决。感谢你，感谢你，感谢你！爱你的，露丝。"以这样一种方式向别人表感谢，还是露丝所不习惯的。

在那之前3年，露丝把鲁斯顿卖给了当时金佰利公司旗下的史班克医学公司，她想要把更多的时间腾出来照顾肯。现在，肯不在了，他的离去让她感到空虚。这种空虚是如此可怕，令人心痛。

第 19 章

重整旗鼓

芭比告诉所有女同胞：她们可以选择自己的命运。

1994年春，在芭比娃娃诞辰35周年纪念会上，伯尼·基沃维茨与露丝久别重逢。伯尼曾经是1967年美泰在东海岸的销售代理。在外漂泊了近20年后，露丝又回归了美泰团队。她应邀出席各种各样的场合，足迹遍布全国。

　　3月9日，在芭比生日到来之际，露丝应邀参加全美超大玩具卖场法·史瓦兹的芭比娃娃签名活动。法·史瓦兹卖场里有整整一个专区专门出售芭比娃娃，名为"芭比娃娃第五大道专卖区"。露丝告诉记者，"很多人为了得到我的亲笔签名，光排队就排了几个小时。看到这种场面，我连午饭都不忍心去吃，我甚至不忍心去上厕所。人们对我的发明如此在乎……这让我感到受宠若惊！"在许多女性眼里，"真我风采"让露丝成为她们心目中的圣人，而芭比则使她成了一颗耀眼的明星。

　　那次见面后，基沃维茨准备当年夏天去纽约的"玩具反斗城"旗舰店与露丝会面。届时，露丝会在那里参加自己刚刚出版的自传《爱做梦的娃娃》签名售书活动。活动的前一天晚上，基沃维茨给露丝打电话，听说了肯几周前去世的消息。他问露丝是否还能去参加签售活动，露丝的回答是："我别无选择，生活还得继续。"

　　签名售书的当天，尽管大雨滂沱，仍有上千名读者或粉丝赶来，请露丝在他们买的《爱做梦的娃娃》或芭比娃娃上签字，队伍排了很远很远。他们带来的芭比还装在原装的盒子里，有的还带来了各种能让大家记住"芭比的母亲"的东西。基沃维茨回忆道："露丝整整在那儿坐了一天，有时你会看到她激动地落泪。每一个来到她面前的人，她都主动跟他们说话，然后签上自己的名字。直到所有人都得到了想要的签名，她才离去。"当时的露丝已经78岁了，并且疾病缠身。

《爱做梦的娃娃》与其说是介绍了露丝的生平，不如说是对她人生所作的辩护。书中提到很多帮助过她的人，但对于害过她的人，她只是含沙射影地提到，未直呼其名。作者虽然了解法律纠纷的实质，但露丝要从自己这方把问题说清楚。书的合作者杰奎琳·香农给了露丝很大的帮助。据香农说，"我非常喜欢跟芭比娃娃玩，这一点在露丝看来非常重要，但书的作者主要还是露丝"。

书中，露丝介绍了她是如何被逐出美泰，如何受到刑事指控，又如何进行自我辩护的经过。整个过程中，她都在强调自己的清白。她将有些人说成了流氓，甚至是魔鬼，却很少追究自己的责任或过错。只是偶尔在录音采访中，才能发现她少有的自我反省和承担责任的勇气。她在书中写道："最终，那个借银行家的支持将我和艾略特挤走并取而代之的人也难逃劫数，只是他虽然差点儿断送了公司的前途，却没有像我那样公开受辱。"她说的这个人就是阿尔特·斯必尔。斯必尔没有受到指控，也没有受到露丝曾经历过的、公开的羞辱，这让露丝感到愤愤不平。同样没有受到指控的还有原部门主管之一乔什·德汉。德汉与露丝交往密切，当问他露丝是否还记恨那个将她挤走的人时，他说："她永远也不会忘记——永远。"更确切地说，露丝确实想淡忘自己所受的耻辱和心中的怨恨，但不可能把它们完全抛到脑后。

在《爱做梦的娃娃》一书中，露丝肯定了继斯必尔之后美泰采取的新的管理机制，但同时也强调了自己在加强公司管理方面所起的关键作用，这一点倒是毋庸置疑的。此书出版时，正好赶上芭比娃娃和娃娃的服饰以及"风火轮"都是公司最畅销产品的时候。芭比的身份也不断变化，她先后从事了近80种不同职业。1992年推出的芭比是个医生，也是一名军人，在对伊拉克的"沙漠风暴"行动中任中士；同年，总统芭比也首次亮相。全世界超过150个国家都有芭比娃娃出售。美泰夸耀说：根据统计数字，在世界范围内每秒钟都会有3个芭比娃娃售出。仅1998年，芭比娃娃就为美泰带来了19亿美元的销售额。

有人甚至说美泰的首席执行官长得都跟芭比娃娃似的。他们说的这个人名叫吉尔·巴拉德，比露丝小35岁。她生来一张可爱的小脸、迷人的微笑、完美的模特身材，活脱脱的一个芭比在世。她的办公室里摆的也都是芭比，加在一起有几十个。她和美泰其他女性经理一样，精力充沛，充满昂扬斗志，据说她还是个营销天才。1983年，她受命负责芭比的销售。她发现芭比的销售之所以出现下滑趋势，是因为芭比体现了对女性的性别歧视。她开始着手将芭比树立为一个职业楷模的形象，并打出了"我们女孩儿什么都能做到！"的广告语。

让露丝重新作为公司代言人，正好符合巴拉德给芭比的新定位，也驳斥了芭比把女性太过模式化的言论。"在露丝被逐出美泰多年后，我又把她请了回来，那成为公司历史上非常重要的一刻！"巴拉德回忆说。这时的露丝以芭比发明者的身份出现在公众面前，说起话来也多了很多分量。她告诉人们：发明芭比的目的就是要放飞小女孩们的梦想，让她们想象自己无所不能。在美泰历任首席执行官中，巴拉德最先认识到露丝对公司的重要性。

犹太联合捐募协会下面设有一个名为"杰出女性"的组织，他们邀请露丝加入。巴拉德作为该组织的一员也参加了他们在纽约与露丝的首次见面会。露丝对于能够和来自美国各地的杰出犹太女性相识感到极为开心。在她眼里，这些女性才是真正的成功者，她们中许多人已相当有名气。

见面地点是著名慈善家梦娜·瑞克里斯在第五大道的豪华公寓，与会的共有三四十人。见面会开始，大家首先轮番起立，进行自我介绍。轮到巴拉德时，她说："我是吉尔·巴拉德，现任美泰总裁。我能有今天的地位，完全得益于在我之前的一位名为露丝·汉德勒的女士，是她创建了我现在工作的公司。"坐在房间后部的露丝听了这话非常感动。就这样，两人成了朋友。

露丝也如愿以偿，成为被犹太联合捐募协会授予"杰出女性"荣誉的第一人。在颁奖大会上，由吉尔·巴拉德负责介绍露丝的生平和业绩。之后，每每有单位为露丝授予荣誉，她总是请巴拉德负责介绍自己。露丝还是一贯的完美主义者，不允许有一丁点儿的差错。回忆起这一点时，巴拉德不禁大笑着说："如果我有些事情说得不对，她就会大声呵斥我。"

刚认识露丝的时候，巴拉德只负责美泰女性娃娃的生产与营销，男性娃娃则由另外一位男性负责人负责。露丝劝巴拉德说："不行，你得把这两项工作都接管过来,你得成为美泰唯一的总裁。"到 1997 年,巴拉德不仅成了美泰唯一的总裁,还当上了董事会主席和首席执行官。说到自己的节节攀升时,巴拉德把功劳都归在了露丝的身上。她说:"她很看重我,我也把她当作自己的良师益友。"

露丝对美泰重新产生了信心并开始重新收购股份。据她说,"在离开美泰后的头一两年,我们就把手中的股票统统卖掉了。但从 1992 年开始,我自己又开始购买股票。我现在手头上共有几只股票,其中美泰的股票有几千股。它们对我来说只是一种投资"。尽管她这么说,她买股票的举动和她自称的"自己已经心灰意冷"的说辞还是自相矛盾的。巴拉德将她返聘回美泰,是因为她有着出色的营销本领。尽管她在公司的地位和过去相比大相径庭,她也甘愿成为公司的陪衬。

当时,巴拉德正致力于将芭比的生产向国外发展。考虑到芭比在德国的受欢迎度比较高,她准备亲自前往那里搞活动,还邀请露丝同行。她们的日程包括在那里为芭比的 25 岁生日举办一系列大型活动。

在德国,露丝和巴拉德正好赶上东德的一家博物馆开放。这家博物馆自"二战"末期被封馆,一直到那时才重新开放。在开放仪式上,巴拉德把露丝也请到了台上,在场观众无不起立欢呼。巴拉德回忆道:"那天,她穿得很漂亮,脚上还穿着高跟鞋,在台上欢蹦雀跃,高跟鞋嘎达嘎达直响。观众也把腿伸向一侧,敲击鞋跟,随声附和。有谁能想到露丝那时已年近八旬。"对生活、对观众、对讲故事,她还是那样地充满激情,兴趣盎然。这可把同行的巴拉德累得筋疲力尽。

露丝还把自己的理想加在了芭比的身上,说她是个为实现梦想敢于与传统和文化背道而驰的人。就连说到自己的违法行为时，她也拐弯抹角，不直接言明，只说"当我从公司辞职时"或者"当我被迫从公司辞职时"等；对于自己的申辩和服役，她闭口不谈。无论人们认为她清白也好，有罪也好，她都已经按照自己的方式作了弥补。对于已发生过的事情，她无暇也不愿过多思考。

1999年，在芭比40岁生日到来之际，巴拉德为她举行了更加盛大的庆祝活动，派头和阵势与其35岁生日时相比有过之而无不及。在纽约华尔道夫饭店专门举办了庄严的庆祝会，有众多当红影视明星前来捧场。庆祝会由迪克·克拉克主持，著名黑人女歌手布兰迪当场献歌。席间，一个个长得跟芭比娃娃如出一辙的模特在T型台上尽展风采，与在场观众一起回顾了芭比服饰几十年来的发展历程。摄影师安妮·莱博维茨展示了自己新近完成的芭比娃娃艺术作品，美泰也向大家引荐了公司推选出的"梦想大使"，称她们为能够帮助女孩子们认识到自己无限潜能的"杰出女性"。其中包括有"华尔街第一夫人"之称的缪里尔·西伯特，著名脱口秀主持人、艾美奖获得者罗西·欧唐纳，《人物》杂志总裁、号称"杂志女王"的安·摩尔，著名田径健将杰基·乔伊娜·克西和娱乐公司经理杰拉尔丁·雷伯恩。作为第一个"梦想大使"的露丝坐在嘉宾席上，一定会因得到如此殊荣而感到由衷的欣慰，她从不理解也不赞同那些说芭比会有害于女孩子们对自身认识的谴责。当布兰迪唱响芭比新的广告主题歌时，露丝一定有种扬眉吐气的感觉。

与露丝唯一不同的是，芭比既不是一位妻子，也不是一位母亲。尽管美泰推出的芭比和肯的服饰很多都以婚礼为主旋律，但芭比的终身大事始终悬而未决。

对于露丝来说，她的婚姻在自己的生命中是永恒的。1998年，她和艾略特举办了结婚60周年庆祝会，很多亲朋好友前来参加。露丝告诉大家："我们苦恋了5年才走到一起。"据他们离开美泰后依然与他们保持密切联系的德雷克·盖博回忆："他们没有老。他们总是紧跟时代步伐。露丝还向我们介绍了她的一些新事业，她要么作为顾问、咨询师，要么给人讲课！"

艾略特依然画着他的画。他支持妻子的工作，也为她取得的成绩感到高兴。他总是喜欢说："没有她做不成的事。"

在常人看来，在一起工作的夫妻经常会出现婚姻问题。然而，对于露丝来说，情况恰恰相反。在她看来，她的婚姻之所以长久，就是由于夫妻俩在工作中的相互扶持。当有人问他们婚姻幸福的秘诀时，她说："关键在于相互尊重。当然，我们也彼此相爱，但光有爱情是不够的。如果我们不相互尊重，我们的婚姻就不会这么长久。他尊重我，也尊重我的才能，才让我做我想做的事；我也尊重他和他的才华。不仅如此，我还把他发明的东西拿来进行经营，满腔热情地让它们发挥功用。如果不是这样，我们也不会有今天。"

肯去世后，露丝与芭芭拉的关系亲近了许多。就在肯去世前，她还和艾略特、芭芭拉去了一趟远东。时间让她逐渐认识到自己的工作给孩子造成的伤害，也明白了做汉德勒家的孩子有多难。她说："我们也想多拿出些时间陪他们，给予他们更多的关注，但现实是，我们满脑子想的都是工作，工作占去了我们全部的时间和精力。"她和艾略特都爱孩子，也感受到了孩子们给他们的爱。但是她知道，对于父母都是名人而且经常出差在外，孩子们还是不理解。她也知道，自己拿孩子的名字给娃娃命名，更让孩子感到不解和愤恨。然而，经过多年的紧张关系，她和芭芭拉竟然成了朋友。据芭芭拉说，"我们俩都决定不再指责对方"。

在这个大家庭中，露丝俨然就是一位家长。她的外甥罗恩·洛普是一名律师。据他说，"莎拉去世后，露丝就取代了她在家中的地位。大家有事都去找她，她也总是很关心大家，包括家人、亲属，还有外人。她关心孩子们的成长，经常询问我的工作和成绩，时不时地还会在经济上帮助我。她从不吝啬提出建议，就算有时她的建议并不受欢迎。不论是谁有了问题，她都会洗耳恭听。"

半个世纪前，就在雅各布和艾达过世后不久，哥哥乔曾提醒过露丝，如果父母还活着，他们肯定希望一家人和和睦睦，互相帮助。21世纪初，乔和其他兄弟姐妹一样离开了人世，只剩下了亚伦，但乔的话依然在兄妹俩的耳畔回响。亚伦曾说："家里所有人都很佩服露丝。她心肠最好，总是在帮助每一个人。对她的成就和地位，也没人感到嫉妒。为了帮助我们，她可能连命都不要。"

露丝喜欢开玩笑地说，她的一生"是失去了一个乳房，又失去了另一个乳房"。但想到她一生与疾病乃至癌症的斗争，没人能笑得起来。2001年，按照雪松-西奈山医疗中心疼痛门诊部医生的要求，她每天都记健康日志。11月20日，她的疼痛指数达到了7级以上，离最高疼痛指数10级已经不远了。她经常半夜里突然疼醒，先是3点钟，后来是4点钟，再是5点钟。她试着看看书，接下来再睡。早上，她勉强洗了个澡，穿好衣服，从9点开始工作1个小时，10点打止疼针。止疼针带来的疼痛让她感到一阵眩晕，她只好躺下来休息。接下来，她开车跑了约5000米路打1个小时的桥牌，她的疼痛指数又达到了7级。她再次感到头昏，于是开车回家休息。她一边看着电视，一边感觉疼痛由头部的两侧向头顶扩散，疼痛指数不断升高。晚上，她好不容易才睡2个小时。在日志末尾的空白处，她写下了"止疼针让我感到更加疼痛，我会几个小时都感到眩晕，有时还伴随着恶心，请不要再给我打针了"。

那段日子，艾略特总是陪在她的身边。他要求她留在家里，不想让她住院。然而，2002年1月的一天，露丝在床上躺着，鲜血从被单里渗出来。艾略特赶紧把她送进医院。医生为她做了结肠手术，但至于为何会出血，医生们的意见并不一致。露丝回家了，可问题还没解决。她还在接受药物治疗，但一次细菌感染影响到胃部，她的病又犯了。到了4月，她又一次被送进了医院。艾略特一直在旁陪护，芭芭拉也每天都来看望。4月27日，当艾略特过去亲吻她，向她道晚安时，他发现露丝已没有了任何反应，一双眼睛空洞地凝视着远方。他知道：露丝走了。露丝曾经这样说过："也许，活着就是战斗。"是的，她比任何人都更顽强地一直战斗到生命的终结。

犹太人祈祷时常说的一句话是："只要我们活着，它们也就存在着，因为它们是我们的一部分。"对于露丝来说，这句话不仅适用于那些认识她、爱她的人，也适用于更广泛的群体。她发明的塑料娃娃不仅仅是娃娃，对她，也对那些理解她的人来说，芭比是对女人、对生命、对"可能无极限"的信念的宣言。

经历了漫漫岁月，也经历了无尽痛苦，露丝才逐渐悟出自己生命的意义。她终于发现：从那个名为露丝·莫什科的小女孩开始满怀好奇心地冲向未来的那一刻起，就一直在寻求尊严、赞同和认可。在她生命最后的十年里，她喜欢当着对自己充满敬仰之情的观众总结自己的人生。她按时间顺序，这样简单地概括自己的人生："我觉得我的人生可以分为三个阶段：在第一个阶段，我以我们共同的方式生活；在第二个阶段，我按照他们要求的方式生活；只有在第三个阶段，我才活出我自己。"

后　记

第一次知道露丝·汉德勒是何许人，还是因为读了弗吉尼亚 G. 德拉克曼著的《美国商界 250 年之女企业家的故事》（*Enterprising Women: 250 Years of American Business*）。此前，从没想过芭比娃娃竟是出自一个女子的手笔，更没想到她在那个年代还被冠上了性别歧视的罪名，也不知道美泰最初是由一个女人创立的。在发现了还没有人给这个女人写过传记后，再次套用历史学家亚瑟·史列辛格的话——我意识到历史的最大损失是缺乏对女性的记载！

和露丝一样，我的母亲也是在 20 世纪头十年出生在一个波兰犹太移民的家庭。家里人很少能说英语，辛辛苦苦就是为了能过上梦想的美国式生活。如果不是偶然，她也可能成为另一个露丝。这样看来，露丝的故事不仅仅是一个企业的成功故事、一个人的奋斗与救赎的故事，更是一个有关美国梦的故事。几十年之内，汉德勒一家就经历了从穷困潦倒到富甲天下的转变。在我熟悉的伊利诺伊州斯科基的众多移民家里，包括我自己的家里，孩子长大后成为医生、律师或成功企业家的例子也屡见不鲜。

作为一个资本家，露丝的财富和地位既令人对她刮目相看，也引发了人们对法律和道德等问题的思考，这在美国并不是什么稀罕事。

19世纪贺拉旭·阿尔杰的畅销小说只看到了事情好的一面，但故事里的阴暗面不可否认。像露丝·汉德勒这样的人，历史上俯拾皆是。他们虽然创下了显赫的基业，但无视法律或凌驾法律之上。他们还在不断地成为新闻人物，尽管很多人可能不像露丝那样被曝光并被绳之以法。作为美国商界的无赖，露丝没有什么可圈可点的地方，但她的救赎着实让人钦佩。如果不是因为这一点，我也不会写她了。

有三个女人认识到露丝·汉德勒一生的重要意义，并将有关的重要资料保存了下来，电视制作人弗恩·费尔德就是其中的一位。20世纪80年代，费尔德去找露丝，想把她的经历写进电影。在近十年的时间里，她对露丝进行了采访。之后，她慷慨地将采访文字稿提供给我，让我参考。除非另有说明，书中引用的所有露丝的话都来自这些采访文件。

1999年，时任美国妇女历史图书馆——史列辛格图书馆馆长的芭芭拉·哈贝尔开始向露丝提出，希望她能将有关她的资料赠给图书馆。2004年，该图书馆获得了装了整整35个箱子的相关资料。拉德克里夫学院的档案管理人员珍妮·诺尔斯负责前前后后的收集和整理工作。这些资料对于了解露丝的个人生活和商业活动都具有不可估量的价值。在艾略特的允许下，我还得以阅读了其家人的书信往来。这些书信如果不是经过允许，任何人是没有资格查阅的。因此我尤其感谢艾略特对我写作此书提供的支持和帮助。还要谢谢露丝，她把一切都保存得完好无损，包括早期开具的发票、账单、票据存根、收据、银行结单乃至家人的信函、粉丝的来信、预约记录和她自己大量的笔记，这些笔记从她开始接受联邦政府的调查和指控开始记起，内容涉及方方面面。史列辛格图书馆收集的资料中还包括露丝在很多场合讲话的照片和录像，让我知道了她后期的行为方式及她说话和举止的特点。

原美泰的很多员工对我完成此书也提供了重要帮助。他们除了在采访中让我对露丝有了深入了解外，还向我提供了很多重要文件，如桑迪·丹侬给我看的由露丝开始实行的基于W报表的产品预测存档、乔·惠特克给了我一份他1991年在"美泰员工联谊会"上的讲稿，以及汤姆·卡林斯克提供的露丝和美泰早期电视广告的录像及其他重要文件。

此外，此书参考资料中所列材料也为本书提供了重要的参考、背景知识和引语。

在写作本书时采访了以下人员：

原美泰员工	Lou Miraula
Marvin Barab	Rita Rao
Jill Barad	Pat Schauer
Boyd Browne	Frank Sesto
Sandy Danon	Lou Silberman
Josh Denham	Joe Whittaker
Derek Gable	
Fred Held	**汉德勒家族部分成员**
Cedric Iwasaki	Elliot Handler
Tom Kalinske	Ron Loeb
Bernie Kivowitz	Aaron Mosko

Barbara Handler Segal

其他采访对象

Richard Blum

Jacqueline Brandwynne

Fern Field

Gordon Fitzgerald

Alix Getty

Pamela Harris

Seth Hufstedler

Isaac Larian

Catherine Leicester

Andrea Ordin

Ed Sanders

Larraine D.Segil

Jacqueline Shannon

Barbara Smith

John Vandevelde

Zachary Zemby

致　谢

我早就有意出版此书，但准备了一份"策划案"后，就一直将其封存在抽屉里。直到有一天，小说家、顾问拉里·西姆斯，同时也是我的朋友，提议我将其寄给斯坦福妮·泰德——后来，她成了我的代理人。泰德不仅人好，而且聪明能干。她立刻就表示，写作此书很有价值。之后，柯林斯出版社的吉诺维娜·罗莎将手稿买去，并与我的第二个编辑托尼·施亚拉亚一道为我安排出版事宜。书的审阅、编辑、再审阅、再编辑直至出版，多亏了本·洛南细致耐心的工作。现今，作者们很难找到像他这样办事认真细致、责任心强的人，此书的质量也因此有了保障。还要感谢在柯林斯出版社工作的其他人员，他们是马特·英曼、霍利斯·海姆布奇、特丽莎·布莱迪、李安琪、雅尼娜·马克和理查德·里昂纳斯。同时，也感谢设计工作团体的汤姆·格林，他为本书设计的封面无可挑剔。

在本书的写作过程中，我还得到了史列辛格图书馆员工的大力支持，谢谢他们对我耐心的帮助和指导。尤其要感谢珍妮·诺尔斯的档案整理工作和莎拉·哈琴对我众多问题的耐心解答，负责整理露丝的材料并将它们保存下来的人员也为研究女性历史作出了重要的贡献。

我还要对以下人员表达我衷心的感谢，他们也为此书的成书提供了大力的支持和帮助：我的妹妹迪·弗兰肯、妹夫约翰·弗兰肯、嫂子玛格丽特·瑞考德兹、希拉·金，还有远在德国的比尔吉特·慕勒、华盛顿传记团队、詹姆斯·麦克格拉思·莫里斯、佩吉·恩格、玛丽·波兰德、友人莉莎·道博斯、弗恩·费尔德、桑迪·福特、依兰娜·巴尔丁·詹尼尼、罗宾·格拉迪森、辛迪·霍尔柏林、玛丽露·乔丹、凯蒂·凯雷、苏珊·兰德、安妮·梅尔、茱迪·罗森纳、帕米拉·都坦特，等等。

此外，还要感谢托尼、艾瑞儿和山姆对我一贯的爱和信任。他们的支持使我能够安心写作，最终为读者奉上此书。